浙江省哲学社会科学重点研究基地
浙江工商大学东亚研究院课题成果
项目编号：14JDDY03YB

东亚共同体通论

陈 岩 著

浙江大学出版社
ZHEJIANG UNIVERSITY PRESS

目　录

东
亚
共
同
体
通
论

第一章 导 论

第一节 研究背景与意义

本项目的研究背景是世界格局正在发生巨变:欧盟诞生了第一位总统;美国出现了衰落的迹象;日本已经衰退了15年多;中国在崛起;东亚的合作取得了一定的进展,但明显落后于世界全球化与区域化的走势。在这种背景下,时任日本首相鸠山由纪夫提出东亚共同体,而中国在东亚共同体的理论和对策上准备不充分,甚至可以说接近空白。对此我们在本研究中将在东亚共同体理论和中国的对策方面做一些有益的探讨。尽管后来鸠山由纪夫"韧力"不够充分,加上其他势力的冲击,使得日本的东亚共同体事业没得到进一步的推进,但从长远的历史角度来看,日本似乎在走着偏离东亚共同体的错误路线。我们相信日本以后的领导人会对这种倾向做出纠正。东亚共同体是符合东亚国家和地区和平、发展、合作、互利共赢的历史大趋势的。

本研究的意义至少包括:一是可以为解决东亚共同体问题提供新的理论和中国的对策建议,有助于东亚共同体问题的解决。思路决定出路。对于东亚问题,我们可以看到近年来有了一些进展,但是与欧盟等相比还是不尽如人意;造成这种状况的原因之一就是现有的东亚问题需要新的思考、新的思路。二是有利于东亚的和平发展。东亚共同体问题的突破与解决将有助于开辟东亚和平发展的新局面。

第二节 国内外研究概况和发展趋势

本研究课题国内外研究现状分为如下几个方面:

(1)关于东亚区域贸易合作。凯西和侯密(Kathi and Homi,2004)对东亚一体化的贸易政策安排进行了探讨。他们指出东亚贸易双边或多边倡议的发起,能带来广泛分享的增长和繁荣,要将协议范围扩大到包括农业和服务业;促进物流和贸易便利;保护贫困人口并使他们受益;创建知识产权方面的政策;重新考虑环境和劳工标准等。在国际层次上要影响多哈谈判,区域层次上可以实现进一步的一体化。

何帆(2004)主张的寻找新的东亚贸易合作格局是基于动态收益和规模收益的区域合作,不同于传统意义上的静态贸易合作,从长远来看还是亚洲经济结构的一次升级和重组。在亚洲区域经济的合作过程中,各国的出口结构虽有一定程度的互补性,但竞争性程度更高。目前亚洲各国虽然有加强区域合作的意向,但是值得指出的是,通过关税减让而获得的静态贸易收益微乎其微。东亚地区应该通过政策协调,推动区域产业分工新格局的建立,以制造业内部的分工和贸易为导向,推动在东亚沿海经济发达程度较高的地区形成产业带,发挥集聚效应,实现区域贸易合作的动态收益,防止过度竞争和资源浪费,保证各国出口的可持续性和经常项目的平衡,最终使整个地区都受益。

刘昌黎(2002)指出"双边自由贸易"是国际经济合作的新趋势,并且分析了东亚双边自由贸易的背景、原因和趋势。对于东亚经济合作,他认为在第四次"10+3"领导人会议已就东亚自由贸易区(EAFTA)达成共识的情况下,东北亚经济联合由 APEC 框架之下过渡到了"10+3"框架之下。从发展趋势来看,中、日、韩自由贸易区很有可能纳入到东亚自由贸易区之中,双边自由贸易将成为东北亚经济联合的主要内容和基本形式。

Eng Chuan Ong(2003)认为,所有的迹象表明,东亚自由贸易区是不可避免的,但是如果东北亚的经济总量占到了东亚的 80%~90%的话,中国或者日本则会主导这个自由贸易区的进程,而且中国会寻求改变现有的国际贸易规则。只有建立美国-东盟自由贸易区才能抵消负面的效应:一是中国-东盟先行在一个大的范围内建成自由贸易区,把其他国家吸引进来;二是激励其他国家采取更积极的步骤加快与东盟建立自由贸易区;三是推动整个东亚地区自由贸易区建设的步伐,从而激励东亚领导人及早对建立东亚自由贸易区的设想做出决定,提出落实规划并开始实施进程。

我们认为凯西和侯密(2004)的分析没有很好地把握东亚贸易一体化的关键问题,而只是在现有国际贸易的一些问题的层面进行了分析,对东亚区域层次上能否实现进一步的一体化也没有给予进一步的探讨。何帆(2004)的分析是局限于分工、动态收益、聚集产业带的分析,而这对于东亚贸易制度安排未深入研究。刘昌黎(2002)、Eng Chuan Ong(2003)对东亚贸易安排的政治经济动力学的微妙之处注意得不够。东亚贸易一体化仍是有待深入研究的。

(2)关于东亚货币合作。1997 年 9 月,日本政府在国际货币基金组织

(IMF)和亚洲开发银行会议上提出了建立"亚洲货币基金"(AMF)的构想,但很快因遭到美国政府和 IMF 的反对而搁浅。直到 1999 年 11 月,"ASEAN＋3"(ASEAN 加上中国、日本和韩国)峰会在马尼拉通过了《东亚合作的共同声明》,同意加强金融、货币和财政政策的对话、协调和合作。根据这一精神,2000 年 5 月,"ASEAN＋3"的财政部长在泰国清迈达成了《清迈倡议》。

围绕 AMF,学者之间也展开了争论,分为赞成与不赞成两派。赞成 AMF 的论点主要有两个:第一,如果汇集东亚国家和地区的外汇储备建立一个区域性的救援机构,能够更迅速有效地向遭受危机的国家提供紧急贷款(Wade and Frank,1998);第二,东亚国家和地区的经济管理体制在很多方面非常相似,因此它们更容易了解和理解彼此的国内政治经济问题,也更容易对症下药,提出适合遭受危机国家国情的改革方案(Andrew Rose,1999)。持反对意见的观点有,国际组织和寻求利润最大化的私人企业性质完全不同。私人企业如果竞争失败将面临破产之虞;国际组织一经建立,即使被证明是不成功的,也仍然会顽固地存在下去,变成一个臃肿的国际官僚机构(Eichengreen and Ghironi,1999)。而且,如果东亚国家遭受危机之后必须同时向 IMF 和 AMF 救援,则将增加其交易成本(Bird and Rajan,2000)。

傅新(2004)阐释了亚洲的"新地区主义"和"金融优先"的概念。"新地区主义"通常是开放的,与相互依赖的世界经济一致,表现为地区成员自愿和自主的进程,不仅包括贸易和经济一体化,还涉及环境、社会政策、安全与民主等问题,其发展趋势与全球结构的转型紧密联系在一起。东亚正在兴起的地区主义"天然"地具有参与、发展并最终受益于多边贸易体系的开放性、地区成员合作意愿的一致性以及发展目标的系统性。金融危机之后,东亚的"新地区主义"明显具有"金融优先"的特色。东亚金融危机导致地区合作日益成为东亚经济体的共识,各方积极参与东亚金融合作的讨论,为东亚地区经济合作提供了"焦点",有助于打破长期以来东亚合作的僵局。

何帆(2001)、余永定、何帆和李婧(2002)等在金融合作优先趋势的指引下,积极研究东亚货币合作的可行路径等问题。孟迪尔(Montiel,2005)给出了促进东亚货币与金融合作的三个阶段的安排:前两年为第一阶段,在信息交换和金融危机处理方面进行合作;第三到五年为第二阶段,在建立有效监管机制方面进行合作;5 年后为第三阶段,主要进行区域规范协调,以最终实现区域金融市场的统一。

我们认为对于亚洲货币基金存在争议的双方没有从亚洲货币一体化的高度来考虑是有欠缺的。傅新(2004)只是简单地阐释了亚洲的"新地区主义"和"金融优先"的概念,而没有对东亚的金融一体化进行深入的探讨。何帆

(2001)、余永定、何帆和李婧(2002)及孟迪尔(2005)关于对东亚货币与金融合作的三个阶段的安排比较笼统,其内容和阶段的划分都有待进一步研究。

(3)关于东亚经济圈等。小岛清(2003)探讨了"东亚经济圈"的理念和目标,要形成以"ASEAN＋3"为中心的东亚经济发展共同体,追求东亚地区的和平与长期繁荣是东亚经济圈的理念。长期目标(20～50年)是使东亚成为三极世界经济中对等的一极,为世界的和平发展做出贡献。他还提出在东亚进行产业协调分工的重要性,并分析了"东亚经济圈"的形成与产业协调分工之间的关系,并谈到中日两国互补的核心领导作用和东亚的国际通货问题,日元和人民币会成为东亚经济圈的基轴货币,两国应尽早建立汇率协调体制。经过30到50年的时间,东亚统一货币体制或许会建成。

付骊元(2002)认为,亚洲地区的多样化特点决定了亚洲地区的多层次、相互交叉的合作结构。政治制度不同,经济实力相差悬殊,发展阶段差别很大,经济结构多样化,再加上宗教、语言、文化、历史等原因,使得亚洲地区不可能像欧洲、北美那样迅速实现区域合作的目标,在一个相当时期内,不可能建立像欧洲联盟和北美自由贸易区那样的组织。在现阶段,本地区最为可行的选择是由双边合作过渡到多边合作,由小区域合作过渡到次区域合作,待条件成熟后,再达到整个亚洲地区经济合作的更高境界。

张蕴岭(2003)认为东亚经济合作离实质性的自由贸易区或共同体目标还很远,但是合作进程本身比所取得的成果更有意义。

我们认为小岛清(2003)的用30到50年的时间或许会建成东亚统一货币体制的结论;付骊元(2002)的在一个相当时期内,不可能建立像欧洲联盟和北美自由贸易区那样的组织的判断;张蕴岭(2003)的东亚经济合作离实质性的自由贸易区或共同体目标还很远的看法,并没有具体的理论支持。这还需要我们进一步研究。

与此相关,我们还要考虑中国-东盟自由贸易区的研究。现代中国和东盟的交流与合作时间不长,但它与其他国际多边合作相比较,却有着独特的理论、方略、体制和效果。中国的和平发展,正面临着空前严峻的挑战。如何保障中国的和平发展是国人和世人广泛关注的课题。中国的和平发展,基础在亚洲,而基础的基础在于中国和东盟的真诚合作。国内外已有不少研究东南亚、东盟及中国与东盟关系的论文和著作,如《东南亚国家联盟》、《东南亚的区域合作》、《近代中国与东南亚关系史》、《亚洲现代史透视》等,主要是研究东盟的问题、中国与东南亚的关系问题、中国-东盟自由贸易区的构建问题。李小圣(2007)在《建设中国-东盟自由贸易区的障碍因素分析》中主要分析了为适应世界经济区域一体化的潮流,中国和东盟决定组建自由贸易区,双方都为此付出了很大的努力,也取得了一定的成果。但自由贸易区的建设遇到种种困难和挑战:一是东盟区域性组织本身内生的脆弱性;二是东盟与中国存在的利益矛盾和机制分歧;三是来自贸易区以外的牵制和干涉。肖开伦(2003)从区域经济一体化的角度,对中国-东盟自由贸易区的启动、目的及实施进行分析,最终得出建立中国-东盟自由贸易区不仅能加强双方经济合作关系,迎接区域化的挑战,促进东亚一体化进程,而且有助于提高双方的国际地位,其意义十分重大。于粤(2007)在《中国-东盟自由贸易区的建立对我国国际贸易的影响》一文中结合中国-东盟自由贸易区的建立,从正反两方面出发,具体分析了其给我国国际贸易的发展带来的影响,并在此基础上提出了积极有效的应对措施。冯煜、龚晓莺(2008)在《中国-东盟自由贸易区双边贸易动态经济效应分析》一文中通过理论分析,对中国-东盟自由贸易区双边贸易的动态经济效应进行了系统性的分析。而薛芳(2007)使用显示比较优势指数和贸易互补性指数对中国与东盟之间的贸易情况进行了分析,指出中国与东盟在各类产品上的比较优势所在,并测算出中国与东盟国家之间整体的互补性。陈叶(2007)说明了中国-东盟关系处于"黄金时期"。中国-东盟自由贸易区自启动以来取得了很大的成就,这得益于中国与东盟各国政治互信的不断增加、中国经济的持续发展、东盟自由贸易区的参照等有利条件,有望在2010年如期建成。同时,自贸区的建设还面临着诸如贸易摩擦、投资壁垒以及领导权归属问题等许多障碍。中国-东盟双方已经就这些问题的解决达成了相关的机制。代丽华、徐凯(2008)的《中国-东盟自由贸易区与中国企业走出去》则是在中国企业走出去方面作了研究分析。

从上述文献分析中可以知道学者对东亚共同体的研究还处于初始阶段,甚至很少涉及,这使得我们在东亚共同体理论和中国的对策研究上无论是在理论还是政策上都有很强的必要性和紧迫性。

第三节 主要研究内容、目标、突破的难题

一、主要研究内容

第一章为研究背景、文献综述等。

第二章将提出包括贸易理论、货币金融理论等组成的较为系统的东亚共同体的理论。

第三章将对东亚区域一体化经济状况进行比较全面的评估。

第四章将对东亚共同体进行政治经济动力学分析、评估。

第五章重点对东亚共同体的中国政策选择进行分析。

二、研究目标

(1)对东亚共同体的相关文献进行梳理,提出相应的问题。

(2)提出东亚共同体的系统的理论。

(3)提出以"亚元"和贸易一体化为中心的东亚共同体构想,特别是关于东亚共同体中国的对策。

三、突破的难题

(1)提出以"亚元"和贸易一体化为中心的东亚共同体的前景目标。这之所以为要突破的难题,在于它可以解决东亚共同体的方向问题。对此难题要从"亚元"和贸易一体化在东亚共同体中的重要性及与其他可选择目标的比较权衡来解决。

(2)对东亚区域一体化经济状况进行比较的全面的全球性和历史性评估与选择。这之所以为难题,在于它可以明确东亚区域一体化经济的历史与在全球的位置。

(3)提出东亚共同体的理论。这之所以为难题,在于它可以为整个问题的解决提供理论基础。

(4)提出中国的对策。这之所以为难题,在于它可以帮助中国找到针对东亚共同体的合理对策,为此将在东亚共同体理论的基础上给予解决。

第二章　东亚共同体理论

第一节　东亚共同体贸易理论[①]

一、完全竞争条件下的一体化贸易理论

完全竞争条件下的一体化贸易理论包括完全竞争下的关税同盟贸易理论和自由贸易区的贸易理论。对于完全竞争下的关税同盟的贸易理论,由于关税同盟的本质特征是取消成员国之间的进口关税和对成员国之外的国家实行统一的对外关税,因此,这里主要是包括关税同盟是否可行的贸易创造和贸易转移的贸易福利分析,以及选择什么样的平均关税才能保证关税同盟的成立可以使得世界福利实现"帕累托改进"的理论分析。对于完全竞争下的自由贸易区的贸易理论,则主要考虑到自由贸易区与关税同盟的区别就是它的成员国对成员国之外的国家不是实行统一的对外关税,而是可以实行不同的对外关税,而这使得它对贸易福利的影响发生了一定的变化,故对此主要是关于自由贸易区的贸易福利的分析。

1. 维纳的关税同盟模型

维纳(Viner,1924)是一体化贸易理论或古典关税同盟理论的创立者,我们可以用一个简单的例子说明关于关税同盟贸易创造和贸易转移的思想。

现在有三个国家,阿克迪亚(Arcadia)、贝拉(Bella)和爱克斯初(Extra),可以把它们简单地用国家 A、B、E 来表示,这三个国家中许多小厂商生产面包和酒这两种商品,这种生产是在规模收益不变和仅有一种生产要素劳动的条件下进行的。各国对面包和对酒的消费比例为 1：1。各国单位产出所对应的劳动要求和劳动供给情况如表 2.1.1 所示。

[①]　参考陈岩(2001),在这里我们深化了分析,提出了自由贸易区的陈氏定理等,这也许是一个新的进展。

表 2.1.1　维纳例子中的劳动供给状况

国家	面包	酒	劳动
A	1	1.25	100
B	1	1.20	100
E	1	1.00	200

假设开始,A 国和 B 国都对进口酒征收 25％的关税。对于 A 国来说,很显然的是,这不足以大到可以抵消 E 国生产酒的比较优势,A 国酒的价格按照面包来算为 1.25。设 A 国面包和酒的均衡消费为 (X,X),其支付 $2.25X$,而其支出为 $100+T=100+25％X$,这里 T 为关税收入,因此,均衡将满足:

$$2.25X = 100 + 0.25X \qquad\qquad (2.1.1)$$

即 $X=50$,也就是说 A 国对面包和酒的均衡消费为(50,50)。再看 B 国,B 国生产酒的价格为 1.20,而 25％的关税足可以保护在 B 国生产酒,因为从 E 国进口酒将支付 1.25,而本国生产酒仅花费 1.20,B 国没有关税收入,其收入为 100,这样类似于对 A 国面包和酒的均衡消费为(45.46,45.46)。同理,可以计算出 E 国面包和酒的均衡消费为(100,100)。这样对于 A、B、E 三国来说,A 国仅生产面包,B 国生产的面包和酒都供自己消费,E 国从 A 国进口 50 单位的面包,并且向 A 国出口 50 单位的酒,因为 A 国和 B 国存在大量竞争性的厂商,因此,面包与酒的交换价格由两种商品都生产的 E 国的相对价格来决定。

现在让 A 国和 B 国形成一个关税同盟。A 国和 B 国两国内商品的自由流动,使得 A 国用面包表示的酒的价格降为 1.2,这对 A 国酒的消费者来说是一件好事情,随着酒的价格降低,酒的消费增加,这是一种贸易创造。但是,事情的另一面是,A 国的关税收入没有了,这是因为 25％的统一对外关税使得 A 国不再从 E 国进口酒,而只由 B 国来生产,这样 A 国的均衡消费降到了 B 国从前的水平(45.46,45.46)。很明显,A 国受到损失,而 B 国和 E 国不受影响,并且 E 国的成本条件决定世界价格,这是纯粹的贸易转移。值得注意的是,在此,如果仅关注 A 国和 B 国关税同盟的价格效应,对于 A 国来说,它的酒的价格下降了,但很明显的是,这里的关键是收入效应中,关税同盟使得 A 国的关税收入消失,这也就告诉我们对贸易安排的变化,要综合这一变化的收入效应和价格效应来看。

对于这个例子,我们改变一些条件,就可以得到相同的结果。例如,以上是假定 E 国酒的生产成本决定世界酒的价格,而正是这使得实行关税同盟引起的贸易转移没有伤害同盟外部的 E 国,但如果酒的价格更高,则贸易转移可能伤害 E 国,这也许是一个更为典型的情况。另外,以上假定面包和酒严格地按固定比例消费,没有考虑面包和酒间重要的替代效应的存在。正像我们在上面所看到的,关税同盟降低了酒在 A 国的相对生产成本,却没产生收益,这是由于没有酒的消费替代面包消费的能力所造成的。如果我们允许这种替代,关税同盟将产生消费收益,这是另一种类型的贸易创造。更一般地,改变例子中的数,可以使贸易创造处于支配地位。

我们对面包和酒间的消费具有替代效应的情况作一分析,为此,保持例子中的数字不变,但将固定比例消费的假定改变为假定每个国家中的一个代表性消费者的效用函数为:

$$U = b^{0.444} \cdot w^{0.556} \tag{2.1.2}$$

其中 b 和 w 分别表示面包与酒的消费量。b 和 w 幂的特殊值的选择,可以使得关税同盟之前的两种商品的消费比例为 $1:1$。不考虑相对价格,这可以与上述两种商品消费比例总为 $1:1$ 的模型直接进行比较。如果按面包表示的消费者收入为 I,按面包表示的酒的价格为 P,那么直接效用函数为:

$$U = (0.444I)^{0.444} \left(0.556 \frac{I}{P}\right)^{0.556} \tag{2.1.3}$$

且当酒的价格 $P=1.25$,面包和酒的需求为:

$$b = 0.444I \tag{2.1.4}$$

$$w = 0.556 \frac{I}{1.25} \tag{2.1.5}$$

当收入为生产的面包数加上关税收益,那么对于 A 国,我们有:

$$I = 100 + 0.25\left(0.556 \frac{I}{1.25}\right) \tag{2.1.6}$$

因此,有 $I=112.5,b=50,w=50$。明显可见,这与前模型中,关税同盟形成前的 A 国的均衡消费(50,50)相同,但不同的是,这是我们用替代值代入间接效用函数而得到的,像我们预期的 $U=50^{0.444} \cdot 50^{0.556}$,即 $U=50$。以上的说明,在于告诉我们通过这个效用函数是可进行比较的。现在,我们让 A 国与 B 国实行关税同盟后的酒的价格 P 降到1.2,这与前面的例子相同,但这里有:

$$I = 100 + 0.2\left(0.556 \frac{I}{1.2}\right) \tag{2.1.7}$$

(2.1.7)式可以解得 $I=110.2$,对面包和酒的需求分别为 48.93 和 51.01,效用为 $U=50.1$,这说明 A 国的效用只是比没与 B 国组成关税同盟时略增加一些,也就是说,实际关税同盟中,A 国酒的生产的贸易转移到 B 国,B 国酒的高生产成本刚好被 A 国消费者消费替代更便宜的酒的优势所抵消,且后者还要略多一点,即对 A 国来说实行关税同盟的净效果是有利的。但这只是一种情况,如果贸易转移使得生产无效率,并且消费替代的收益在成员国间是冲突的,净结果就不是这样了。

另外,正像米德(Meadow)所指出的,贸易转移也不是必须采取特定商品从一国向另一国转移的形式。假设有三个国家生产三种商品——面包、啤酒、白酒,三者在三国的比较优势顺次为 A、B、E,并且,这种比较优势强到 B 国不能生产白酒,E 国不能生产啤酒,那么,由 A 国和 B 国组成一个关税同盟却将鼓励 A 国的啤酒消费,降低对白酒的需求,这正像贸易转移,但是没有贸易商品从一国向另一国转移的形式。

2.关税同盟的局部均衡和一般均衡分析

这里的理论分析主要强调对关税同盟资源配置影响的福利分析的方法和中心问题,而不是对关税同盟资源配置影响福利分析的完整综合,因为这种完整的综合本身就要用一本书来阐述。这里基于对几种选择情况的分析,但这也许足以说明分析方法和中心问题的本质。

(1)局部均衡分析

贸易创造和贸易转移是进行局部均衡分析首先要明确的两个重要概念。所谓贸易创造,就是指关税同盟内部关税取消之后,同盟内一国的高生产成本的产品消费转变为对成员国低生产成本的相同产品的消费所带来的福利增加。这种转变包括两个方面的内容:一是与同盟外国家有相同生产成本的本国生产产品减少或消失,转为从成员国进口低生产成本的相同产品,这相对于本国国内生产是一种成本的减少,产生了一种生产效应;二是从成员国进口的低生产成本的产品替代了本国原有的高生产成本产品,本国对这种产品的消费需求增加,也就是低成本产品替代高成本产品,使得本国消费者剩余增加,这是一种消费效应。这两种效应的总和构成了关税同盟的贸易创造效应。所谓贸易转移是指关税同盟的成立,使得同盟内的一国从同盟外部低成本的产品进口转变为对同盟成员国的高成本的相同产品的进口所带来的福利损失。这种转变也包括两个方面的内容:一是消费产品从同盟外部低成本的,转变为成员国高成本的,这增加了成本;二是从低成本的产品消费转变为对高成本的相同产品的消费,使得消费者剩余减少,这两方面的总和构成了关税同盟贸易转移效应。

下面着手就关税同盟对资源配置的福利影响进行单一产品的局部均衡分析。与实际贸易理论一般采用两个国家的模型分析不同,关税同盟的模型分析要用三个国家。这里假定两个国家 A、B 形成一个关税同盟,而第三国 E 用来表示外部世界。假定国家内市场是完全竞争的,并且对外部世界贸易的供给价格是完全弹性的,不考虑同盟的规模收益递增和贸易条件效应,一些限制性假定在以后的分析中将被放松。图 2.1.1 对关税同盟建立后的福利变化作了分析。

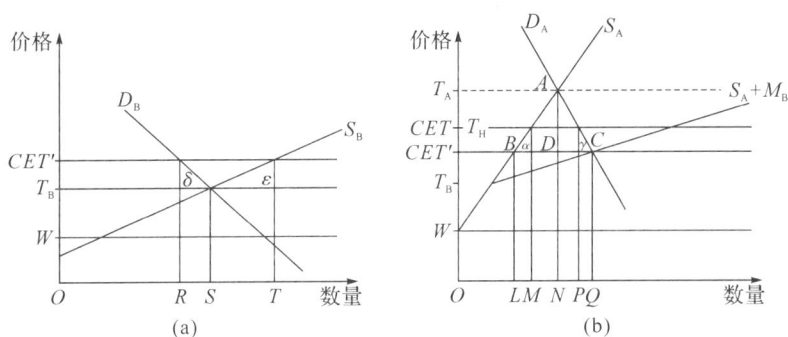

图 2.1.1

在图 2.1.1(b)中，D_A 表示 A 对这产品的需求曲线，S_A 表示关税同盟成立前的供给曲线，$S_A + M_B$ 表示关税同盟成立后 A 国的供给曲线，它是原供给曲线与从 B 国进口的供给曲线合并而成的。假定从 B 国进口的产品是免关税的。OW 表示外部世界 E 国的商品在国家 A、B 的供给价格，假定这一价格为常数。国家 B 的市场情况由图 2.1.1(a)表示，D_B 表示 B 国对这产品的需求曲线，S_B 表示它的供给曲线。A、B 两国的市场条件允许它们统一关税水平。以下考虑三种情况，这三种情况由于在关税同盟前后所选择的假定不同，而有所差别。

第一种情况。假定在关税同盟成立之前，A 国的关税为 WT_A，B 国的关税为 WT_B，在这种情况下，两国的国内需求完全由各自国内的生产来供给；如果形成一个关税同盟统一对外关税是 A、B 两国的关税的平均值，也就是 $CET = \frac{1}{2}WT_A + \frac{1}{2}WT_B$，这新的统一对外供给将大于同盟的需求。因此，价格将为供给等于需求的 $OCET$。此时 A 国的本国消费将增加到 OQ，而它的国内生产将从 ON 减少到 OL。B 国则将生产 OT，消费 OR，向 A 国出口 LQ，而 $LQ = RT$。

这种情况对 A 国来说是一种贸易创造，A 国开始的本国生产被进口所取代的成本减少为 ABD，进口替换的消费者剩余为 ADC，ABD 与 ADC 的和为 A 国的贸易创造的利得，它约等于进口变动 LQ 和价格下降量乘积的一半；CET' BAT_A 表示从生产者剩余到消费者剩余在 A 国的一个内部转移，但对 A 国作为一个整体将抵消。对 B 国来说，开始它是自给自足的，在这种情况下，关税同盟的成立将使其价格提高，消费者的消费损失为 δ，它也有一个生产效应，由 ε 表示，这时增加的资源使得生产的产品增加 ST，但这时增加的成本将被向 A 国增加的出口的收入所得大大超过，很明显，这种情况对 B 国将更有利。对外部世界的 E 国来说，在这种情况下，它与关税同盟成员的贸易会因关税同盟的成立而受影响，因为它在关税同盟成立前后都为 0。这也就是说，在这种情况下，关税同盟所引起的资源配置的改善，只是使关税同盟成员与它们在关税同盟之前的状况相比有了改善。

第二种情况。假定 B 国开始的关税为 WT_B，A 国的关税要比 B 国的低，为 $WT_B'I$，而 $WT_B' = WCET$。此时，B 国的初始状态与前面相同，但 A 国在同盟成立前的价格水平 WA 上的国内需求的一部分由国内生产满足，而另一部分则由进口满足，消费为 OP，其中本国生产为 OM，从外部世界 E 国进口 MP，总的关税收入等于 MP 与 WT_A' 的乘积。

在这种情况下成立关税同盟，对 A 国的影响为：国内生产降到 OL，国内需求增加到 OQ，这导致生产成本的节约，由三角形 α 表示，又导致消费者剩余的增加，由三角形 γ 表示，而 α 与 γ 的和是关税同盟的贸易创造效应。以前从外部世界 E 国的进口将转向成本较高的 B 国，支出的增加量为 MP 与 $WCET'$ 的乘积，这是关税同盟的贸易转移效应。在这种情况下，关税同盟对 A 国来说，既有贸易创造，又有贸易转移，为了确定同盟对 A 国是有益还是有损，一定要对贸易创造和贸易转移的大小进行比较；在这种情况下，它明显是有损失的。对 B 国来说，在这种情况下，关税同盟的成立对它的影响与第一种情况的影响相同，是有益的。对于外部世界 E 国来说，在这种情况下，它与关税同盟的贸易是减少的，但由于世界的供给曲线是假定为完全弹性的，因此这一对外部世界 E 国福利减少的影响可以不计，不过，表现在贸易平衡上，同盟从外部世界 E 国进口的减少，表明它是贸易转向的。

第三种情况。假定 A 国的初始关税为 WT_A，$WT_A = WCET'$，产品完税后的价格为 $OCET$；B 国的初始关税为 WT_B，产品完税后的价格为 OTR；现在假定 A、B 两国结成关税同盟的对外统一关税是 B 国的关税调整到 A 国的关税，这意味着同组平均保护水平的提高，导致的结果又将是不同的。与第二种情况相比，A 国的生产和消费现在不发生变化，关税同盟的成立对 A 国唯一的影响是它从外部世界 E 国的进口被等量地由 B 国的进口所替代，而这对于 A 国来说是纯贸易转换，其损失由关税收入的损失来代表。对于 B 国来说，这与前面两种情况相同，但是对 A、B 两个同盟国总的影响不同，是三种情况中最不利的。对外部世界 E 国来说，在这种情况下，它与关税同盟的贸易也是减少的，但由于世界的供给曲线是假定为完全弹性的，因此，这一对外部世界 E 国福利减少的影响可以不计。

以上所考虑的三种情况是特例，但是重要的是该分析方法可以用于其他类似情况的关税同盟的分析。上面是对一个产品市场的关税同盟的局部均衡分析，那么对多产品的关税同盟这一重要情况又该怎么进行分析呢？值得注意的是，前面所讲的维纳模型是三个国家两种商品的 3×2 模型，其实质却是一个单一产品局部均衡分析的 3×1 模型。但是，对于关税同盟单一产品局部均衡的分析,存在贸易格局的不对称现象,就是说关税同盟的一个成员国不能同同盟外的国家进行贸易,而关税同盟对成员国的福利影响却取决于是否与同盟外的国家进行贸易。关税同盟 3×3 模型解决了这一问题,并且将关税同盟的 3×2 模型分析扩展到了 3×3 的模型分析。在这里我们主要看一下比较有代表性的米德(Meade,1955) 3×3 模型,重要的是一种方法论的意义。

第四种情况,米德 3×3 模型。假设 A 国和 B 国组成关税同盟,E 国为外部世界中关税同盟的成员国,在国际市场上很小,是小国,国家间不存在一次性总转移支付。假设 A 国只生产 x 产品,B 国只生产 y 产品,E 国只生产 z 产品,每个国家生产一种产品,从其他国家进口另外两种产品;贸易格局是对称的,每一成员国从另一成员国进口一种产品,从外部世界的 E 国进口产品 z,这样关税同盟的成立对成员国的福利影响对两个成员国的分析是相同的,因此,可以选择A 国代表进行分析,其情况如图 2.1.2 所示。

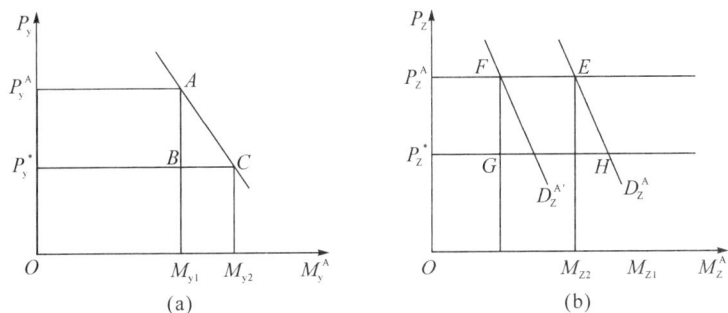

图 2.1.2

图 2.1.2(a)表示 A 国对 y 产品的需求,图 2.1.2(b)表示 A 国对 z 产品的需求,A 国开始对两种进口产品都征收相同的关税,这时 y、z 产品在本国的价格分别为 P_y^A 和 P_z^A,进口量分别为 M_{y1} 和 M_{z1},P_y^* 和 P_z^* 为世界价格。现在 A、B 两国成立关税同盟,相互间对 y 产品取消关税而对 z 产品征收统一关税。在A 国,y 产品的价格降至 P_y^*,而 z 产品价格 P_z^A 为 TB。如果 x、y 产品是可替代的,那么 y 产品价格的下降使 A 国对 z 产品的需求曲线由 D_z^A 向左移到 $D_z^{A'}$,A国对 y、z 产品的进口分别变为 M_{y2} 和 M_{z2},此时由 P_y 下降带来的消费者剩余的净增加部分三角形 ABC 为关税同盟对 A 国的贸易创造效应,而四边形 EFGH为 y 和 z 产品可以替代时的贸易转移效应。关税同盟的实施对 A 的净福利效果则要比较三角形 ABC 和四边形 EFGH 各自面积的大小,在图 2.1.2 中,明显的是贸易转移效应更大。因此,在图 2.1.2 所对应的情况中,关税同盟对 A国是福利损失的;对于 B 国,仅从对 A 国的影响来看,福利是增加的,而 E 国的福利是减少的。

值得指出的是,关税同盟的 3×3 模型是 3×2 和 $m×n$ 模型之间的一种中间模型,它有许多个,在模型内容上要比 3×2 模型丰富得多,可以引入更多可能的贸易形式,不同的关税、消费的互补性以及中间产品等。从上一个模型中不难发现,3×3 模型实质上是引入了一定意义上比 3×2 模型更为复杂的且更趋于实际的一体化贸易创造和贸易转移的机制,而对于 $m×n$ 模型来说,大概也是在这个意义上,对 3×2 模型进行了"实质性"的扩展。

(2)一般均衡分析

关税同盟一般均衡分析的开创者是维尼克(Vanek,1965),此后凯姆普(Kemp,1969),麦克米兰和麦克凯恩(McMillan and McCann,1981)等也对此做了一些工作。在此,我们选择麦克米兰和麦克凯恩(1981)的模型,对关税同盟福利影响的一般均衡分析作说明,这里探讨方法论的意义。

先看模型的建立。A、B、E 三国分别生产 x、y、z 三种产品,三国的生产可能性曲线是线性的,A、B 两国结成关税同盟,E 国为外部世界,A、B 两国对 y 产品的关税率为 t_y,对 z 产品的关税率为 t_z,那么关税同盟成立后,对 A 国三个产品的价格分别为:

$$P_y^A = P_x^W \tag{2.1.8}$$

$$P_y^A = (1+t_y)P_x^W \tag{2.1.9}$$

$$P_z^A = (1+t_z)P_z^W \tag{2.1.10}$$

其 P_x^W、P_y^W、P_z^W 分别为 x、y、z 产品的国际市场价格,它们不受关税同盟成立的影响。A 国的预算约带条件为:

$$P_x^W X + P_y^W Y + P_x^W Z = P_x^W S \tag{2.1.11}$$

其中,S 表示 A 国可出口产品的产量,由于前面假设生产可能性曲线为线性的,生产是专业化的,因此,S 为常数,X、Y、Z 分别表示 A 国消费 x、y、z 产品的数量。A 国的效用函数为 $U(X,Y,Z)$。这样问题就变为 A 国选择 P_y^A 或 t_y,在共同预算约束条件下,使其效用最大化。

这里是采取支出方程来进行分析的,支出方程 $F(P_x^A, P_y^A, P_z^A, U)$ 表示在 A 国国内价格水平上取得一定的效用水平 U 时的最低支出,F 函数相对价格是连续和凹向原点的,假设 F 函数两次可导,F_x 为 $\partial F/dP_X^A$,F_{xy} 为 $\partial^2 F/(\partial P_X^A \partial P_Y^A)$,$F_{xu}$ 为 $\partial^2 F/(dP_X^A dU)$,F 对 P_x^A、P_y^A、P_z^A 的偏微分为 X、Y 和 Z 的需求函数,因此,(2.1.11)式可以写为:

$$P_x^W F_{xy} + P_y^W F_y + P_z^W F_z = P_z^W S \tag{2.1.12}$$

将(2.1.12)式对 P_y^A 进行微分,有:

$$P_x^W F_{xy} + P_x^W F_{xu}(\partial U/\partial P_y^A)P_y^W F_{yy} + P_y^W F_{yu}(\partial U/\partial P_y^A)$$
$$+ P_z^W F_{xy} + P_z^W F_{zu} + (\partial U/\partial P_y^A) = 0 \tag{2.1.13}$$

由于需求方程是线性齐次的，根据欧拉定理，有：

$$P_x^A F_{xy} + P_y^A F_{yy} + P_z^A F_{zy} = 0 \qquad (2.1.14)$$

将(2.1.8)、(2.1.9)、(2.1.10)式代入(2.1.14)，有：

$$P_z^W F_{zy} = -[P_x^W F_{xy} + (1+t_y)P_y^W F_{yy}]/(1+t_z) \qquad (2.1.15)$$

将(2.1.15)式代入(2.1.13)式，有：

$$\frac{\partial U}{\partial P_y^A} = \frac{-[t_z P_x^W F_{xy} + (t_z - t_y)P_y^W F_{yy}]}{(1+t_z)(P_x^W F_{xy} + P_y^W F_{yu} + P_z^W F_{zu})} \qquad (2.1.16)$$

对于(2.1.16)式，其分母大于 0；在分子中，F_{xy} 为对 x 的需求函数相对于 P_y^A 的导数，其正负取决于 x 和 y 产品间的净替代、互补或者各自独立的情况，而 F_{yy} 为对 y 的需求函数相对于 P_y^A 的导数，由于其需求曲线是向下倾斜的，因此 F_{yy} 小于 0。(2.1.16)式的一个重要作用就是可以用它来分析关税同盟的成立对 A 国福利的影响。

我们看关税同盟成立后对 A 国福利的影响。关税同盟成立后，A 国对 z 产品的关税率为 t_z，对 B 国的 y 产品取消关税，$\partial U/\partial P_y^A = 0$，这样(2.1.16)式就变为：

$$t_z - t_y = -t_z P_x^W F_{xy}/P_y^W F_{yy} \qquad (2.1.17)$$

因此，当 $F_{xy} \geqslant 0$ 时，有：

$$t_z \geqslant t_y \qquad (2.1.18)$$

(2.1.18)式说明，只有当 x 和 y 产品为替代品时，对 z 产品的关税率才高于对 y 产品的关税率，也就是说，A 国的产品只有与从成员国 B 国进口的产品为替代产品时，A 国才可以从关税同盟的成员中增加福利，反之，则不能使其福利增加。

最后，我们看一下关税同盟对资源配置福利影响的中心问题——对关税同盟而言，能保证它是以贸易创造，而不是贸易转移为主的条件是什么？以上，我们只是从几个特殊情况对此进行回答，那么是否有个一般性的答案呢？遗憾的是，与维纳(1950)认为关税同盟无法做出一般抽象和确切判断的观点类似，克劳斯(Krauss,1972)也认为适用于关税同盟的普遍法则仍未找到。但是，得到人们比较广泛承认的有这样一些观点：一是关税同盟的经济区域越大，成员国的数目越多，贸易创造的机会就要比贸易转移的机会更大。二是关税同盟成员之间进行产品贸易的比例越小，贸易创造的可能性越大，比例越高，形成从同盟成员之外的世界向同盟内的贸易转移的可能性就越大。三是关税同盟成立前后的平均关税水平很重要，如果关税同盟成立后的平均关税水平比以前低，那么关税同盟更可能是以贸易创造为主的；如果比以前更高，那么关税同盟更可能是以贸易转移为主的。四是关税同盟的成员中经济竞争性的成员数目愈多，贸易创造的可能性就愈大，反之，则可能性愈小。五是对于关税同盟成员间一个特定的重叠生产范围,同盟成员在这范围中相同保护产品的单位成本在同盟成立前越大,同盟成立后,在这范围的贸易创造就越可能为主,并且这一重叠生产范围越大,就越可能是贸易创造,这是由关税同盟成立后成员国间要实行自由贸易所决定的。不过,关税同盟的普遍法则真的不存在吗?

（3）帕累托改进的关税同盟和平均关税的选择

这里在一定意义上是对关税同盟普遍法则的探讨,主要任务就是分析关税同盟的成立是不是可以保证在使得同盟成员贸易收成增加的同时,不使同盟外部世界受损,或者更准确地说,同盟的成立能否作为一种世界福利的帕累托改进? 如果可以,那组关税又要怎样设计? 这种设计主要是解决作为一种帕累托改进的关税同盟的平均关税是怎么决定的问题。

1）凯姆普-旺定理

定理 2.1.1 凯姆普-旺(Kemp-Wan)定理:如果关税同盟的外部关税调整到使关税同盟的形成对外部世界不发生影响,那么这个关税同盟将总使世界得到帕累托改进(严格地说,弱的帕累托改进)。

证明(方法 1) 图 2.1.3 表明三个国家的贸易流动情况,这时 A、B、E 三国中,A、B 两国还没有形成关税同盟,其中贸易流动的为净贸易流量,这也是为什么图中只有三个流量的原因。X_{ab} 是从 A 国到 B 国的一个向量,如果 A 净出口到 B,那么 X_{ab} 为正值。相反,则为负值。X_{ea}、X_{eb} 和 X_{ab} 类似。这个定理的思想就是结成关税同盟的 A 国和 B 国,将调整它们的经济,使它们间的净贸易量 X_{ab} 让它们两者感到满意,同时使它们与外部世界 E 国的净贸易量不变,即为 X_{ea} 与 X_{eb} 的和。

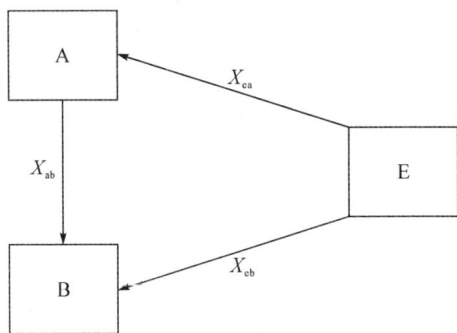

图 2.1.3

现在,考虑 A、B 两国形成关税同盟的资源再调整,连同它们生产和交换活动的变化,总是要受使与 E 国的净贸易流量不变的限制,而这最坏也不能允许 A 国和 B 国的居民没有帕累托改进。A 国和 B 国对外部世界的贸易没有变化,贸易的价格一样,并且不使外部世界 E 国受损。这里 A、B 两国与外部世界的固定贸易的限制,就像一个经济的自然资源的量的限制一样。根据福利经济学的基本定理,帕累托改进的状态可以由同盟内行为人的一次性总转移的分散价格系统来实现,这将要求保证所有的行为人都受益,而且没有人受损失。与 E 国的净贸易将由影子价格来均衡,虽然它们是固定的,但我们可以想象它们将有轻微的差别。给定这些影子价格,我们在关税同盟结合的经济中,贸易品有两套价格作为一般均衡的一部分,这些价格间的差异定义了关税同盟经济的最佳对外关税(或补贴)。这也就是说,对关税同盟存在最佳对外关税(或补贴),在一次性总转移支付的分散价格系统中,可以让它的成立使世界得到帕累托改进。

证明(方法 2) 这是一种几何方法的证明,如图 2.1.4 所示。

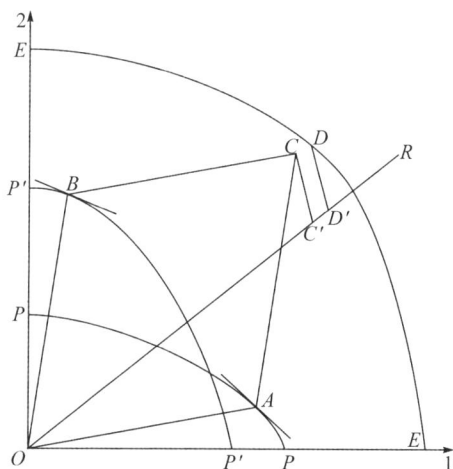

图 2.1.4

在图 2.1.4 中,有两种商品:商品 1 和商品 2;有两个国家:A 国和 B 国。A 国和 B 国的生产可能性曲线分别为 PP 和 $P'P'$。为了让问题简化一些,假定 A、B 两国的消费者都是按固定比例来消费两种商品的,这一比例由射线 OR 的斜率表示。最初 A、B 是分离的,它们的关税率不同,因此,它们开始的生产价格也不同,这由图 2.1.4 生产可能性曲线上的切线在 A、B 两个不同点所表示。两国生产的和由过 OB 和 OA 所作的平行四边形的顶点 C 表示。C 在 EE 线内,此处的 F 表示效率,因为 EE 为 A、B 两国结合在一起的生产可能性曲线,这是由所有 $P'P'$ 上的点与 O 点组合成的平行四边形的外部极限,EE 只在两个可能性曲线 PP 和 $P'P'$ 上的点的斜率相等时达到。当生产在 C 点,消费者的消费在射线 OR 上的 C' 点时引起与 E 国从 C 到 C' 的贸易,贸易条件由 CC' 的斜率给出。现在 A 国和 B 国形成一个关税同盟,它们移到共同生产的价格和效率上。

这时，EE 曲线上的 D 点满足两个性质，它是有效率的，并且从 D 点到射线 OR 上 D' 点的线段 DD' 与 AC 的长度和斜率都相同，因此，A、B 两国的消费者的消费在 D' 点，也就是说在对 E 国的贸易没有影响的情况下，A、B 两国形成关税同盟使得 A、B 两国的福利得到了改善。

以上是凯姆普和旺(1976)对凯姆普-旺定理的证明。对此我们作这样简短的评论：方法 1 是依赖于一次总转移的存在。并且，它在本质上就相当于一次总转移对应的一般均衡的帕累托改进。这是福利经济学的基本内容之一。也就是说，在福利经济学的一般均衡分析中，一次总转移相当于调整初始禀赋，均衡的实现不被削弱，但它的位置通常会改变，是一种帕累托改进。这在理论上有相当重要的意义，特别是因为这是以福利经济学作为基础的关税同盟理论的扩展，但一次总转移在实际上由于进行最优的一次总转移所必需的信息的缺乏，信息成本太大等方面的原因，实践的可能性极小，甚至不可能，而这也就使得凯姆普-旺定理从这个角度受到了实践的挑战。这种情况要求我们采取新的不同于一次总转移的方法，在后面将探讨这个问题。对于方法 2，在证明中，仔细看不难发现，它的一个关键就是 DD 线段的确定，特别是 EE 线上 D 点的选择，这里必须指出的是 D 点的存在使得关税同盟的帕累托改进得以成立。为什么 D 点能够存在呢？实际上从图 2.1.4 中可以看到只要 C 点在 EE 线内，D 点就存在，而 D 点怎么找到呢？只要过 C 点作与 OR 平行的直线与 EE 线交于 D 点就可以了，但在这里存在着一个重要的问题，那就是，这是不是说明两国在实行调整对外统一关税、对内自由贸易的关税同盟呢？因为 EE 线上的点都是由 PP 线和 $P'P'$ 线上切线斜率相同的点的向量之和所组成的，所以说，由切线斜率相同就可以推出两者在 EE 时的相对价格相同，即 A、B 是自由贸易的市场统一。但是，如何肯定从 C 到 D 为对外实行了统一的关税，这仍是一个值得进一步明确的问题。实际上，很难从图 2.1.4 中看出从 C 到 D 就是要求调整对外的统一关税了。但可以看到的是，只要 A、B 两国间消除关税，实行自由贸易后，也许就可以做到这点，这也就是说，也许是既包含了关税同盟的情况，又包含了自由贸易区的情况，到此，我们也许是将凯姆普-旺定理作了扩展，那就是，只要 A、B 两国间实行自由贸易就可能使世界实现帕累托改进，我们可进一步将此扩展到两国间达成自由贸易协定，实现自由贸易区就可使得两国的经济福利实现帕累托改进的结论。我们不妨将此称作陈氏自由贸易区定理，它可对两国自由贸易区的建设给出理论的支持。

2）迪克西特-诺曼-伯利斯定理

定理 2.1.2 迪克西特-诺曼-伯利斯(Dixit-Norman-Bliss)定理：如果关税同盟中没有一次性总转移，而是各成员国都征收适当的关税和特定的最佳间接税收,那么,这个关税同盟将总使得世界实现弱的帕累托改进。

证明 这一定理是由伯利斯(Bliss,1994)所提出的,针对的是凯姆普-旺定理证明所要求的一次性总转移在实践中所遇到的问题。定理的开始是基于可否把迪尔曼德-米尔斯(Diamond-Mirrless,1980)定理应用到分析关税同盟的形成问题来考虑的。

迪尔曼德-米尔斯定理的思想是对贸易不用一次性总转移,而用最佳间接税,可以使得贸易引起帕累托意义上的利得,间接税可以通过改变贸易流的价格变化来影响生产决策,从而使福利可能处于减少状况的消费者的利益得到保护。为了弄清这个定理背后的方法,我们需考虑帕累托最优的要求是什么。通常的帕累托最优的定义是纯技术性的,如果一个经济的技术生产可能性允许再配工,这一再配置也许多状态优,但至少没有一个配置状态更优,那么这一配置是帕累托效率的。更一般地来说,帕累托效率可以看作与特定的政策工具有关,一种情况就是配置不能再通过政府控制的税收或其他可行的非一次性总转移的工具的变化而得到进一步改善。我们再考虑什么决定个人和群体的福利,这些个人或群体组成一个经济,这个经济包括关税同盟及外部世界的经济情况,对于个人或群体的福利应考虑他们消费什么,消费的质量,做什么工作;对于福利,间接地将它看作人们所面对的价格,包括工资率,将是更有用的;一个更完整的说明,则还需加上转移其中的收入,像红利、政府救济和政府数量限制。我们在这里将福利作为价格的决定因素,保持其他条件不变。正像前面所表明的,在存在一次性总转移防止收入分配效应恶化的情况下,贸易对所有的贸易国都是有益的。但是,在不存在一次性总转移的情况下,贸易像斯托尔帕-萨缪尔森(Stolper-Samuelson)效应所表明的,将降低经济中一个商品的相对价格,降低生产这种商品所密集使用的要素的实际收入,从而使一些团体受到损失。假定在效率生产时,贸易有收益的情况是标准情况,为了避免伤害消费者,为何不保持消费价格不变? 这是迪尔曼德-米尔斯定理的意图,而保持消费者价格不变的机制就是最佳间接税和补贴的应用,迪尔曼德-米尔斯定理的证明由图 2.1.5 所示。

在图 2.1.5 中,PP 为我们考虑国家的生产可能性曲线,世界价格由 PP 曲线在 A' 点的切线的斜率表示,这样,如果生产者面对世界价格,他将在 A' 点生产。最初,对商品 1 征收进口关税,它使得经济相对价格移至 PP 曲线在 A 点的切线的斜率,生产者在 A 点生产,而消费者面对这一有关税的相对价格,消费在 B 点,贸易线为 AB,一个消费者的无差异曲线 II 和价格线相切于 B 点。值得注意的是,消费者的相对价格将总不改变,任何消费者的无差异曲线都可以看作与无差异曲线 II 和 $I'I'$ 类似的彼此不相交的一条无差异曲线。为了取得

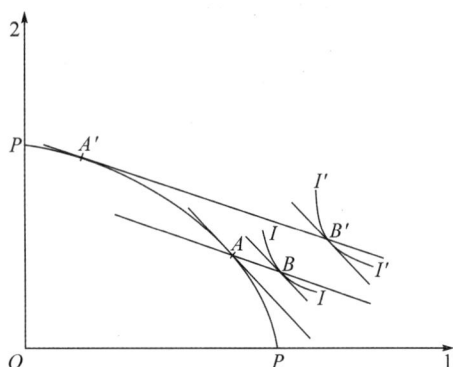

图 2.1.5

全部的贸易利得,生产者要面对世界价格,其生产从 A 点移到 A' 点,当关税削减,准确地说是抵消间接税开始起作用时,意味着消费者的价格没有变化,因为关税被间接消费税抵消了,并且抵消间接税的实施使得新的生产在世界价格上有更高的价值,消费者可以享有一个正的收入效应,这在图 2.1.5 中表现为预算约束从 B 到 B',以及效用水平从 II 线向 $I'I'$ 线的移动。收入的增加受政府削减所有消费税以保持相对价格不变的影响,这也许要涉及补贴一些消费者。这样,贸易收益的增加,在没有任何对资源的一次性总税收或转移的削减下就出现了。

东亚共同体通论

到此,我们对迪尔曼德-米尔斯定理的思想和证明方法作了说明,现在的问题是对此是否可以将在图 2.1.5 中向世界市场全部开放的小国所获得的贸易利得转变为具有贸易创造效应的关税同盟所获得的贸易利得。这在迪克西特和诺曼(Dixit and Norman,1980)的研究中有涉及,但对这一结果的重要性的强调却不够,而这是由伯利斯(1994)的研究工作所揭示的,可以看成是迪尔曼德-米尔斯定理证明的扩展。不过在迪尔曼德-米尔斯定理的证明中仅有一个国家,改变它的国内均衡,且这样改变了它与外部世界的贸易,而且至少是形成一个关税同盟的两个国家。它们的改变是相似的,因为消费者面对的价格将不被改变,但是现在所有改变的国家,即形成关税同盟的国家与外部世界的净贸易将保持不变,像在凯姆普-旺定理中一样。当一个国家的国内均衡间接税被调整时,所有的消费者开始面对相同的相对价格,因此,只有一组价格由最佳间接税支撑着。当有几个国家为形成关税同盟而进行改革时,它们开始的相对价格一定不同,否则将没有获利的机会。同时,最佳间接税保证对任何消费者都没有伤害(没有斯托尔帕-萨缪尔森效应),必须保持多于一组的消费者价格。实现这一目标的工具就是国家特定的最优间接税收。

3）中性平均关税的确定

这是要寻找可以保证关税同盟实现弱的帕累托改进的平均关税。

定理 2.1.3　中值定理：令 $F(x)$ 为 R_n 上的 x 的插值连续差分函数，令 $F(x)$ 为 $f(x)$ 在 x 的估值局部偏差的雅可比矩阵，那么对所有的 x^1 和 x^2，存在一个插值 $\lambda(0 \leqslant \lambda \leqslant 1)$ 使得：

$$f(x^2) - f(x^1) = F[\lambda x^2 + (1-\lambda)x^1] \cdot (x^2 - x^1) \qquad (2.1.19)$$

证明　定义 $g(\lambda)$ 为 $g(\lambda) = f[\lambda x^2 + (1-\lambda)x^1]$ $\qquad (2.1.20)$

则有 $g(1) = f(x^2), g(0) = f(x^1)$，并且：

$$f(x^2) - f(x^1) = g(1) - g(0) \qquad (2.1.21)$$

根据标准的中值定理，在 $[0,1]$ 中存在 λ，使得：

$$g(1) - g(0) = g'(\lambda) \qquad (2.1.22)$$

这里 $g'(\lambda)$ 为 $g(\lambda)$ 的一阶导数，因此有：

$$g'(\lambda) = F[\lambda x^2 + (1-\lambda)x^1] \cdot (x^2 - x^1) \qquad (2.1.23)$$

也就是 $f(x^2) - f(x^1) = F[\lambda x^2 + (1-\lambda)x^1] \cdot (x^2 - x^1)$

现在考虑 N 个国家组成一个关税同盟，他们各自开始的关税分别为 $t^i(i = 1, \cdots, N)$，国家 i 的进口与出口的差额的向量为 $X_i(p^0 + t^i)$，此外，p^0 是在一个世界一般均衡中所有国家共同的关税前价格。在关税同盟形成之前，N 个生产国的总的进口与出口的差额，即它们与外部世界的净贸易为：

$$\bar{x}(p^0, t^1, t^2, \cdots, t^N) = \sum_{i=1}^{N} x^i(p^0 + t^i) \qquad (2.1.24)$$

如果一个贸易中性的共同外部关税定义为这样的关税，它使得与外部世界的净贸易与同盟成员实行各种关税，即形成关税同盟之前相同。如果关税向量表示为 t^0，则 t^0 满足：

$$\bar{x}(p^0, t^1, t^2, \cdots, t^N) = \bar{x}(p^0, t^1, t^2, \cdots, t^0) \qquad (2.1.25)$$

这就有：

$$\sum_{i=1}^{N} x^i(p^0 + t^i) = \sum_{i=1}^{N} x^i(p^0 + t^0) \qquad (2.1.26)$$

（2.1.26）式不只是对一个小的同盟有效，同盟的形成不影响它的贸易条件，这是因为 p^0 是同盟有效，同盟的形成不影响它的贸易条件，无论同盟大或小，由于同盟与外部世界的贸易不受影响，所以关税同盟像一个小国，即使同盟很大。现在令有 m 个商品，令 X^i 为国家 i 超额需求函数的偏导数的矩阵，定义为：

$$X^i = \begin{cases} \dfrac{\partial X_1^i}{\partial P_1} & \dfrac{\partial X_1^i}{\partial P_2} & \cdots & \dfrac{\partial X_1^i}{\partial P_m} \\[2mm] \dfrac{\partial X_2^i}{\partial P_1} & \dfrac{\partial X_2^i}{\partial P_2} & \cdots & \dfrac{\partial X_2^i}{\partial P_m} \\[2mm] \cdots & \cdots & \cdots & \cdots \\[2mm] \dfrac{\partial X_m^i}{\partial P_1} & \dfrac{\partial X_m^1}{\partial P_2} & \cdots & \dfrac{\partial X_m^i}{\partial P_m} \end{cases} \qquad (2.1.27)$$

很明显，X^i 是 $p^0 + t^i$ 的函数，注意方程左右的差别，应用微分中值定理，我们有：

$$\sum X^{i*}(t^0 - t^i) = 0 \qquad (2.1.28)$$

其中 X^{i*} 是 X^i 在 $p^0 + t^i$ 时的值，而 t^i 满足一般中值定理的要求，从上个方程，我们有：

$$\left[\sum_{i=1}^N X^{i*}\right] \cdot t^0 = \sum_{i=1}^N X^{i*} \cdot t^i \qquad (2.1.29)$$

这样，就有：

$$t^0 = \left[\sum_{i=1}^N X^{i*}\right]^{-1} \cdot \left\{\sum_{i=1}^N X^{i*} \cdot t^i\right\} \qquad (2.1.30)$$

从此可以看出关税同盟的中性关税向量是一个线性转换，这个线性转换是各国最初的关税向量的线性转换的和的线性转换。这也就是我们所要寻找的那个中性关税，很明显的是，这一平均关税与通常人们理解的关税同盟的平均关税是不同的。通常人们所理解的关税同盟的平均关税是算术平均关税，是对同盟成员国对每个商品的对外关税的算术平均，而在这里所计算出的中性关税并非如此，并且一般不是加权平均，只有当逆矩阵 $\left[\sum_{i=1}^N X^{i*}\right]^{-1}$ 为有效对角矩阵时才可能得到一个类似于加权平均形式的共同对外关税。这实质上是从理论上对人们所熟悉的欧共体的对外统一关税的算术平均计算的合理性提出了挑战。当然，在实践中，X^i 这个矩阵怎么确定则是一个难题。

（4）自由贸易区的贸易福利分析

自由贸易区在一定程度上是比关税同盟更为现实的一体化形式。自由贸易区与关税同盟主要有两点差异：一是成员国对外部世界保持不同的关税水平；二是采用"原产地原则"，这一原则实施的目的在于限制由于关税的差异而从最低关税国进口后再在区域内转向的贸易偏移（trade deflection）。罗伯森（Robson，1984）对自由贸易区的福利进行了分析。

1）从单一国家角度的分析

假定有两个形成自由贸易区的国家 H 和 P 都在各自的国内生产一个相同

的产品 X,这一产品的进口在两个国家有不同的关税,H 国的较高,为 WT_H,P 国的较低为 WT_P;原产地原则上防止外部世界的产品通过 P 国出口到 H 国,但在自由贸易区内,H 国和 P 国产品可以自由流动,这一区别对待也许会形成区域内和区域外产品间的价格差异。对此自由贸易区的效应分析如图 2.1.6 所示。

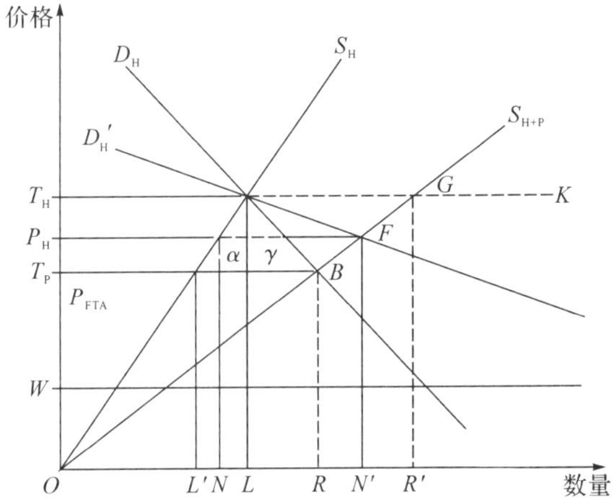

图 2.1.6

简单地假定形成自由贸易区之前 H 国的关税是禁止性的,排除任何进口。国家 H 中的供给曲线为 S_H,它的关税为 WT_H,价格为 T_H,对应的生产为 OL。国家 P 的关税为 WT_P,它的供给曲线为 S_{H+P},OW 为世界的供给价格。如果一个自由贸易区形成,只要自由贸易区总体上仍是一个净进口者,那么贸易区内原产品在国家 H 中的价格就总不会低于 OT_P,同时也不会大于 OT_H,在这里 OT_H 等于 OW 加上国家 H 的保护关税 WT_H。因此,从国家 H 的角度来看,其产品的有效供给曲线,包括贸易区和非贸易区产品的,是 T_PBFGK。在自由贸易区中,国家 P 将要供给的量取决于价格,而这个价格又要受国家 H 需求曲线的限制。在图 2.1.6 中根据所选择需求曲线 D_H 和 $D_H{}'$ 的不同,考虑了两种可能的情况。一是国家 H 对产品的需求曲线为 D_H;国家 H 的价格为 OT_P,在这个价格下,国家的供给为 $L'R$;在这种情况下三角形 α 表示贸易创造,而三角形 λ 将表示由自由贸易区产生的 H 国 X 产品价格减少的消费效应。二是国家 H 的需求曲线为 D_H,国家 H 的价格接近上限 OT_H,在这价格之上的进口将从外部世界供给。在这种情况下,国家 H 自己的供给为 ON,国家 P 对国家 H 的供给为 NL。贸易创造由 $D_H{}'$、S_H 和 P_H 点的水平线以上组成的小三角形表示。一般地,在一个自由贸易区中,国家 P 将供给国家 H,直到它的总供给量,以

OT_P 以上的价格,而其国内市场的不足则从外部世界的进口补充。这样国家 P 的市场价格将下降到 OT_P,不考虑在国家 H 中产品 X 的最终价格,这所导致的贸易流动的变化称作"间接贸易偏移",即国家 P 的非区域产品对区域产品的替代。它不能由于自由贸易区的原产地原则的实施而消失。在以下从两个国家角度的分析中,将分类考虑间接贸易偏移的运作。

2)从两个国家角度的分析

在图 2.1.7 和图 2.1.8 中,给出了国家 H 和国家 P 对产品 X 的需求和供给曲线。OW 表示世界供给价格。在一体化之前,国家 P 有一个相对低的关税 WT_P,其中关税的产品价格为 OT_P。在图中,三角形 α 表示贸易创造(生产效应),长方形 β 表示任何对伙伴国产品的超过最初进口时的支出(贸易转移),三角形 γ 表示国家 H 的消费效应,它是正的;三角形 ε 为国家 H 的消费效应,它是负的;三角形 δ 表示国家 P 的生产效应,它可能是中性或负的。在此将分析自由贸易区的三种情况,并且与关税同盟作比较分析。

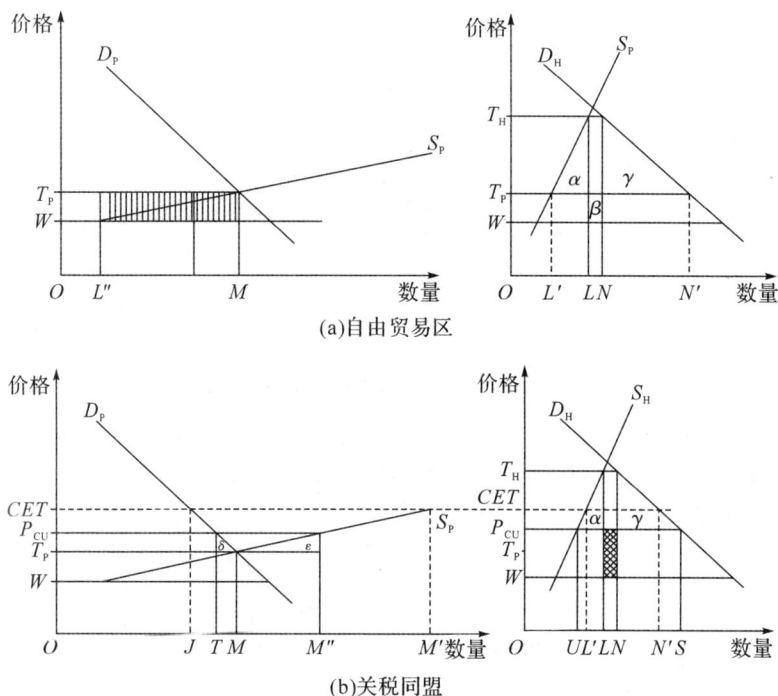

(a)自由贸易区

(b)关税同盟

图 2.1.7

第一种情况,如图 2.1.7(a)所示。假定国家 H 和国家 P 有相似的需求条件,而国家 H 是相对无效率的生产者,但国家 P 的供给曲线是相对有弹性和竞争性的,进而超过 OL'' 的产出的价格是超过世界市场价格 OW 的。在自由贸易区形成前,国家 P 的消费和生产的产品数量为 OM,价格对应为 OT_P,它的关税排除了所有进口。

国家 H 生产为 OL,消费为 ON,其差值 LN 是以价格 OW 从最低成本的外部世界进口。国家 H 的同盟收益为 $LN \times WT_H$。如果国家 H 和 P 形成一个自由贸易区,如图 2.1.7(a)所示,价格为 T_P 的供给($OM'+OL'$)将明显小于这个价格下的需求($OM+ON'$),其差值($L'N'$)将小于国家 P 在这个价格下的供给量。在一个排除最低成本供给的自由贸易区中,国家 P 将以价格 T_P 供给国家 H 的市场 $L'N'=(L''M)$,留给它本国市场 OL'',它需要 $L''M$ 从外部世界以价格 OW 进口。对于这种情况,在一体化后的自由贸易区中将存在一个单一的均衡价格,它将等于建立自由贸易区之前的两个成员国中价格较低者的价格。可以看出,贸易创造为国家 H 的生产效应 α 加上消费效应 λ。它大于贸易转移,贸易转移即 β 中点的区域部分,二者的差表示从交换者到消费者的内部转移,且对自由贸易区整体的实际收入不是损失。国家 P 将以同以前一样的量生产和消费,价格也相同,但政府的收益将增加,增加的量为竖线的长方形部分,这表示国家 P 的国民收入。只要涉及外部世界,P 国的出口就将明显比从前大,即 $L''M>LN$,这是由于国家 P 的供给转移到了满足国家 H 的需求。自由贸易区将表示对两个国家和外部世界的福利改善。

我们将自由贸易区的情况与国家 H 和 P 形成一个关税平均的关税同盟的情况进行比较,如图 2.1.7(b)所示。对这种情况,同盟在价格 $OCET$ 的供给将大于需求,以至于共同的外部关税将只是设定价格的上限。均衡价格将是供给 TM'' 等于需求 US 的 OP_{CU}。更多的贸易创造,即生产效应 α 和消费效应 λ 的和,将明显地超过贸易转移 β,尽管贸易创造效应将小于这种自由贸易区情况。就这种自由贸易区和关税同盟对国家 P 的主要差别来说,这种关税同盟将使 P 国的消费者有一个消费损失,由 δ 表示,虽然它的生产者将有一个净收益,这里将有一个不利的生产效应,由 ε 表示。这种自由贸易区将没有这些因素的损失,但是将有一个政府收益,这一收益比国家 P 在关税同盟增长的净收益要大。在关税同盟情况下,进一步的,它与外部世界的贸易将消失;而在自由贸易区情况下,它与外部世界的贸易则将增加。综合所有这些考虑,在此关税同盟的选择将劣于自由贸易区的安排。这两种选择间的差别是由自由贸易区中原产地原则不能防止的间接贸易偏移的发生所引致的。明显地,如果存在现在未纳入考虑的交通成本,一个自由贸易区的成员在地理上越分散,那么间接贸易偏移的可能性就越小。

第二种情况,如图 2.1.8 所示。与第一种情况不同,在自由贸易区中,产品存在价格差异。在这种情况下,国家 P 的供给又假定为相对的弹性和竞争性的,但是,现在是假定它不能满足 H 国增加的需求。在自由贸易区形成之前,假定两个成员国实行禁止性关税,国家 P 的生产和消费为 OM,国家 H 的生产和消费为 ON。如果有一个自由贸易区形成,如图 2.1.8(a)所示,国家 P 在价格为 OT_P 的供给将不能满足国家 H 增加的需求,国家 H 中的均衡自由贸易区价格将因此为 OP_{FTA},此时 $L'N' = OM'$;同时,国家 P 的价格将不提高到 OT_P以上,在这个价格水平上从外部世界进口,以至于在贸易区内存在两个均衡价格。在这种情况下,国家 H 将仅有一个贸易创造效应 $\alpha + \gamma$。国家 P 将没有增加消费或生产的成本,但它将有一个政府收益的利得,为竖线区域,这表示国民收入的增加。

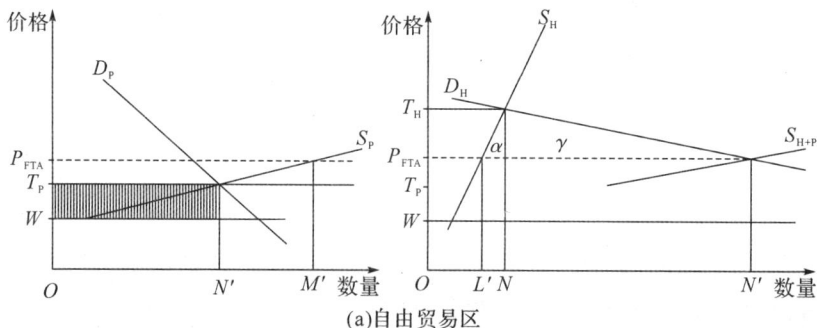

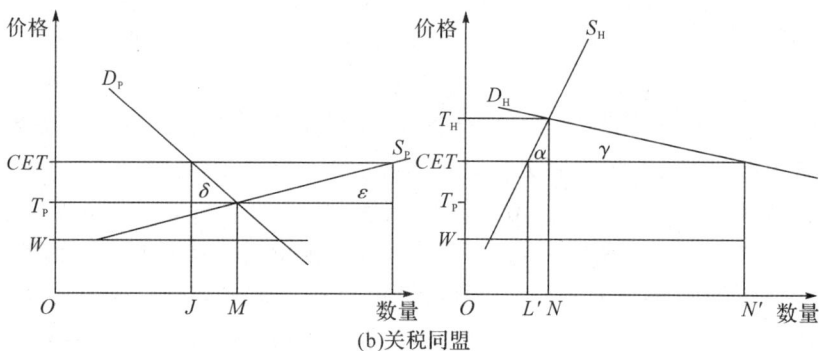

图 2.1.8

如果国家 H 和 P 形成一个关税同盟,如图 2.1.8(b)所示,共同的外部关税将是有效的,在这一关税水平上,供给和需求将近于平衡,而国家 H 和 P 的价格将比在自由贸易区的情况下略高一些。国家 H 将有贸易创造,国家 P 总体上将能以一个更高的价格向 H 国出口而受益,但不利生产和消费效应,它具有成本,这由 δ 和 ε 表示。比较这两种情况,可以看到第二种情况也是关税同盟的选择劣于自由贸易区安排。不考虑其他特别的市场条件假定,这一结论事实上同时适用于对关税平均的关税同盟和自由贸易区的选择。

第三种情况。与前两种情况考虑最终产品的贸易和关税不同的是,这里将考虑进口原材料、中间产品这些投入贸易和关税不同的情况,另外在方法上这里不是采用图形的几何方法,而是采用方程的代数方法。这里要揭示的一个重要思想是,如果在自由贸易区中,关税对投入不同,那么在自由贸易区中将可能发生生产偏移。对于在成立自由贸易区之前生产同一产品的 A、B 两国,假设 A、B 两国在成立关税同盟之前 A 国生产效率没有 B 国高,而且 A 国对 B 国的产品征收禁止性关税,即:

$$P_A > P_B \tag{2.1.31}$$
$$P_A \leqslant P_B(1 + t_A) \tag{2.1.32}$$

其中,P_A、P_B 分别为 A、B 两国的产品价格,t_A 为 A 国对 B 国产品征收的关税的税率。假设 A、B 两国各自为完全竞争的市场情况,A、B 两国的生产成本包括国内生产要素的成本和从外部世界进口的原材料或中间产品的成本,那么有:

$$P_A = Q_A P_A^* + Q_A^* Q_C^* (1 + t_A^*) \tag{2.1.33}$$
$$P_B = Q_B P_B^* + Q_B^* Q_C^* (1 + t_B^*) \tag{2.1.34}$$

其中,Q_A 为生产所用的 A 国本国生产要素的数量,P_A^* 为本国生产要素的价格,Q_A^* 为生产所用的从外部世界进口的原材料或中间投入产品的数量,P_C^* 表示外部世界的这些原材料或中间投入产品的价格,t_A^* 为 A 国对从外部世界进口所征收的关税的税率,B 国的变量的含义与 A 国的对称。现在假定 A、B 两国成立自由贸易区,那么 A、B 两国内部进行自由贸易,产品将由价格较低的 B 国生产,将(2.1.33)和(2.1.34)两式分别代入(2.1.31)式有:

$$Q_A P_A^* + Q_A^* P_C^* (1 + t_A^*) > Q_B P_B^* + Q_B^* P_C^* (1 + t_B^*) \tag{2.1.35}$$

由于自由贸易区的关税可以不同,那么这里所强调的就是在(2.1.35)式中,可以调整 A 国对从外部世界进口投入的外部关税率 t_A^*,让它降低到足可以使不等式(2.1.35)式的左边小于右边,也就是让 P_A 小于 P_B,这样就可能使得产品的生产从在 B 国生产转到在 A 国生产,即发生自由贸易区中所存在的贸易偏移现象。

二、不完全竞争条件下的一体化贸易理论

不完全竞争的较新进展就是寡头理论在一般教科书的不完全竞争部分中,更具有"一般性"了。本章节主要是将寡头理论与贸易一体化中的关税同盟联

系起来,在伯利斯(1994)分析的基础上,对关税同盟进行分析,力图将关税同盟理论置于不完全竞争的基础之上,这在一定程度上也许能弥补在完全竞争的基础上一体化理论的某些不足。

1. 寡头条件下关税同盟的市场份额效应

假定有三个国家 A、B、E,每个国家生产两种产品:一种是食品,在规模收益不变的条件下由许多竞争性厂商生产;另一种是相同的汽车,由一个寡头厂商生产。最初,每个国家都对进口汽车征收税率为 t 的关税,这关税是按食品为单位来征收的。

由于寡头厂商在不同的市场上分散销售,因此,在三个国家间存在汽车的套购,我们只考虑寡头厂商在不同市场上套购的均衡条件。假定一个寡头厂商的产品的市场价格由一个逆需求曲线决定时,它卖出产品。为了决定它在一个市场上所卖的 f,假定其他厂商在市场上的销售量是已知的,并假定存在一个古诺-纳什均衡。这意味着厂商将有这样的一个产量,以至于在各个市场上的边际销售量的边际收益相等。

一国的汽车厂商在一个市场上销售汽车的边际收益是多少要看让一个厂商在一个市场上少量地增加销售量,会导致其收益发生什么变化。对此只要确定了一个市场的边际收益,就可将一个厂商的销售量作为市场总销售量的一部分来确定厂商收益。如图 2.1.9 所示。

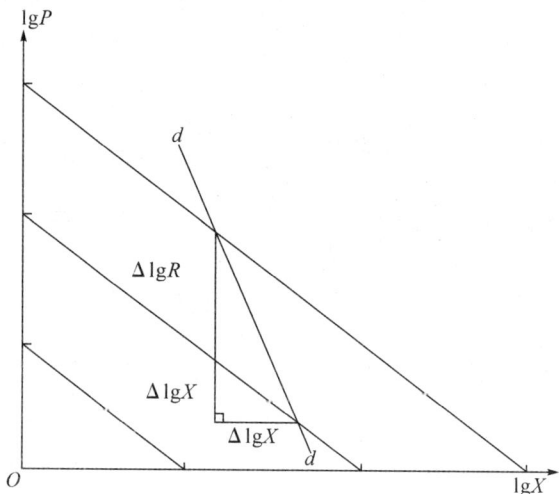

图 2.1.9

在图 2.1.9 中,横坐标表示市场总销售量的对数值。纵坐标表示市场价格的对数值,这里之所以采取对数形式是因为它使需求弹性成为需求函数中一个不变的参数,可使计算简单。市场的需求曲线由图中的 dd 直线表示。需求弹性为 dd 线的斜率的倒数。图中另外三条平行的斜线的斜率为 -1,它们表示 $\lg X + \lg P$ 是常数,也就是表示收益 PX 常数,收益的对数值由垂直的截距测度。小直角三角形的底边表示销售量的变化 $\Delta \lg X$。由于 dd 线斜率的倒数为需求弹性 ε,这样对小直角三角形就有:

$$\frac{1}{\varepsilon} = \frac{\Delta \lg X + \Delta \lg R}{\Delta \lg X} \qquad (2.1.36)$$

此处 R 为收益,有:

$$\Delta \lg R = \Delta \lg X \cdot \left(1 - \frac{1}{\varepsilon}\right) \qquad (2.1.37)$$

当 $\Delta \lg X = \dfrac{\Delta X}{X}$ 和 $\Delta \lg R = \dfrac{\Delta R}{R}$ 时,从(2.1.37)式结合 $R = P \cdot X$ 可以推出:

$$\Delta R = P \cdot X \cdot \frac{\Delta X}{X} \cdot \left(1 - \frac{1}{\varepsilon}\right) = \Delta X \cdot P \cdot \left(1 - \frac{1}{\varepsilon}\right) \quad (2.1.38)$$

这是一个市场增加销售量的边际收益。给定其他厂商在这个市场中的销售量,则一个厂商在这个市场中销售的边际收益可以确定。由于单个厂商销售量的增加意味着市场总销售量较小的增加,因此单个厂商的需求弹性相对于市场的需求弹性是较小的。明显的是,弹性的倒数将减少单个厂商在总市场销售中份额的比例。如果一个厂商在一个市场中所占市场份额为 25%,则对此厂商单独行动为市场弹性倒数的 1/4。因此,单个厂商销售的边际收益为:

$$\Delta R = \Delta X \cdot P \cdot \left(1 - \frac{S}{\varepsilon}\right) \qquad (2.1.39)$$

其中 $S = x/X$,x 表示单个厂商在这个市场中的销售额,X 为这个市场的总销售额。这样,如果单个汽车的成本为 m,那么单个厂商,在假定其他厂商销售量不变时,达到均衡的边际成本等于边际收益的条件为:

$$\Delta X \cdot m = \Delta R = \Delta X \cdot P \cdot \left(1 - \frac{S}{\varepsilon}\right) \qquad (2.1.40)$$

(2.1.40)式表明在厂商间引起总的边际收益变化的唯一方式是使他们的市场份额发生变化。这些变化可以归为边际成本的变化,即成本的差异决定了效率的差异。由(2.1.40)式,有:

$$S = \varepsilon\left(\frac{P - m}{P}\right) \qquad (2.1.41)$$

由此,可以推出:

定理 2.1.4 当一个市场中所有的卖者处于古诺-纳什均衡时,卖者所占市场份额与其成本(生产、运输、销售成本和关税等)呈负相关。

证明:我们首先用导数推导价格和市场份额的公式。厂商总的边际收益为：

$$\Delta r = \frac{\partial P}{\partial X} x + P \tag{2.1.42}$$

$$\frac{\partial P}{\partial X} x + P = \frac{\partial P}{\partial X} \cdot \frac{X}{P} \cdot \frac{x}{X} \cdot P + P = P\left(1 + S \cdot \frac{\partial P}{\partial X} \cdot \frac{X}{P}\right) = P\left(1 - \frac{S}{\varepsilon}\right) \tag{2.1.43}$$

其中 $S = \frac{x}{X}, \varepsilon = -\frac{\partial X}{\partial P} \cdot \frac{P}{X}$。其次,根据市场处于古诺-纳什均衡时,边际成本要等于边际收益,则有:

$$m = P \cdot \left(1 - \frac{S}{\varepsilon}\right) \tag{2.1.44}$$

由此,有:

$$S = \varepsilon\left(\frac{P - m}{P}\right) \tag{2.1.45}$$

证明完毕。

这个定理可以一般性地应用到一个市场上存在 $n(n \geqslant 2)$ 个厂商的情况。我们回顾一下开始的三个国家,现在让 A、B 两国结成一个关税同盟,这样同盟内国家间的关税将被取消。对同盟内的厂商来说,这意味着从本国销售到同盟内国家的边际成本下降,按照定理 2.1.4,边际成本的下降意味着市场份额的提高。如果不考虑运输成本和其他不对称情况的存在,那么 A、B 两国在各自同盟国市场和本国市场的销售将相同。尽管如果考虑到 E 国在同盟成立前对 A、B 两国的关税与同盟形成后的关税会有所差异,但是 E 国在 A、B 两国的市场份额仍将减少。我们将这种寡头条件下关税同盟的形成使得同盟内国家市场份额增加、同盟外国家在同盟内市场份额减少的影响,称作寡头条件下关税同盟的市场份额效应。

2. 寡头条件下关税同盟的价格效应

假定前面的三个国家 A、B、E 有相同的对汽车的需求函数:

$$\lg X = \lg a - \varepsilon \lg P \tag{2.1.46}$$

其中,X 为一国对汽车的需求量,a 为常数,ε 为大于 0 的固定的汽车需求弹性,P 为汽车的价格。开始三个国家是对称的,每个国家对进口单位汽车征收税率为 t 的关税,关税是以食品为单位来征收的。考虑任一国有一个厂商,它向外国市场销售。$\hat{x}$ 为其他厂商在本国市场的销售量,x 为本国厂商在本国市场的销售量。给定 x,厂商选择 x 和 P 使得:

$$\max(P - c)x \tag{2.1.47}$$

约束条件为:

$$\lg a - \lg P - \lg(\hat{x} + x) > 0 \tag{2.1.48}$$

λ 为这个约束条件的拉格朗日常数。给出一阶条件：

$$P: x - \lambda \frac{\varepsilon}{P} = 0 \tag{2.1.49}$$

$$x: (P - c) - \lambda \frac{x}{\hat{x} + x} = 0 \tag{2.1.50}$$

将这两个一阶条件合在一起给出：

$$\varepsilon \frac{P - c}{P} = \frac{x}{\hat{x} + x} = \sigma \tag{2.1.51}$$

这里 σ 为本国厂商的市场份额。一个外部厂商现在要解决相似的问题,但现在要考虑关税,这样问题变为：

$$\max(P - c - t)x \tag{2.1.52}$$

约束条件为：

$$\lg a - \varepsilon \lg P - \lg(\hat{x} + x) > 0 \tag{2.1.53}$$

λ 为这个约束条件的拉格朗日乘数,但取一个不同的值。给出一阶条件：

$$P: x - \lambda \frac{\varepsilon}{P} = 0 \tag{2.1.54}$$

$$x: (P - c - t) - \lambda \frac{x}{\hat{x} + x} = 0 \tag{2.1.55}$$

将这两个一阶条件合在一起给出：

$$\varepsilon \frac{P - c - t}{P} = \frac{x}{\hat{x} + x} = \frac{1 - \sigma}{2} \tag{2.1.56}$$

后一个等式考虑到在对称情况下,一个出口商的份额一定为没被本国厂商占有的 $1 - \sigma$ 的一半。因为三个厂商市场份额的和为1,这样就有：

$$\varepsilon \frac{P - c}{P} + 2\varepsilon \frac{P - c - t}{P} = 1 \tag{2.1.57}$$

从此有：

$$-\varepsilon(3c + 2t) = P(1 - 3\varepsilon) \tag{2.1.58}$$

或者有：

$$P = \frac{\varepsilon}{3\varepsilon - 1}(3c - 2t) \tag{2.1.59}$$

从这个方程可以看到,随着 ε 趋于 $1/3$,毛利与成本的比率 $P/(c + t)$ 趋于无穷大。这与纳什寡头模型的处处需求弹性为1的一个垄断厂商的情况相同。值得指出的是,当需求弹性固定时,每个国家的价格随关税线性地增加。

　　现在考虑 A、B 两个国家形成关税同盟的情况,以上三个国家的三个厂商在生产。E 国的市场位置没有变化,其市场份额与同盟形成前相同,这里假定边际生产成本不变。在每个同盟国中,现在将有两个免去关税的同盟内厂商与一个同盟外的未免关税的厂商竞争,由于这种不对称,现在将有两个汽车价格:一个是同盟内的价格,记作 P,它与同盟前不同;另一个是在同盟外的 E 国的价格,它与实行同盟前相同。一个同盟内国家的市场份额条件可以归结为:

$$2\varepsilon \frac{P-c}{P} + \varepsilon \frac{P-c-t}{P} = 1 \tag{2.1.60}$$

可以变为:

$$-\varepsilon(3c+t) = P(1-3\varepsilon) \tag{2.1.61}$$

或为:

$$P = \frac{\varepsilon}{3\varepsilon - 1}(3c+t) \tag{2.1.62}$$

关税同盟的成立使同盟内的价格发生变化,即:

$$\Delta P = \frac{\varepsilon}{3\varepsilon - 1}(3c+2t) - \frac{\varepsilon}{3\varepsilon - 1}(3c+t) = \frac{\varepsilon}{3\varepsilon - 1}t \tag{2.1.63}$$

在这种寡头条件下,关税同盟的形成使得同盟外部的价格不变,而同盟内部的价格却下降,我们称此为寡头条件下关税同盟的价格效应。

3. 寡头条件下关税同盟的利润效应

现在,我们考虑在上述寡头条件下关税同盟形成的利润影响。

第一种情况。令 $a = 4.85$ 亿,lg 以 e 为底的对数值为 20,$c = 100$,$t = 25$,$\varepsilon = 2$,则关税同盟形成前的同盟内的价格为:

$$P = \frac{2}{2 \times 3 - 1}(3 \times 100 + 25) = 130 \tag{2.1.64}$$

形成同盟后的价格为:

$$P = \frac{2}{2 \times 3 - 1}(3 \times 100 - 25) = 110 \tag{2.1.65}$$

价格下降了 20,可见,这也与前面的证明相符合。

再看市场份额的变化。在同盟形成前本国厂商在本国市场中所占的市场份额为:

$$\varepsilon \frac{P-c}{P} = 2 \cdot \frac{140 - 100}{140} = \frac{4}{7} \tag{2.1.66}$$

而每个外国厂商在该市场中所占的市场份额为:

$$\varepsilon \frac{P-c-t}{P} = 2 \cdot \frac{140 - 100 - 25}{140} = \frac{1.5}{7} \tag{2.1.67}$$

现在计算在本国市场中每个厂商的利润。价格为 140,总的需求 X 满足:

$$\lg X = 20 \lg 140 = 10.12 \tag{2.1.68}$$

$X = 24753$ 为最近的整数。我们现在计算各个厂商的利润,关税包括在外国厂商的成本中。本国厂商占市场份额的 4/7,为 14145,每个单位产品的利润为 140－100＝40,本国厂商在此的总利润为 565800;作为一个外国厂商所占的市场份额,为 5304,每个单位产品的利润为 140－100－25＝15,总利润为 79560。这样,一个厂商的利润总和为 565800＋79560×2＝724920。

对形成关税同盟后作相同的计算。同盟形成后,同盟内的价格下降到 130,同盟内一个国家中的一个同盟内厂商的市场份额为:

$$\varepsilon \frac{P-c}{P} = 2 \times \frac{130-100}{130} = \frac{6}{13} \tag{2.1.69}$$

同盟外厂商在该国市场中所占的市场份额为:

$$\varepsilon \frac{P-c-t}{P} = 2 \times \frac{130-100-25}{130} = \frac{1}{13} \tag{2.1.70}$$

该国市场需求 X 满足

$$\lg X = 20 - 2\lg 130 = 10.26 \tag{2.1.71}$$

$X=28708$ 为最近的整数。同盟内部一个厂商分别占两国市场份额的 6/13,为 13250,各自的利润为 397500,合在一起为 795000。外部厂商占同盟内一国市场的份额为 2208,利润为 11040。

同盟的形成恰恰使得本国厂商外部国家销售的利润不受影响,而从这销售中本国厂商所获的利润为 79560。在同盟内每个国家的市场中,本国厂商中市场份额的 6/13,加上从本国销售到外国的利润,我们有同盟内一个厂商的总利润从 724920 增加到 874560,另外,关税同盟的形成使得同盟外厂商的利润减少 724560－565800－11040×2＝137040,使得世界的利润增加 874560×2＋565800＋11040×2－724920×3＝162240。

第二种情况。这种情况与上面同盟内厂商利润增加的情况不同,在这里假定三个厂商在它们各自的国家中为一个垄断者,每个垄断者在一个市场中选择 P 和 x,使得:

$$\max(P-c)x \tag{2.1.72}$$

约束条件为:

$$\lg a - \varepsilon \lg P - \lg x > 0 \tag{2.1.73}$$

λ 为这个约束条件的拉格朗日常数,这给出一阶条件:

$$P: x - \lambda \frac{\varepsilon}{P} = 0 \tag{2.1.74}$$

$$x: (P-c) - \lambda \cdot \frac{1}{x} = 0 \tag{2.1.75}$$

将这两个一阶条件合在一起给出:

$$\varepsilon \frac{P-c}{P} - 1 = 0 \tag{2.1.76}$$

取 $P = 200$,这给出一个需求 X 满足:

$$\lg X = 20 - 2\lg 200 = 9.403 \tag{2.1.77}$$

$X = 12129$，利润为 $12129 \times (200-100) = 1212900$，在这里 $P = 200$ 为垄断价格，关税为 100，这使得外国厂商到本国市场来销售变得没有吸引力。

现在让 A、B 两国形成关税同盟，它们之间的关税取消，E 国被高关税排除在同盟之外，且对同盟没有出口，这样对于同盟内的一个国家来说，两个取消关税的厂商市场份额的和为 1，这有：

$$2\varepsilon \frac{P-c}{P} = 4 \cdot \frac{P-100}{P} = 1 \tag{2.1.78}$$

可以解得 $P = 133$，需求为：

$$\lg X = 20 - 2\lg 133 = 10.22 \tag{2.1.79}$$

因此 $X = 27427.5$。由于同盟内的每个厂商的利润为 $27427.5 \times (133-100) = 905107.5$，同盟的形成使同盟内厂商的利润减少为 $1212900 - 905107.5 = 307792.5$，使同盟外厂商的利润不变，仍为 1212900，使世界利润减少为 $3 \times 1212900 - 1212900 - 2 \times 905107.5 = 615585$。

从以上两种情况可以看到，相对于前面分析的寡头条件下关税同盟的市场份额效应和价格效应，相同情况下的利润效应具有多重性。对于这些都要严格地从其假定出发，这里特别值得指出的就是寡头条件下关税同盟的利润效应分析中，一个有重要意义的结果就是关税同盟的"利润创造"和"利润转移"的概念，这也许是揭示了维纳"贸易创造"和"贸易转移"概念以外的另一个根本性的"真"。

三、收益递增条件下的一体化贸易与增长理论

1. 高登的模型：内部经济与一体化的福利分析

高登（Gorden, 1972）最早对关税同盟内部经济的一体化福利影响作了分析。所谓内部经济是指使一种产品的生产规模扩大所引起的该产品平均生产成本下降的规模经济。高登的分析是在维纳贸易创造与贸易转移的框架中进行的，他分析的是一种产品的情况。

假设 A、B 两国生产一种产品的生产成本高于这种产品的进口价格，A、B 两国组成关税同盟，而且在 A 国和 B 国组成关税同盟以前，都不向对方出口这种产品；假设 A 国和 B 国生产这种产品的平均成本是可以降低的，而 A、B 两个同盟国之外的国家生产这种产品的平均成本却是固定的；假设这种产品的国内价格由这种产品的进口价格加上进口关税决定，而对于进口关税有两条假设：一是各国在关税同盟成立前后的关税率不同，因此，这种关税同盟的成立不会改变消费者的消费状况，相应的，各国国内的这种产品总的市场需求情况保持不变；二是关税率定在使包含关税的进口产品价格等于平均成本这点上，这样

就排除了生产者获取高额利润的可能。在这种情况下,如果国内不生产这种产品,也就没有关税。很显然,这种关税同盟和一般意义上的关税同盟是有一定的区别的。

在这样的假设下,高登分以下三种情况对内部经济收益递增条件下的关税同盟进行了福利分析。

情况 1:关税同盟的成员国 A 和 B 开始都生产这种产品,在关税同盟成立以后,其中 A 国占领了同盟内的全部市场,而 B 国退出这种产品的生产。这样由于同盟成立后,同盟内生产专业化的实现使得同盟内生产这种产品的平均生产成本下降。这种效应可以分为:一是 A 国的生产替代了 B 国生产成本较高的生产,这样 A、B 两国实行关税同盟,两国自由贸易的结果是产生了贸易创造效应,但是,由于 B 国的国内价格是给定的,因此,A 国单独地获得这一贸易创造的收益;二是 A 国的生产成本得以下降,这种效应是由 A 国与 B 国的贸易带来的,这不同于维纳的传统意义的贸易创造,因为这种收益来源于国内供给价格的降低,所以 A 国的消费者不会从中受益,收益全部由生产者所拥有。

情况 2:在同盟成立之初,同盟中只有 A 国生产此种产品的情况下,最可能的结果是生产这种产品的 A 国将占领同盟的市场,这种效应可以分为:一是 B 国从外部世界的进口转向从 A 国进口,A 国的产品价格一定是在同盟成立前高于同盟外国家产品的价格,不然的话 A 国不会同 B 国结成关税同盟去 B 国市场竞争,这样外部世界会受到贸易转移的损失。二是 A 国能以较低的成本进行生产会带来成本下降的效应,这部分效应相当于在本国销售时的超额利润,但是,生产逆转的情况也可能发生,当关税同盟成立后,B 国也开始生产这种产品并取代 A 国的生产。在同盟成立以前,B 国的生产成本低于 A 国,由于 A 国产品的进口价格下降,所以 A 国将得到贸易创造效应,B 国由于从低成本的外部世界进口转为本国较高成本的生产,利益上将受到损失。B 国新建立的生产企业向整个同盟供给产品的成本一定高于从同盟外进口的成本,在这种情况下,从同盟外的进口由在同盟内的生产所代替,产生了贸易抑制效应。贸易抑制效应使低成本产品被高成本产品所替代,这虽然与贸易转移效应相似,但是不同的是,这种高成本产品是由新建厂商提供的,而不是由成员国本来就有的厂商提供的。

情况 3:关税同盟的成员国 A 和 B 开始都不生产这种产品的情况。关税同盟成立后,A 国开始生产这种产品,虽然 A 国的生产成本低于给定的价格,但仍然高于从同盟外世界进口产品的价格,不然同盟成立前 A 国就会在 B 国市场上进行竞争。在这种情况下,关税同盟的成立对 A 国产生贸易抑制效应,对 B 国产生贸易转移效应,两国总的损失为关税收入的损失。

2. 一体化、收益递增与内生经济增长

这里将根据刘易斯和罗默(Luis and Romer,1992)的研究采用内生增长模型来考察一体化通过规模上的收益递增而引致的经济长期增长率的问题。在此,我们不考虑贸易在不同禀赋和不同技术条件下的一般情况,而是集中在一体化的纯规模影响,并且只是考虑相似国家或区域间的一体化。对于一体化,在此,我们考虑的仅限于影响它的商品流动和思想流动的两个元素,相对于传统的一体化理论来说,思想的流动无疑是一个新的内容。这里之所以引入思想流动,一方面是由于在新增长理论的内生增长模型中思想和知识是重要的元素,另一方面则是由于在现实中存在着商品流动和思想流动相互作用和相互分离的情况。在这里,商品是沿着货物网络流动的,而思想流动的影响则通过通讯网络进行。

(1)模型的说明

主要包括下列两个方面的内容:

1)关于生产部门的生产函数和生产部门分散的限定。我们首先考虑的生产活动包括消费品生产和已发明的资本品的生产,而对于生产活动中的创造新型资本品的 R&D 活动则在后一个内容中说明。假定消费品和资本品的生产具有相同的生产函数,生产部门的生产技术采用罗默(Romer,1990)的形式,其产出为人力资本 H、劳动力 L 和用于生产的 i 型资本存量 $X(i)$ 的函数。为避免整数约束所引起的麻烦,假定表示资本品型的指数 i 是连续的;技术进步在此表现为新型资本品的发明;令 A 表示最近发明产品的指数,对所有的 $i > A$,有 $X(i) = O$。产出 Y 假定为:

$$Y(H, L, X(i)) = H^{\alpha} L^{\beta} \int_0^A X(i)^{1-\alpha-\beta} \mathrm{d}i \qquad (2.1.80)$$

由于消费品与资本品的生产函数相同,所以技术消费品和所有存在的资本品的相对价格是固定的。简单起见,我们选择适当的单位,使得所有的这些相对价格为1,固定价格意味着总的资本存量为 $K = \int_0^A X(i)$,而总的产出为 Y。由于所有的投入具有相同的生产函数,所以生产消费品的部门和生产资本品的部门可以合并为一个单一的部门,由此我们可以将生产部门的总产出看作总的投入存量的函数,这一总的投入存量是合并的单一部门的总投入存量 t,它在生产消费品部门和生产资本品部门之间的分布可以用 $Y = C + K$ 来表示。

对于生产中的分散均衡可以由许多相似的制度结构来支持。

例如,商品 j 专利的拥有者可以变为一个制造者,生产和销售商品 j;可供选择的是专利拥有者也可向其他的厂商收专利费,自己不生产。形式上,将生产决策和专利拥有者的垄断价格决策分开是有用的,因此,我们假定专利持有者

与分散的生产厂商签合同收取一定的租金,而不是将专利卖掉。为了分析方便,我们采取以下形成的制度安排,一是有许多厂商从专利拥有者手中租资本品 $X(j)$,并雇佣不熟练劳动力 L 和熟练劳动力(人力资本)H,来生产制成品,这些厂商中的每一个既可以生产与专利拥有者签署过合同的资本品,也可以生产消费品。所有生产厂商有相同的生产函数,它们是价格接受者,所挣得的利润为零。二是拥有商品 i 专利的厂商分别向特定的厂商为实际资本品的生产专利讨价,对按竞争价格购买的商品单位标准地按 1 计算。讨价完成后,专利拥有者按利润最大的垄断租金将专利租给所有的生产商,这是由于专利是由所有者垄断性地占有的。这一专利是价格为 P_A 的可交换的资产,而 P_A 等于垄断租金流现在的贴现值减去机器的成本。

2)关于 R&D 函数和 R&D 分散化的限定。我们考虑两种形式的 R&D 技术,它们合起来才能给 R&D 以完全的描述,而单独的一个则做不到这一点,并且用它们两个可以帮助我们确立经济一体化影响长期增长的准确含义。这两种形式包括:一是对于生产新资本品设计的技术,假定人力资本和知识为影响设计产出的仅有的投入:

$$\overline{A} = \delta HA \tag{2.1.81}$$

其中,H 表示用在研究中的人力资本的存量,A 表示已存在设计的存量,它是对先前解决的设计问题所累积的,是一般科学、工程知识和实践中的"窍门"的测度。因为在此新的设计是以已有知识为基础的,所以我们称这种类型的 R&D 过程为 R&D 的知识驱动形式。由于对于这种知识驱动形式的 R&D,不熟练劳动和物质资本在 R&D 中没有用处,这使得生产部门和 R&D 部门间存在明显的要素分布的差异,而这个差异使得所使用的模型要用一个关于两部门的分析框架。二是假定 R&D 技术用于生产技术相同的投入,并且投入间的比例也相同,那么,如果 H、L、$X(i)$ 表示在 R&D 中的投入,B 表示一个固定的规模因子,则设计的产出可以写成:

$$\overline{A} = BH\alpha L\beta \int_0^A X(i)^{1-\alpha-\beta} \mathrm{d}i \tag{2.1.82}$$

在这里,人力资本、不熟练劳动力和资本品对于研究是有生产性的,而与前一种 R&D 形式不同的是知识在此没有对研究的生产性价值,也正因为如此,我们称这种 R&D 形式为 R&D 的研究设备形式。进一步的,在 R&D 的研究设备模型中,我们可以将生产部门和研究部门合并为单一部门,令 H、L、$X(i)$ 表示在时间 t 时,经济中所用的全部投入,那么综合(2.1.80)和(2.1.82)我们可将总产出 $C + \overline{K} + \dfrac{\overline{A}}{B}$ 按投入总存量写成:

$$C + \overline{K} + \frac{\overline{A}}{B} = H^\alpha L^\beta \int_0^A X(i)^{1-\alpha-\beta} \mathrm{d}i \tag{2.1.83}$$

此模型的对称性意味着对所有的 i 和 j 小于 A，$X(i) = X(j)$。我们因此可以在(2.1.83)式中以 $\dfrac{K}{A} = X(i)$ 进行替换，这样就可以得到以 H、K、L 和 A 表示的总产出的简单形式：

$$C + \overline{K} + \frac{\overline{A}}{B} = H^\alpha L^\beta \left(\frac{K}{A}\right)^{1-\alpha-\beta} = H^\alpha L^\beta K^{1-\alpha-\beta} A^{\alpha+\beta} \tag{2.1.84}$$

R&D 部门知识驱动形式和研究设备形式的不同使得 R&D 部门怎么实现分散均衡的假定也有所不同。在知识驱动模型中，设计的产出与生产部门的产出形式不同。根据欧拉定理，对投入 A 和 H 两个不可能支付它们的边际产品，由此我们假定 A 没得到补偿。先前设计的专利持有者没有技术上或法律上的方法防止新产品的设计者利用先前设计中隐含的思想，假设存在一个联系网络使得可以无偿利用的 A 的存量的信息得以利用，这时在 R&D 部门中存在知识溢出或外部性的均衡，而在生产部门不存在知识溢出或外部性的均衡。对这种情况，我们可以将研究描述为是由独立的研究者用他们的人力资本生产设计，并且他们随后将设计卖出。在研究设备模型中，设计的产出与生产部门的产出有相同的生产函数，像对生产部门的情况一样，均衡是一个，并且市场权力是由专利传送的，没有其他进入限制。除了没有产品 i 专利持有者的同意其他人不能生产产品 i 的限制外，在 R&D 和生产中都可以自由进入，也没有知识溢出和外部性的均衡，对这种情况，我们可以认为 R&D 是由分离的厂商来进行的，它们租投入，生产可获得专利的设计，并以价格 P_A 卖出。

（2）两个模型中的平衡增长均衡和完全一体化

直到现在，在这里，技术是以产力为投入 H、L、K 和 A 的函数，且限定 K 和 A 的关系来说明的。为了进行下面的简单的平衡增长分析，我们将 L 和 H 的存量都当作已经给定。对于两种 R&D 技术形式各自的平衡增长均衡的计算可以用沿着一个平衡增长路径的增长率和利息率间的两个线性关系来概括，一个关系来自于生产的均衡条件，另一个来自于偏好的均衡条件。

1）研究设备模型中的平衡增长均衡。首先看来自于生产的均衡条件。在研究设备模型中，生产和研究中的总生产值仅取决于总的投入存量，而与它们在两部门间的分布无关。

$$Y + \frac{\overline{A}}{B} = H^\alpha L^\beta \int_0^A X(i)^{1-\alpha-\beta} \, \mathrm{d}i \tag{2.1.85}$$

取 H 和 L 的供给给定，生产部门中的每个代表厂商选择 $X(i)$ 的水平以使利润最大化。这样，使 $Y + \dfrac{\overline{A}}{B}$ 减去用投入 i 的总的投入成本 $\int P(i) X(i) \mathrm{d}i$ 的最大化一阶条件问题产生产品 i 逆转的需求曲线。当供给 X 单位的资本品时，所

导致的租金率 P 为：

$$P = (1 - \alpha - \beta)H^\alpha L^\beta X^{-(\alpha+\beta)} \qquad (2.1.86)$$

投入的生产者选择 X，以使垄断租金的现值乘以 X 和一份资本的单位成本积的最大值减去 X，即 $P_A = \max\left(\dfrac{PX}{r}\right) - X$。用（2.1.86）式，那么决定拥有产品 i 专利的人将租给生产厂商的机器数目 $\overline{X}$ 的一阶条件为：

$$(1 - \alpha - \beta)^2 H^\alpha L^\beta \overline{X} - (\alpha + \beta)r^{-1} = 0 \qquad (2.1.87)$$

这意味着 $\dfrac{P}{r} = (1 - \alpha - \beta)^{-1}$。由专利持有者获得的现在的利润贴现值可以简化为：

$$P_A = \left(\frac{P\overline{X}}{r}\right) - \overline{X} = \frac{\alpha + \beta}{1 - \alpha - \beta}\overline{X} \qquad (2.1.88)$$

因为 $P_A = \dfrac{1}{B}$，这意味着 $\overline{X} = \dfrac{1 - \alpha - \beta}{B(\alpha + \beta)}$，将此式代入（2.1.87）式，则有方程：

$$r_t = B^{\alpha+\beta}(\alpha + \beta)^{\alpha+\beta}(1 - \alpha - \beta)^{(2-\alpha-\beta)} H^\alpha L^\beta \qquad (2.1.89)$$

在此定义 $M = B^{\alpha+\beta}(\alpha + \beta)^{\alpha+\beta}(1 - \alpha - \beta)^{(2-\alpha-\beta)}$，则有：

$$r_t = MH^\alpha L^\beta \qquad (2.1.90)$$

接着，我们再看由偏好所提供的均衡条件，这里采用的偏好是最简单固定弹性效用的拉姆齐（Ramsey）偏好：

$$U = \int_0^x \frac{C^{1-\sigma}}{1-\sigma}\mathrm{e}^{-\rho t}\mathrm{d}t, \sigma \in [0, \infty] \qquad (2.1.91)$$

在平衡增长的情况下，消费的增长率一定等于产出的增长率，因此对任何固定的增长率 $g = \overline{C}/C$，我们可以从消费者瞬时（intertemporal）最优的一阶条件，来计算隐含的利息率：

$$r_p = \rho + \sigma g \qquad (2.1.92)$$

在这里，偏好对应的利率和增长率之间存在一个正向的关系，这是因为消费增长得越快，现在的消费和未来的消费相比就越值得，现在消费和未来消费的边际替代率就越高，从而使得消费者以更高的利率借款。另外值得注意的是，对参数的一定限制是必要的，这可以保证增长率不是比利息率更大；如果是，那么现值将不是有限的，定义效用的积分将发散，这里所对应的限制是 σ 大于或等于 1，而不是小于 1。现在，我们将方程（2.1.90）式和方程（2.1.91）式联立起来，则有：

$$\begin{cases} rt = MH^\alpha L^\beta & (2.1.93) \\ rp = \rho + \sigma g & (2.1.94) \end{cases}$$

因为在平衡增长中，$r_t = r_p$，所以研究设备模型中的平衡增长率为：

$$g = (MH^\alpha L^\beta - \rho)/\sigma \tag{2.1.95}$$

2)知识驱动模型中的平衡增长均衡。首先看来自生产的均衡条件,知识驱动模型对资本品的需求与研究设备模型有相同的形式,这是因为所有资本品的需求都是来自生产部门,H 必须由 H_Y 来替代。根据方程(2.1.86)和方程(2.1.88)则有:

$$P_A = (\alpha + \beta)\frac{P\overline{X}}{r} = \frac{\alpha + \beta}{r}(1 - \alpha - \beta)H_Y^\alpha L^\beta - (1 - \alpha - \beta) \tag{2.1.96}$$

生产和研究中的人力资本的工资相等则有:

$$P_A \delta A = \alpha H_Y^\alpha L \beta A \overline{X}^{1-\alpha-\beta} \tag{2.1.97}$$

结合方程(2.1.96)和(2.1.97)可以解出 H_Y 为:

$$H_Y = (1/\delta)\alpha(\alpha + \beta)^{-1}(1 - \alpha - \beta)^{-1}r \tag{2.1.98}$$

取 $N = \alpha(\alpha + \beta)^{-1}(1 - \alpha - \beta)^{-1}$,则有:

$$H_Y = (N/\delta)r \tag{2.1.99}$$

因此,可以得到:

$$g = \delta H_A = \alpha H - \delta H_Y = \delta H - Nr \tag{2.1.100}$$

也就是:

$$r_t = (\delta H - g)/N \tag{2.1.101}$$

这样,我们就方程(2.1.101)结合偏好所提供的均衡条件方程(2.1.92),后者与研究设备的偏好均衡条件相同,则有:

$$\begin{cases} r_t = MH^\alpha L^\beta & (2.1.102) \\ r_p = \rho + \sigma g & (2.1.103) \end{cases}$$

因为在平衡增长中,$r_t = r_p$,所以知识驱动模型中平衡增长率为:

$$g = (\delta H - N\rho)/(N\sigma + 1) \tag{2.1.104}$$

3)两个模型中的平衡增长率在完全一体化中的变化。在前面的两个模型中,都有对于规模的依赖,这对分析一体化中的经济增长是关键的。考虑两个有相同禀赋 H、L 的经济,长期来看,它们将有相同的累积的投入存量,直至规模收益递增可以从贸易和一体化中持续性获得。假定两个经济体地理上邻近,但是由于一种障碍的存在,使得两个经济体总体上是分离的,两个经济体间的商品、人们的思想不能相互流动。如果这两个经济体在这种状况下演进,那么根据本节的模型,它们的平衡增长率可由方程(2.1.95)和(2.1.104)计算得出。现在,我们假定把两个经济体间的障碍去掉,以至于两个经济体完全地一体化为一个单一经济,这样从两个禀赋为 H 和 L 的经济变化为一个禀赋为 $2H$ 和 $2L$ 的经济,因此,我们可以得到研究设备模型中的平衡增长率和知识驱动模型中的平衡增长率在完全一体化中分别为

$$g = (M2^{\alpha+\beta}H^\alpha L^\beta - \rho)/\sigma \tag{2.1.105}$$

$$g = (2\delta H - N\rho)/(N\sigma + 1) \tag{2.1.106}$$

将方程(2.1.105)与(2.1.95)、(2.1.106)与(2.1.104)分别进行比较,明显可以看到完全一体化后的增长率比一体化前增加了许多,一体化使增长率提高了。值得进一步指出的是,对于模型中使得一体化加速经济增长的规模收益递增,在两个模型中的表现是有差异的。在研究设备模型中,它表现在单一的研究设计的固定成本从一体化前的每个国家一次变成了一体化后两个国家的一次,在这个模型中规模收益递增的来源是固定成本的减少,而在知识驱动模型中则表现为知识的溢出引起的 R&D 的生产函数的规模使收益递增。

(3)两个模型中的局部一体化与经济增长

这里通过三个思想实验,说明两个模型在商品流动或思想流动的局部一体化中的一体化与经济增长的关系。

1)在研究设备模型中商品流动。在研究设备模型中,如果在利率不变的情况下,两个经济体开放彼此间的商品贸易,那么专利持有者作为垄断者在两个相同的市场卖专利,面对不变的边际生产成本,将在每个独立的市场上使得利润最大化,将使得专利持有者的利润比单独一个市场时增加一倍,$P_A = \dfrac{\pi}{r}$ 也增加一倍。但因为有生产专利技术的限定,专利的价值一定要固定在 $\dfrac{1}{B}$,所以为恢复均衡,利率一定要增加。从方程(2.1.102)可以看到利率的增加是由 H、L 在商品流动一体化后变为 $2H$、$2L$,而 r_t 随 $2^{\alpha+\beta}$ 的因子作用而增加,在此,高利率导致高储蓄,由此导致与完全一体化时相同的快速经济增长,即有增长效应。值得指出的是,由于研究设备模型中 R&D 形式的特殊限定,思想、知识对生产没有直接的影响。因此,讨论研究设备模型中的思想知识流动没有意义。

2)在知识驱动模型中商品流动而思想不流动。在知识驱动模型中,平衡增长的产出增长率等于 A 的增长率,$\dfrac{\overline{A}}{A} = \delta H_A$,它由人力资本在生产部门和研究部门之间的分布所决定。在贸易开放前,在一国生产部门中所用机器的类型数与在该国设计和生产的机器数相同;而贸易开放后,两个国家所用机器类型数为本国的两倍,由于研究者对垄断租金的追逐,两国的研究者将在生产不同的设计和避免剩余中实现专业化。因此,最终世界设计的存量将为一国的两倍,由于资本品的贸易,使得本国生产者可以利用外国的设计,最终每个设计利用的水平在每个国家将恢复到单独获得它时的水平。从方程(2.1.80)可推出,A 的增加使生产部门中的人力资本边际产品 $\partial Y/\partial H = \alpha H_A^{\alpha-1} L^\beta X^{1-\alpha-\beta} A$ 增加到 $\partial Y/\partial H = \alpha H_A^{\alpha-1} L^\beta \overline{X}^{1-\alpha-\beta}(A + A^*)$,其中 A^* 为所用的来自国外的最近发明产品的指数。贸易开放意味着新设计商品的市场为没有贸易时的两倍,这使得专利的价格提高,研究中人力资本的收益从 $P_A\delta$ 增加到 $2P_A\delta A$;但是由于思想的不流动使得 A^* 所表示的外国知识不能被本国所利用,所以说尽管在两个竞争部门人力资本的收益加倍,而商品的自由贸易却没有影响生产部门和研究部门间人力资本的分布,这样商品的自由贸易也就没有使平衡经济增长率和利息发生变化,这说明开放贸易而思想不流动时,没有增长效应。但是,在知识驱动模型中,商品流动而思想不流动却可以有水平效应存在,即可以在短期内使产出增加。我们考虑两个分离经济体的资本品集合 A 和 A^* 不相交,商品贸易前,本国将用 $\bar{X}$ 的 A 资本品,外国将用 $\bar{X}$ 的 A^* 资本品;如果资本品允许在两国间流动,每个国家将立即用自己存量一半的资本品与另一个国家存量一半的资本品相交换,每个国家将用 $A+A^*$ 的 $\bar{X}/2$。从方程(2.1.80)的生产部门的生产函数可得出,在贸易开放后,立即将有每个国家产出在 $2^{\alpha+\beta}$ 因子作用下的"跳高",即在短期内使产出增加。但是,随着时间的延长,由于 X 是由 r 和 g 所决定的,一国所用资本品的水平将返回到 $\bar{X}$,在新的平衡增长路径上它们与以前相同,因此说在这种情况下,可以有水平效应存在。

(3)在知识驱动模型中思想流动。对于上面所分析的知识驱动模型中商品流动而思想不流动的情况,本国 A 的增长率为 $\bar{A}=\delta H_A A$,而外国的为 $A^*=\delta H_A^* A^*$。如果假定两国的思想完全无交叉,则在两国间思想允许流动后,有效的知识存量变为 $A+A^*$,这样就有 $\bar{A}=\bar{A}^*\delta H_A(A+A^*)=2\delta H_A A$,从而使得增长率从方程(2.1.104)变为方程(2.1.106), $g=(2\delta H-N\rho)/(N\sigma+1)$,与完全一体化时相同。接着,我们考虑知识驱动模型中,思想流动而商品不流动的情况;其结果往往取决于两个国家生产的思想的交替程度。如果两国的知识相同,那么思想的流动对生产几乎没有影响。如果新的知识是以一个高方差的随机过程出现在不同的国家,那么思想的流动将在一定程度上加快世界范围的经济增长。

四、区域-产业外部经济与一体化理论的新维度

1. 区域-产业外部经济与"斯密定理"的扩展

对"斯密定理"的扩展,是从对一个国际贸易事实的分析开始的。我们面对的是国际贸易中的这样一个事实:就制作钟表来看,瑞士和泰国相比,在劳动力成本和其他资源上并不占多大优势。但是,不是泰国的表,而是瑞士的表在世界表的贸易中一直占举足轻重的地位,世界表的生产主要集中在瑞士。在其他国家也有类似的情况。例如,在美国,其计算机和半导体产品出口到世界上许多国家,而美国的计算机厂家是集中在麻省的 128 号公路附近,半导体厂家集中在加利福尼亚州的"硅谷"。并且,不论是瑞士的制表公司,还是美国的半导

体或计算机公司,规模几乎都不太大。

那么,对这种国际贸易事实如何解释呢?首先,我们看一下比较优势理论。就瑞士和泰国的制表业相比,泰国制表的劳动力成本比瑞士制表的劳动力成本低,按照比较成本理论,泰国应该成为世界市场上生产更多表的国家。因此,比较优势理论在此是不适用的。再看一下克鲁格曼和赫尔普曼的新贸易理论,他们的新贸易理论的核心是厂商的规模经济是国际贸易的决定因素。但是,这里的厂商规模并不太大,因此,用厂商规模经济是解释不了这一贸易事实的。正是考虑到以上理论解释力的局限,克鲁格曼和奥伯斯特·弗尔德提出了对前面国际贸易事实的行业规模经济的解释,他们认为是存在于行业水平的行业规模经济,而不是单个厂商水平上的厂商规模经济决定了上面国际贸易的存在。他们称这种行业规模经济为外部经济。但是,他们的分析是有缺陷的,因为他们是从产业的角度来分析的。尽管他们注意到了有些产业集中在特定的地方,但是,他们却没有认识到这种发展不仅是产业的,而且是区域的。与其说上面贸易的根源是行业规模经济,倒不如说是由行业规模经济(行业外部经济)和区域规模经济(区域外部经济)共同决定的。

我们不妨称这种由区域和产业聚集所产生的外部经济为区域-产业外部经济。区域-产业外部经济有正、负之分,但是在这里,我们把研究主要集中在对区域-产业外部经济中生产的正的外部性的研究上。区域-产业外部经济从生产函数上,可以这样看,对一个区域-产业聚体中的厂商,假设第 i 个厂商有产出 O_i,那么其产出 O_i 不仅受它控制的变量 X_i 的影响(X_i 是指没有区域-产业聚体时厂商控制的变量),而且受区域-产业聚集程度 Y 的影响,构成下面的生产函数:

$$Q_i = f_i(X_i, Y) \qquad (2.1.107)$$

我们这里考察的主要是区域-产业的聚集所引起的正的外部性。一般的,相对于没有区域-产业外部性来说,它的生产成本要低,而产量要增加。并且,在我们的研究范围内,可以认为区域-产业聚集度是与厂商的产量 Q_i 有正的单调性关系。进一步的,我们看区域-产业外部经济的决定因素。只要注意瑞士的制表业、美国的半导体和计算机产业的聚集,对中国北京的计算机产业主要聚集在北京海淀区的中关村也一样,不难发现,它们区域-产业聚集的基础往往是相互竞争单位之间的相互吸引,这种吸引力超过了由于对立而产生的任何排斥力,只要走进北京海淀区的"中国硅谷",或者中国天津的食品街或者文化街的时候,以一个厂商的身份,从和没有区域-产业聚集相比,就会发现,这里的消费者更集中,或者说市场需求更能得到集中反映,很显然这里的消费者所显示的市场变化和内涵要比没有区域-产业聚集时丰富。另外,从厂商来看,好就好在这种区域-产业聚集中其他厂商的存在,尽管厂商间存在竞争,但是区域-产业聚集使得厂商间感到了吸引,其他厂商的出现对它是有益的。关于这一点,我们可以作一个简单的"思想实验"。就天津食品街中的天津特产"十八街麻花"的经营店来说,我们让它周围的天津特产"果仁张"等经营店都从食品街中撤掉,那么很容易使得"十八街麻花"经营店的业务将比以前"不景气"许多。相反,如果不撤退,而是再引入中国杭州的"叫花子鸡"、"东坡肉"的经营店,或者美国肯德基经营店的业务,这样可能使"十八街麻花"比以前"红火"得多了。到此不难发现,在某些活动中,区域-产业聚集的原因是由于个体厂商的产品是非标准化的,这些产品间不能简单地相互替代,并呈现出多品种、多样式的状态,而这增加了消费者的选择,这里的消费者的选择性可能表现为以批发商或其他中介组织的形式而存在。实际上,就消费者的购买来说,他们往往开始并不能十分准确地知道自己将要购买什么,而常常是可能在多品种或一个品种的多种样式中进行选择,而区域-产业聚集所具有的多品种、多样式就成为与之相对应的提供者。并且,当区域-产业聚集愈益增强时,其多选择特性的增强使得其消费特性需求得以更好地组合,这似乎是一种"消费的范围经济",并且会刺激消费者"需求特性的创新",从而使得他们消费的福利或效用得到提高。

我们转入对区域-产业外部条件的生产角度的研究,即从区域-产业聚集中相互联系厂商成本的供应角度来进行分析。在此,我们以时装生产为例来分析。如果时装样式变化比较快,那么至少生产这些时装的某些投入具有这种特性,时装车间对不同布料、线、纽扣等物品的需求不断变化,对劳动力和要求也可能会突然地出现变化。由于加快交货的生产计划本身的细致要求,生产设备的维修和零部件的提供必须及时。对于经理来说,最首要也是最关键的投入就是信息,即预计顾客想买什么及他的竞争对手在做什么等信息,而收集信息必须眼观六路、耳听八方。这类投入的要求及其他要求,每一项都能在一个紧密的区域-产业聚体中得到较为充分的满足。其基本原因可以通过以下的例子说明:假若我们有一个生产女士外衣的小厂,其中涉及一系列操作工序,比如衣服样式的选择、布料的购置、裁剪、锁边、缝制、码扣眼、熨衣服、缝扣子等,有时还可能在衣服上绣花边等装饰。现在有一种投资比较多可专门用于快速锁边的机器,单个外衣厂家发现购置一台这样的锁边机不划算,因为这样没法使机器充分负荷运转,于是不得不维持原来的低效率,慢一点锁边。但是,如果他位于一个有足够多服装厂的地域,那么这些服装厂对锁边的联合需求就可能足够保证至少一个新锁边机的正常业务量。相反,当这种足够多服装厂行业和区域不能达到时,这种使用新锁边机的潜在利润,必然导致行业和区域的聚集调整。这种聚集调整是在厂商对信息成本、运输成本、劳动力成本和技术进步及聚集预期利润的动态尝试、发现的过程中完成的。这里的厂商当然包括不同行业的厂商。当行业和区域聚集调整达到足够大的规模时,就将使得上面潜在的利润得以实现,从而也就实现了区域-产业外部经济。这样,就不仅是一个专门、独立的锁边公司的出现,而且可能是一个延续的可以实现区域-产业外部经济的区域-产业聚体的诞生。对上面的调整,如果从边际上来看,那么理解起来更容易些。在产品不断变化、生产周期极为短暂,订货经常是小批量,限制工厂规模的主要因素是管理决策中对不确定需求作出反应和预测的复杂情况下,上面所分析的专业化分工和区域-产业外部经济的结合显得更加重要。

进一步的,我们对此尝试性地从供给或生产的角度作一般性的分析。我们可以简单地假设由 A、B、C 三种投入所组成的生产,这三种投入分布在不同的空间位置,而生产则要求它们集中到一起才能进行,如图 2.1.10(a) 所示。图中 AB、BC、AC 可以分别表示将三种投入集中到一起的运输成本,或者表示厂商为搜寻 A、B、C 各自变化的信息成本。现在,我们假设在其他条件都不变的情况下 AB、BC、AC 的长度可均匀缩小。缩小 AB、BC、AC 的长度,使 A、B、C 各自向三角形 ABC 的重心作位似缩小,即向重心聚集,位似缩小的三角形为图 2.1.10(b) 中的 A'B'C'。那么就这一生产来说,旧投入三角形 ABC 向聚集位似缩小三角形的过渡使得生产的运输成本或信息成本减少。从而使得生产的利润增加。很显然,这是关于区域-产业聚集外部经济的比较静态分析,并且也适合相互联系的不同产业的区域-产业聚集的情况。

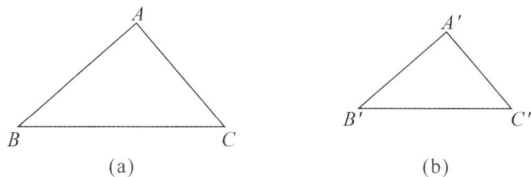

图 2.1.10

动态来看,在这里我们不只局限于有直接投入联系的厂商,而且包括不具有直接投入联系的,比如有相互竞争联系的厂商和有更远联系的相关联厂商。并且,我们假定相互联系的厂商的产品千差万别,并且每天、每周——当然时间可以再长一些——都在变化,至少竞争厂商的生产需求在不断变化。这些相互联系的厂商要知道市场需要什么,竞争对手有什么新产品,将要提供什么新产品,又要知道与它相联系的投入厂商的产品的变化,这实际上有一个信息搜寻问题。对于与市场需求相关的"搜寻成本",也有一个与区域-产业聚集相联系的市场聚集使得"搜寻成本"更节约的特性,并且在这里还有与消费者搜寻不同的对竞争厂商和相关联的投入厂商的生产、产品信息的"搜寻成本"。很明显,当竞争厂商和相关联的投入厂商在其他条件不变的情况下进行区域-产业聚集的好处就是可以使得厂商的技术外溢或信息知识外溢,而这又往往和它们各自内部的分工和知识的演进及生产相关联。在各自内部的分工和知识演进中,在一定条件下"边干边学"的学习可以使技能提高,使知识、信息增多。内部的R&D往往也可以使技能提高,使知识、信息增多。这也就是说,从知识信息的层次来看,区域-产业聚集可以使知识和信息的生产得以加速。当然,区域-产业聚集也使得相互联系的厂商的知识和信息联系更加紧密及知识信息的外溢更加显著,彼此之间相互学习的加强和R&D合作联盟的出现,从而加速知识和信息的生产,而这在某种意义上也意味着创新的加速。分工演进的加速及由区域-产业聚集所引致的收益递增,意味着厂商生产率的提高。对于专业化分工和区域-产业外部经济的结合使得厂商生产率提高可以由图 2.1.11 中厂商平均成本的变化来说明。

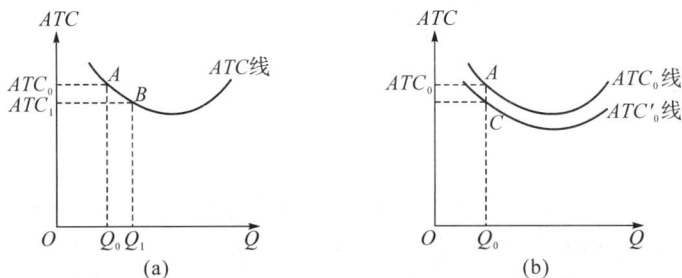

图 2.1.11

图 2.1.11 表示在某区域-产业聚体中的厂商在专业化分工和区域-产业外部经济作用下生产率的提高,使得该厂商在平均总成本(ATC)曲线上的位置从 A 点往下移到 B 点,其总平均成本由 ATC_0 下降到 ATC_1。图 2.1.11(b)表示由专业化分工和区域-产业外部经济形成的生产率的提高还可能表现为一定产出的总平均成本的降低,其中厂商的总平均成本曲线从 ATC_0 线下移到 ATC_0'线,因此,在同样产量 Q_0 的情况下,厂商总的平均成本将由 ATC_0 降低到 ATC_0'。应该指出的是,专业化分工和区域-产业外部经济的结合作用要比图 2.1.11 所表示的还要复杂一些。

以上,我们已经不自觉地深化了亚当·斯密的分工理论。先看亚当·斯密分工理论中的一个重要命题:分工决定生产率的提高,即"劳动生产力上最大的增进,以及运用劳动时所表现的更大熟练度、技巧和判断力,几乎都是分工的结果"。从我们上面的分析中,不难看出,生产率的提高实际上是分工(专业化)和区域-产业外部经济共同作用的结果。我们将这一理论称作生产率的分工-外

东亚共同体通论

部经济决定论。再看亚当·斯密分工理论中"分工受市场范围限制"的"斯密定理"，用"市场容量"比亚当·斯密所说的"市场范围"更为准确。现在由我们前面所提出的区域-产业外部经济对"斯密定理"作一扩展。我们界定市场容积和市场密度两个概念，市场容积是指市场的空间范围，市场密度是指市场的聚集程度，体现的是区域-产业外部经济的大小，那么就有公式：市场容量＝市场容积×市场密度。从这个公式可以得出这样的结论：①当市场密度不变时，市场容量和市场容积即市场的空间范围成正比，这一点和亚当·斯密所讲的"分工受市场范围的限制"很相近。②当市场容积即市场空间范围一定时，市场容量和市场密度成正比。也就是说，"斯密定理"可以进一步扩展为分工在市场空间范围一定时是受市场密度即市场聚集度限制的，我们将它称为分工的"陈氏定理"。并且不难发现，市场容量和市场密度在市场空间范围一定时是相互推动的，从中也可推出分工和市场密度在市场空间范围一定时是互相推动的。应该指出的是，杨格注意到了分工和市场容量的相互作用，但是，他没有注意到市场密度和分工相互作用的特殊意义。

2. 扩展的"斯密定理"与一体化理论的新维度

以上我们对"斯密定理"作了扩展，现在我们转向对世界经济一体化的分析。世界经济一体化无疑是近些年来世界经济中的一个重要经济现象，正因为如此，对世界经济一体化的研究也就成了目前国际经济理论研究的重要课题。首先，我们注意到的是人们对世界经济一体化的提法。在《新帕尔格雷夫经济学大辞典》中词条是"经济一体化"，其中谈到的理论为"经济一体化理论"，在中国的《世界经济百科全书》中的提法是"国际经济一体化"，而其中谈到的理论为"国际经济一体化理论"。但是，从世界经济一体化的现实来看，都是在一定区域中的地理上邻近国家的经济一体化。这也就是说"经济一体化"和"国际经济一体化"的提法都忽视了"区域"这个重要特性。其次，我们再关注一下现有的一体化理论。现有的一体化理论主要是一体化的贸易理论，它主要包括贸易创造和贸易转移的福利分析（Viner，1950；Meade，1995；Lipsey，1960；Lloyd，1982；Ethier，1989）、规模经济效应分析（Corden，1972）、竞争效应分析（Scitovsky，1958；Balassa，1961；Krauss，1972）。相对于一体化的贸易理论，金德伯格（Kindleberger，1966）强调了跨国公司在一体化中起着重要的作用，他提出了跨国公司对区域经济一体化作出反应的投资创造和投资转向的概念。联合国（1993）则在《世界投资报告》中对区域一体化的外国直接投资效应和国际生产一体化产生作了简单的分析。

就以上的一体化理论来说，虽然做了许多有益的工作，但就像前面指出的"经济一体化"和"国际经济一体化"的提法忽视了"区域"这个重要特性一样，它们也有这个缺陷。就拿维纳(1950)对经济一体化理论的重要贡献——"贸易创造"和"贸易转移"的分析来说,其中的进口国和出口国没有区域上相关的联系,可以是任意区域上的进口国和出口国,也就是说没有考虑区域这个因素。实际上,到目前为止,几乎所有一体化理论都有这个缺陷,这些理论对区域一体化仍让人感到缺少一种有力的、近乎于本质的理论穿透力。

我们认为,"世界经济一体化"的提法用"国际区域经济一体化"(简称"区域(经济)一体化"或"国际一体化")也许更恰当些。重要的是,这不是一个简单的提法问题,而是一个理论上的定位和出发点的问题,这要求我们在研究一体化时考虑其区域维或空间维。对于一体化理论,我们认为在前面提出的扩展的斯密定理也许能对国际区域经济一体化给予较好的分析,也就是说一体化理论的基石也许应该是扩展的斯密定理。我们在此只作初步的探讨。首先是基于扩展的"斯密定理"对国际区域一体化的福利分析。由于国际区域一体化是将在一定区域中的一些国家的分割或压抑的市场统一起来,现在假设有在区域上几个国家实行分割或压抑的市场的统一。在一体化之前,i 国的市场范围为 v_i^0,市场密度为 d_i^0;一体化实施后的市场范围为 v_i^1,市场密度为 d_i^1,那么对于一体化中的 i 国来说,其在一体化前后的市场容量分别为 $v_i^0 d_i^0$ 和 $v_i^1 d_i^1$。这里的另一个假设就是如果不实行一体化则其成员国的市场范围和市场密度将不变。那么,如果我们将市场容量作为一国福利的量度的话,就有关于国际区域一体化对成员国 i 国福利影响的下列关系:①当 $v_i^1 d_i^1 - v_i^0 d_i^0 > 0$,即 $v_i^1 d_i^1 > v_i^0 d_i^0$ 时,存在 i 国的市场增加(或称作市场创造),区域一体化使成员国 i 国的福利增加;② $v_i^1 d_i^1 - v_i^0 d_i^0 = 0$ 时,即 $v_i^1 d_i^1 = v_i^0 d_i^0$ 时,市场容量不变,区域一体化使成员国 i 国的福利不变;③当 $v_i^1 d_i^1 - v_i^0 d_i^0 < 0$ 时,即 $v_i^1 d_i^1 < v_i^0 d_i^0$ 时,存在 i 国的市场减少(或称作市场压抑),区域一体化使成员国 i 国的福利减少。在这里,实际上是假定区域一体化本身是无成本的或成本为零的。关于国际区域一体化对区域内全体成员(在此假定有 n 个成员)福利影响的关系为:①当 $\sum_{i=1}^{n}(v_i^1 d_i^1 - v_i^0 d_i^0) > 0$,即 $\sum_{i=1}^{n} v_i^1 d_i^1 > v_i^0 d_i^0$ 时,存在区域的市场增加或市场创造,区域一体化使区域内全体成员的福利增加;②当 $\sum_{i=1}^{n} v_i^1 d_i^1 = \sum_{i=1}^{n} v_i^0 d_i^0$,即市场容量不变时,区域一体化使区域内全体成员的福利不变;③当 $\sum_{i=1}^{n} v_i^1 d_i^1 < v_i^0 d_i^0$,即市场容量减少时,存在市场减少或市场抑制,区域一体化使区域内全体成员的福利减少。关于国际区域一体化对世界福利的影响,我们以 V 和 D 表示区域内成员的市场范围和市场密度,以 M 和 N 表示区域外世界上所有其他国家的市场范围和市场密度,那么

国际区域一体化对世界福利的影响有以下方面：①当 $V^1D^1 + M^1N^1 > V^0D^0 + M^0D^0$，即存在市场增加或市场创造时，区域一体化使世界的福利增加；②当 $V^1D^1 + M^1N^1 < V^0D^0 + M^0D^0$，即存在市场减少或市场抑制时，区域一体化使世界的福利减少。这里，上标 0 和 1 分别表示实施一体化前后的意思。很显然，以上的推理判断是以存在充分到扩大的市场容量的分工作为假定的。其次是从扩展的"斯密定理"对国际区域一体化本质的理解。对于国际区域一体化，它的一种情况就是国际区域一体化总的市场范围不变，而国际区域一体化表现为一种区域-产业的聚集，是市场密度增加的过程。也就是说，在此国际一体化区域可以看作一个国际区域-产业聚体。在扩展的"斯密定理"中，它表现为分工和市场密度间的循环累积、动态反馈的深化过程，而一体化区域中贸易和投资的增加，从一个方面来看，就是对这种过程深化的反应。另一种情况就是国际区域一体化的市场密度不变，而国际区域一体化表现为总的市场范围的扩大，对此，在扩展的"斯密定理"中，国际区域一体化表现为分工和市场范围间的循环累积、动态反馈的扩张过程。当然，在实际的国际区域一体化中，有时比上面的两种情况还要复杂些。值得指出的是，在此，国际区域一体化水平受潜在的分工水平所要求的市场容量的限制，而这决定了国际区域一体化的边界。以上，是我们从一个区域上的区域一体化来看的，而换个角度，从世界来看，世界上不同的区域一体化，则可以看作不同区域间寻找"分工⇔市场密度"或"分工⇔市场范围"优势的竞争、博弈过程。

到此，我们在第一部分界定了区域-产业外部经济的概念，并对区域-产业外部经济的决定作了初步的探讨，而后在此基础上对"斯密定理"作了扩展，提出了分工的"陈氏定理"。第二部分先是对世界经济一体化的提法提出了建议，而后以分工的"陈氏定理"为基石对一体化理论作了新的拓展，其政策含义是国际区域一体化，除了注重以前所强调的贸易维和投资维之外，还应注意国际区域一体化在市场范围和市场密度层次上的政策安排，要注意国际区域一体化中的市场创造和市场抑制的问题。对于进一步的研究方向，我们初步的看法包括：一是将区域-产业外部经济决定理论及分工的"陈氏定理"为基石的一体化新理论进一步地数理精致化；二是对在这一体化理论的基础上对其一体化政策内容作进一步的深入探讨；三是要对区域-产业外部经济的负的外部性进行研究，这也许意味着"反一体化"理论的存在，也是极有理论和现实意义的。

第二节　东亚共同体货币理论

一、完全货币一体化的理论

1. 传统最适货币区理论

蒙代尔(Mundell)的最适货币区理论是在围绕固定汇率和浮动汇率制度孰优孰劣的争论中发展起来的。20 世纪 50 年代,西方学者对固定汇率和浮动汇率的争论进入了白热化阶段:以金德伯格为代表的学者推崇固定汇率,而以弗里德曼(Friedman)为首的学者赞成浮动汇率。一般认为,无论是固定汇率制还是浮动汇率制,各自均有其利益与成本,并且这两种汇率制度的利益与成本均依赖于经济社会的各种条件。蒙代尔于 1961 年发表的《最适货币区域理论》论文,通过重新系统地阐述不同汇率制度下的优劣问题而进一步提出,如果通过适当的方式将世界划分为若干个货币区,各区域内实行共同的货币或固定汇率制,不同区域之间实行浮动汇率制,那么就可以兼顾两种汇率制度的优点并克服两种汇率制度的弱点,这就是蒙代尔最早提出的"最适货币区域"思想。最适货币区域理论是关于汇率机制和货币一体化的理论,旨在说明在什么样的情况下,某一区域(若干国家或地区)实行固定汇率和货币同盟或货币一体化是最佳的。

蒙代尔提出用生产要素的高度流动性作为确定最适货币区域的标准。他定义的"最适货币区域",是相互之间的移民倾向很高,足以保证当其中一个地区面临不对称冲击时仍能实现充分就业的几个地区形成的区域。蒙代尔认为,一个国家国际收支失衡的主要原因是发生了需求转移。假定有 A、B 两个区域,原来对 B 区产品的需求现在转向对 A 区产品的需求,这样就有可能形成 B 区的失业率上升而 A 区的通货膨胀压力增加。若 A、B 是两个国家,且 A 产品的生产者正巧是 A 国,B 产品的生产者正巧是 B 国,则 B 国货币汇率的下跌将有助于减轻 B 国的失业,A 国货币汇率的上升有助于降低 A 国的通货膨胀压力;但若 A、B 是同一国家内的两个地区,它们使用同一种货币,则汇率的任何变动都无助于同时解决 A 地的通货膨胀和 B 地的失业,货币当局于是陷入一个进退两难的怪圈:如果他们实行扩张的货币政策(货币贬值)直接处理 B 地的失业,那么,就会进一步恶化 A 地的通货膨胀;反过来说,如果他们通过实行紧缩的货币政策(货币升值),努力解决 A 地的通货膨胀,他们就要冒进一步恶化 B 地失业问题的风险——被用来改善一个地区形势的货币政策会使另一地区的问题更加恶化,除非这两个地区使用各自的地区货币。蒙代尔指出,浮动汇率只能解决两个不同通货区之间的需求转移问题,而不能解决同一通货区内不同地区之间的需求转移问题;同一货币区不同地区之间的需求转移只能通过生产要素的流动来解决。蒙代尔分析的关键是同一货币区内的劳动流动程度。如前述,如果劳动力是充分流动的,那么我们将会发现 B 地的失业工人会向 A 地迁移,这种劳动力的流动也许通过抑制 A 地工资上升甚至可能降低工资水平来缓和 A 地的通货膨胀压力,从而可同时缓解 A 地通货膨胀和 B 地失业的情况。因此,他认为,若要在几个国家之间保持固定汇率并保持物价稳定和充分就业,必须要有一个调节需求转移和国际收支的机制,这个机制只能是生产要素的高度流动。

蒙代尔逻辑性地把最适货币区的特征概括为"劳动力迁移的偏好足以确保充分就业"。其后,麦金农(McKinnon,1963)和凯南(Kenen,1969)又对最适货币区域理论作了发展研究。

麦金农(1963)指出,应当把经济高度开放作为最适货币区的一个标准。他认为一个经济高度开放的小国难以采用浮动汇率的两条理由是:首先,由于经济高度开放,市场汇率稍有波动,就会引起国内物价剧烈波动;其次,在一个进口占消费很大比重且高度开放的小国中,汇率波动对居民实际收入的影响非常巨大,以致存在于封闭经济中的货币幻觉会消失,由此,汇率变动在纠正对外收支失衡方面失去作用。

凯南(1969)提出以低程度产品多样化作为确定一个最适货币区的标准。凯南的建议同蒙代尔一样,也是建立在国际收支失衡的主要原因是宏观经济的需求波动这一假设上的。他认为,一个产品相当多样化的国家,出口也将是多样化的。在固定汇率下,某一种出口商品的需求下跌了,由于它在整个出口中所占的比重不大,因而对国内就业影响也不会很大。相反,如果外国对本国出口商品的需求曲线下降了,产品多样化程度低(因而出口产品种类也不多)的国家,势必要更大幅度地变动汇率,才能维持原来的就业水平。由于出口的多样化,外部动荡对内部经济的影响经过平均化后变小了,出口收益可以相当稳定。因此,产品多样化的国家可以容忍固定汇率的后果,而产品非多样化的国家难以容忍固定汇率的后果,它们应当是一个采用灵活汇率的独立(最适度)的货币区。

一般认为,上述三位学者的思想构成了经典最适货币区域理论框架,尽管20 世纪 70 年代后,关于最适货币区的标准问题在西方学者之间一直没有停止研究和争论:诸如国际金融高度一体化标准、政府政策一体化标准、通货膨胀率相似标准等。

2.最优货币区理论

最优货币区理论是对货币一体化认识过程及实践发展进程的反映与总结。在区域经济联系加强初见端倪时，人们开始讨论满足什么条件的地理空间可以组建最优货币区。理论基础最早可以追溯到20世纪60年代蒙代尔基于固定汇率和浮动汇率之争提出的"最优货币区理论"。该理论研究了一组国家在具备一定条件的基础上可以组成最优货币区，在经济趋同的基础上实行单一货币。虽然蒙代尔的最优货币区是指已经实现了货币一体化并采用单一货币的区域，但是最优货币区理论却可作为分析区域货币一体化问题以及其他货币合作问题的理论基础和分析框架。20世纪90年代以来，随着欧洲货币一体化实践的发展，北美自由贸易区经济一体化进程的加速，以及东亚货币合作及货币一体化问题日益在理论和实践中进入议事日程，人们逐渐认识到货币一体化已是世界区域经济发展的潮流。研究视野不再停留在是否组建货币区，而是讨论加入货币区的国别判断标准（即单个国家如何判断是否加入货币区，以及何时加入货币区）。由此，最优货币区理论在20世纪90年代以来得到了新的发展。

（1）一般均衡模型的最优货币区分析

赫尔普曼（Helpman，1981）、卡瑞肯和瓦拉斯（Kareken and Wallace，1981），以及卢卡斯（Lucas，1982）首先奠定了最优货币区一般均衡研究的基本框架。根据影响汇率制度的市场因素特征，对一般均衡货币区模型的研究分为以下两类：一是拜由密（Bayoumi，1994）、瑞斯（Ricci，1997）、贝尼和道奎俄（Beine and Docquier，1998）、莫兰（Moran，1999）等提出的价格和工资刚性一般均衡货币区模型分析；二是赫尔普曼和拉辛（Helpman and Razin，1982）以及纽麦耶（Neumeyer，1998）等提出的金融市场不完全条件下的一般均衡货币区模型分析。

关于价格刚性条件下的最优货币区模型。拜由密（1994）在模型中假定，世界由不同的区域组成，每个区域专业化生产一种产品。在需求较低时，工资向下刚性，每个区域可以选择采用各自的货币，也可以加入货币联盟。考虑加入货币联盟时，扰乱的规模和相关性、劳动力的流动性以及开放程度都是重要因素，因为它们影响着加入货币联盟的成本和收益。他认为，货币联盟在提高货币区内福利水平的同时降低了区外的福利水平，这是因为交易成本的降低往往只为成员享有，而损失（由共同汇率和工资刚性之间的相互作用带来的低产量）却波及区外国家。又因为交易成本的降低取决于所涉及的贸易规模，加入货币区给新加入者带来的收益要远大于其他成员。于是，一国即使希望汇率浮动，也仍可能与其他国家组成货币联盟，因为货币区一旦形成将会获得巨大的收益。

瑞斯（1997）提出了一个两国、两商品模型,假定对商品和货币的偏好一致且名义刚性,各国政策、偏好之间存在差异（这可以检验开放度和冲击的对称性如何影响货币联盟的价值）。货币供给冲击反映出该国的通胀承受能力,但货币当局却无法任意采用政策来对付货币需求冲击。两国政府的损失函数取决于失业率、通胀率和以就业率衡量的交易成本。在货币联盟内,两国采用统一货币从而消除了交易成本。增加货币区收益的影响因素有:各国真实冲击之间的相关性;汇率的替代机制——财政政策工具和国际资本流动的调整程度;国内对通胀的态度与货币区内通胀措施的差异;国内货币冲击的可变性（其中部分被转嫁到区内其他国家）;由采用单一货币所带来的效率损失的大小。而降低货币联盟收益的影响因素包括:真实冲击的可变性（它将带来货币区内的调整成本）;外币冲击的可变性;国家间货币冲击的相关性（降低了货币区内相互压制的可能性）。由于开放程度提高增加了交易成本减少带来的好处,这使国内物价在国外冲击面前将更灵活,但由于它包含了进口品的相当一部分,结果是名义汇率变化将比实际汇率调整更危险。与此同时,较高的开放度同样也会强化真实贸易冲击的相关性（这减少了货币联盟的净收益）,因此该模型认为,开放程度对净收益的影响方向是不确定的,这却与麦金农的结论迥异。麦金农认为,国家间的开放程度越高,就越适合建立一个相对封闭的货币区。尽管模型的求解分劳动力流动和不流动两种情形,但其分析是静止的并忽视了资本账户。

贝尼和道奎俄（1998）引入了动态分析。他们的模型假设完全竞争,工资向下调整缓慢,且各国商品分为贸易品和非贸易品;劳动力是生产的唯一要素并且随着相对可支配收入的变化在国家之间流动;不存在资本市场,从联盟内其他成员国获得的转移会将不对称冲击对失业的影响限制在一定程度内。模型的动态模拟来源于工资调整的滞后,国家间劳动力流动的渐近性,以及市场、货币一体化带来的冲击不对称性的增加。他们认为一国开放程度的提高无疑会增加货币联盟的价值,因为财政集中会如预期的那样降低货币联盟内的失业率和收入的波动性。在财政联盟（税收收入的 7% 用于联盟支出）存在的情况下,当交易成本超过 GDP 的 1.2% 时,就应当组建货币联盟;若没有财政联盟,只有当交易成本超过 GDP 的 1.6% 时,才有必要建立货币联盟。在这个模型中,工资只存在向下刚性的假设尚存争议,有人认为工资和物价同样具有向上刚性。

莫兰（1999）将垄断竞争、按市定价和名义刚性引入动态一般均衡模型,集中论述了浮动汇率制带来的灵活性的好处,并论述了货币当局所遵循的不同原则、名义刚性的不同程度以及两国间冲击的不对称性。他认为浮动汇率制的福利收益,从限制产量波动的角度看是很有限的,但具体结论则依模型中所采用的效用函数的类型而不同。

关于在金融市场不完全条件下的一般均衡货币区模型,赫尔普曼和拉辛(1982)在一个两期模型中对浮动汇率制和小国单边钉住汇率制进行了比较。他们发现,当货币价值的波动产生于真实的经济冲击时,由于不同货币面值的资产的实际收益不同,汇率的波动会使名义资产间出现价差,从而增加防范冲击的保值机会。

纽麦耶(1998)引入政治性冲击对模型作了进一步的扩展。他所分析的货币政策决定中的政治性冲击表现为发生通货膨胀的国家货币调整的速度、固定汇率制下货币的初始价值量以及对该汇率的重新调整。经济遭受真实冲击时,灵活的汇率能使资源配置更为有效,但在面临政治性冲击时灵活的汇率反而会降低金融市场的效率,因为预期名义变量的变化会降低名义金融合约的实际收益,将其削弱为防范经济冲击的保值能力。从这个意义上讲,货币联盟能隔离货币政策与政治性冲击。因此,他的主要结论是:在金融市场不完全条件下,当消除货币过度波动的收益超过金融工具种类减少带来的成本时,取消央行加入货币联盟将会增加福利。

(2)最优货币区标准的内生性

对于影响货币区成本收益的因素间关系在理论上存在着分歧。克鲁格曼和文内波斯(Krugman and Venables,1993)提出,贸易一体化进程可能增大区域内的基础差异和冲击不对称性,从而降低货币区的内在稳定性。他们认为,经济一体化会促进国际分工,国家对特定产业的冲击更加敏感,使得周期差异也就更大,如果产业内贸易起主导作用,国家就更易受到共同外部冲击。佛兰克尔和罗斯(Frankel and Rose,1996;1998)注意到一国能否加入 EMU 取决于其与 EMU 成员的贸易关联度,以及其与联盟内其他成员经济周期的趋同性。用 20 个工业国家 30 年的双边贸易和商业周期数据做检验(基本方程式是两国间真实经济活动相关性与其贸易关联度之间的线性联系),发现国际贸易联系越紧密,国家间经济周期联系就越大。国际贸易方式是内生的,因为固定汇率制会导致两国间的贸易联系更加紧密。他们指出货币区可能自我强化,如果国家内的贸易一体化和经济相关性之间同向发展,那么一国即使事先不满足最优货币区的标准,加入货币区也可能使其事后满足标准。

佛兰克尔和罗斯(1998)提出货币区标准的内生性假定,但凯南(2000)认为其分析是有局限性的,因为在凯恩斯模型中,尽管两国产出变化的相关性的确随贸易关联的集中而增加,但这并不必然意味着不对称冲击的减少。

二、不完全货币一体化理论分析

1. 不完全货币一体化的汇率联盟理论

在不完全货币联盟中,一种比较典型的形态是汇率联盟,成员国的汇率特征有两点:一是单个成员国汇率目标区特征;二是各成员国汇率之间有一种汇率的固定联结成分,即各成员国间的汇率,除了允许各自在一定范围中浮动外,各自的汇率目标区的中间汇率之间又保持一定的固定联系,在一定意义上可以认为各成员国汇率目标区的中间汇率间实行的是一种固定或钉住汇率。我们在此考虑固定联结中间汇率的可靠性问题和固定联结中间汇率体系的流动性问题。

固定联结中间汇率的可靠性问题包括两个方面的内容:一是不完全货币联盟中成员国经济调整所对应的固定联结中间汇率的可靠性问题,二是不完全货币联盟成员国间宏观经济政策的声誉不同所对应的固定联结中间汇率的可靠性问题。

我们首先看第一个方面的内容。假设在不完全货币联盟中,成员国1的中间汇率与成员国2的中间汇率间保持固定的联结。现在假设由于一些事件的发生,成员国1的工资迅速提高,对此,可以由成员国1总供给曲线的上移来表示这一工资冲击导致成员国1经常项目赤字和产出就业水平的下降。如果成员国1的工资和价格是弹性的,那么成员国1的工资将下降,供给曲线将下移,又回到原来的位置。类似地,如果成员国1的工人愿意移居到成员国2,失业问题也将相应解决。但是,如果成员国1的工资是刚性的,或者工人不愿意移居,那么成员国1将面对的是这样一种困境:它要减少经常项目赤字,而实行紧缩的货币和财政政策,但这时要以更低的产出和就业水平为成本;或者它要为增加产出和提高就业水平,而实行扩张的货币和财政政策,但这要以更大的经常项目赤字为成本。并且,成员国1与成员国2的中间汇率之间将保持固定的联系和成员国1的工资刚性,使得成员国1没有办法走出这一困境。值得注意的是,这一困境是由于成员国1有两个政策目标,却只有一个总需求政策所决定的。很明显,成员国1有很强烈的意愿为走出这种困境而启用汇率这个工具。成员国1和其他市场主体,包括投机资本,也许都将意识到该国调整中间汇率——即改变与成员国2中间汇率的固定联结,对成员国2的固定汇率贬值——将使其调整成本至最小,走出困境。这也就将使得在不完全货币联盟中,两成员国中间汇率固定联结的可靠性降低,并且可能由此经常遭受投机冲击的货币危机。这也可以扩展到多个国家的情况。解决这种由调整所对应的成员国中间汇率间固定联结可靠性问题的一种方法就是成员国1向市场,包括市场中的投机商,表明成员国 1 追求的目标只是保持中间汇率稳定,而不是增加产出和就业。

接着,我们再看由于在不完全货币联盟中,成员国间宏观经济政策的声誉不同,由此引致成员国中间汇率固定联结的可靠性问题。这里的宏观经济政策的声誉,是指有的成员国长期保持低通货膨胀,这说明它宏观经济政策低通胀的声誉很好,有的成员国的情况则相反。现在,假设在不完全货币联盟中,有两个成员国,成员国 1 和成员国 2。成员国 1 的通货膨胀率高,而成员国 2 的通货膨胀率低,两国中间汇率固定联结。这样对于高通胀的成员国 1 来说,可以由于与成员国 2 的中间汇率保持固定联结,而从低通胀的成员国 2 中获得增加就业的好处。很明显,在这里隐含的一个假定是成员国 1 是非充分就业的。也正是由于成员国 1 更愿意实行通货膨胀和贬值,从而使它获得更多的由通胀而减少失业的好处。这样成员国 1 将发现它很难保证它的中间汇率与成员国 2 的中间汇率间保持固定的联系,市场中其他的市场主体也将这样考虑,从而调整它们的通货膨胀预期。这实际上可以内生地形成成员国 1 和成员国 2 宏观经济政策低通胀的不同声誉,从而使得成员国 1 的通货膨胀率长期地高于成员国 2,成员国 1 将被迫定期地贬值货币,而在这种定期的货币中间汇率调整之前,可能引致大规模投机资本的冲击,从而可能使这种固定联结的中间汇率崩溃。

固定联结中间汇率体系的流动性问题指的是固定中间汇率体系所要解决的成员国从体系总体来看的货币存量和利息率的决定问题。这对应的就是所谓的 $n-1$ 问题,即在 n 个成员国组成的固定联结中间汇率体系中,仅有一个货币当局有独立实行货币政策的自由。$n-1$ 个货币当局将被迫调整它们各自的货币政策,以保持一个固定联结的中间汇率。我们用一个简单的货币市场的两国模型来对此进行分析。令不完全货币联盟中,成员国 1 的货币市场的货币需求方程为 $M_1^d = P_1 L_1(Y_1, r_1)$,货币供给方程为货币供给 M_1^s 等于国际储备 R_1 与国内信贷 D_1 的和,这里假定成员国 1 的货币需求为价格水平 P_1 和产出水平 Y_1 的增函数,为利率 r_1 的减函数。在不完全货币联盟中,成员国 2 与成员国 1 的货币市场方程对称,指示下标为 2。假定在这两个国家间资本自由流动,这样两个国家间的利息平价条件为成员国 1 的利率为成员国 2 的利率与预期贬值率的和。在这里如果市场主体预期成员国 1 的货币要贬值,成员国 1 的利率则将大于成员国 2 的利率,这是为了补偿成员国 1 资产持有者的预期损失。现在考虑成员国 1 和成员国 2 的中间汇率联结,假定市场主体预期两国的中间汇率不作调整,也就是预期贬值率为 0,那么两成员的利率将相同。这样从两国货币市场的方程中,可以发现两成员国对应不同的利率,可以有不同的货币供应量,即货币市场方程有许多组的均衡解。这也就是说,在不完全货币联盟成员国实行中间汇率固定联结的汇率制度安排时,在这个体系中,有一个利率和货币供应量的多组均衡解的特征。

进一步的,我们对于多种均衡解的两种可能的解进行分析。这两种可能的解,一种是在不完全货币联盟中两个成员国合作型的对称解,另一种是两个成员国统治型的领导与被领导的不对称解。

1)关于在不完全货币联盟中,两个成员国合作型的对称解。这是指在不完全货币联盟中的两个成员国可以共同合作来使得利率为 r_1 时,两国的货币供应量分别为 M'_1 和 M'_2。这种合作有两种方式:一是两个成员国应保证,在本国汇率偏离固定联结的中间汇率太多的时候,如果该成员国货币在此时相对于另一成员国的货币为强币,则该成员国为保持与另一成员国中间汇率的固定联结,而实行扩张的货币政策;相反,如果该成员国货币此时为弱币,则要实行紧缩的货币政策。二是两国货币当局是通过对外汇市场的干预来实现的。假定在不完全货币联盟中,成员国1和成员国2的中间汇率固定联结。现在假定市场主体预期成员国2的货币相对于成员国1要贬值,据利率平价条件,这要求成员国2的利率相对于成员国1相应提高,在外汇市场上,可能出现这样的状况:对成员国2货币贬值的预期,可能导致投机机构卖出成员国2的货币;为了防止中间汇率的国度偏离,成员国2的货币当局必须买进本国货币,卖出成员国1的货币。这种货币冲击如果发生,其结果是反向对称的:成员国2的货币供应量下降,利率上升;成员国1的货币存量增加,利率下降。这样两国可以合作,面对投机冲击和成员国2中间汇率的预期贬值,成员国1增加货币量,降低利率;而成员国2减少货币量,提高利率,这样对称调整就可以了,实际上,在这里最为重要的就是预期的消除,因此有可能是这种两个成员国合作对称调整的"市场声誉"就可以将问题解决了。

2)关于在不完全货币联盟中,两个成员国统治型的不对称解。假设在不完全货币联盟中,成员国1为领导国,而成员国2为被领导国。这意味着成员国1作为领导国可以实行独立的货币政策,成员国1是货币存量的决定者,而成员国2只能服从领导,它没有实行独立货币政策的自由。假定成员国1决定它的货币存量为 M'_1,其利率水平为 r_1,那么成员国2的利率将与成员国1的利率保持一致,这将唯一地决定成员国2的货币存量 M'_2。如果成员国2决定扩张它的货币存量,这样立即导致其储备的减少,因为市场行为将寻求成员国1无风险的高收益率,成员国2将因此被迫减少它的货币存量。在这种不对称的安排中,领导国成员国1将自动地冲销来自成员国2的货币冲击。当成员国2在外汇市场中卖出成员国2货币的时候,成员国1将通过外汇市场买入本国货币,这样成员国1就不会受到来自成员国2货币冲击的影响。如果成员国1不这样做,成员国 2 货币存量的增加将导致领导国成员国 1 货币存量的增加,成员国 1 也就失去了其领导国的作用。

2. 不完全货币一体化的货币功能理论

值得指出的是,不完全货币联盟除了汇率联盟外,还可以有其他的联盟形式,如货币基金合作等形式,特别是货币的不完全功能理论,货币的功能可以演进地逐步形成,对此应该给予进一步的研究。尽管人们谈共同货币、统一货币,但是对于货币的概念并不是十分清楚,这对于经济学家也是一个存在争议的问题。

经济学家对货币的定义存在着激烈的争论。[①] 弗里德曼和施瓦兹(Friedman and Schwartz,1970)在《美国的货币统计》一书中用 110 多页的篇幅讨论货币的定义,可见货币的定义有很广的内涵。

关于货币定义的第一次争论,是 19 世纪中叶英国的"通货学派"和"银行学派"间的争论。通货学派认为,只有金融货币和作为其代表的银行券才构成一国的货币,而银行券以外的其他各种信用形态都不能算作货币。银行学派则认为,不仅金融货币和银行券是货币,而且活期存款等信用形态,由于它们同样发挥着交换媒介的作用,所以也属于货币。双方争论的焦点在于活期存款等信用形态是否算作货币。除此以外,这一争论还与他们各自主张的货币政策有关。通货学派认为,当时货币政策的关键在于控制英格兰银行的银行券的发行,而银行学派则认为通货学派的这一政策是无效的,因为除英格兰银行的银行券外,还有其他资产也被用作交换媒介,所以仅控制这种银行券,当然难以达到控制货币供给的目的。

实际上,要解决这一争论的关键在于厘清金融货币、银行券、活期存款等信用货币的总体的量的构成,如果活期存款等信用货币的量不太大,那么其在控制货币供给中的作用就弱。另外,应该关注活期存款等信用货币有多大的比例在很短时间内会转化为金融货币或银行券。这里的时间长度应根据控制货币供给的时间要求来定。也许把这样的几个方面综合起来,就实现控制货币供给的目的而言,双方可争论的东西就会减少些,甚至没有什么可争的了。如果继续争论的话,那么也许是在比例多少、时间怎么定、转换率是多少等问题上再一展各自"经济学智慧"的高低了。

从此以后,关于货币定义的争论一直在持续着。现代主要有这样几个观点特别值得注意,它们分别是拉德克利夫(Radecliffe)、弗里德曼和施瓦兹、佩塞克和萨文(Pesek and Saving)、纽伦和布特尔(Newlyn and Bootle),以及中国学者

① 参考陈岩:《通货膨胀》,经济管理出版社 2004 年版,19—29 页。

对货币的定义。

拉德克利夫报告中的货币定义是由拉德克利夫等人提出的。1957年5月，在英国财政部的领导下，拉德克利夫等人组成"货币体系运行研究委员会"（The Committee on the Working of the Monetary System），负责调查（英国）货币和信用体系的运行情况，并对此提出建议。经过两年的广泛调查和深入研究，该委员会于1959年提交了一份报告，即著名的《拉德克利夫报告》。这一报告内容广泛，涉及货币理论和政策的许多方面，并对西方货币理论的发展和货币政策的制定产生了持久的影响。有人评价说，这份报告不仅过去是，而且现在也是很重要的。报告中提出了一个比较新颖并引起广泛争论的货币定义。

根据《拉德克利夫报告》（以下简称《报告》），战后期间，货币供给在很大程度上未受到控制，无论是银行的现金比率还是它们的流动性比率都没有对货币的增长发挥有效的限制作用。《报告》指出，中央银行只要规定商业银行的现金准备率便能决定商业银行的信贷规模，措施实际上收效甚微，因为当商业银行的现金准备率低于法定的要求时，它总可以通过收回短期拆放、减少国库券持有额、向中央银行借款等方式重新获得现金，而不影响其信贷规模。商业银行的流动性比率则是指商业银行的现金、国库券、通知放款和商业票据等比较富有流动性和具有兑现能力的资产与其存款总额之比。虽然商业银行的流动性比率是决定其信用扩张规模的主要因素，但银行能通过出卖债券以购买国库券或商业票据等方式而比较容易地获得流动性资产，也就是从其他经济部门来获得流动性，因此，中央银行也难以通过控制商业银行的流动性比率来控制货币供给。

《报告》不仅认为货币供给实际上是不受控制的，而且认为"货币供给（对经济）是不重要的"。因为，首先利率水平并不取决于货币供给，其次社会总支出与货币供给并无任何直接的联系。也就是说，传统的货币的概念并没有很大的意义。那么，重要的是什么呢？《报告》自始至终的一个观点是：经济中的"流动性"或"总的流动性状况"最重要。

因此，准确地说，《报告》中的货币定义实际上就是所谓的流动性。何谓流动性？对此，《报告》并没有下明确的定义，而且《报告》在各处对流动性的解释也是含糊而不统一的。在这些含糊不清的解释中，要注意"正是总的流动性状况同人们的支出决定有关"，而支出又"同人们认为他们能掌握的货币量联系在一起"的这一观点。具体地说，这一货币量取决于人们的资产的数量和组成、他们的借款能力、他们预期的未来收入以及金融机构和其他企业向人们提供资金的方法和数量。如果用这段话来解释流动性，那么所谓流动性，就是人们预期在未来的一段时间内可能得到的货币量。在这些货币中，一部分是劳动（或以前劳动)的报酬,另一部分则是借债的结果,所以借贷市场的状况是决定流动性的重要因素之一。

格利对《报告》中流动性这一概念也有过类似的解释:报告的主要观点似乎在于,公众的流动性不仅仅由货币供给而且还由公众所能掌握的货币量构成。而《报告》的主要作者之一塞耶斯(Sayers)在其著名的《英国货币思想和货币政策》一文中又是这样解释流动性的:我们必须以流动性资产这一范围广泛的概念来代替传统的"货币供给"的概念,以作为影响商品和劳务的总的有效需求的货币的量。而流动性资产不仅包括银行的存款负债,而且包括范围广泛的其他金融中介机构的短期负债,即应该包括信贷。在对流动性的各种解释中,塞耶斯的这一解释显得比较明确。根据这一解释,如果用流动性来定义货币的话,那么所谓流动性的货币定义就是范围甚为广泛的货币定义,它不仅包括传统意义上的货币供给,而且包括银行和非银行的金融机构所创造的所有的短期流动资产。

《报告》的一个中心论点是,在存在大量非银行金融中介机构的情况下,对经济真正有影响的不是狭义的货币供给,而是包括这一货币供给在内的整个社会的流动性。这一点很有见地。因此,货币当局所应该控制的也不仅仅是这一货币供给,而且是整个流动性。这就是《报告》之所以十分强调所谓的流动性,并且以流动性的概念来代替货币供给的原因所在。但是,《报告》的流动性的概念遭到了许多经济学家的责难。阿梯斯(M. J. Artis)指出,《报告》最大的缺点在于没有对流动性及其有关的概念予以精确的定义。他不无讽刺地指出,毫无疑问,该委员会所试图建立的新的理论既新颖又模糊,以致连这一新理论的中心概念——"总的流动性状况"——都没有定义清楚,以致连由这一概念可望获得的新见解都没有详细地阐述清楚。哈罗德(Harrod)则认为,《报告》中所谓的流动性是建立在凯恩斯所使用的"可得流动性量"(amount of liquidity available)这一术语的基础上,实际上同货币供给的概念并无很大的区别,因而控制流动性也不比控制货币供给更重要。

我对《报告》中的一些观点及其相关观点作出如下评价。首先,拉德克利夫的报告对战后英国通过银行现金比率和流动性比率难以控制货币供给的说明是有见地的,但是,不能说货币供给是不能控制的,因为可以控制扩展现金准备率和流动性比率。就现金准备率控制收效甚微而言,其理由在于当商业银行的现金准备率低于法定要求时,银行可以通过收回短期拆放,减少国库券持有额,向中央银行借款等方式重新获得现金,而不影响其信贷规模。但是,在这里只要在控制现金准备率的同时,增加对向中央银行借款的控制,增加对收回短期拆放和减少国库券持有额的控制,在控制能力有保证的条件下,就很可能是收效显著,而不是难以奏效。当然,这里只是思路,细节问题还有待解决,流动性比率控制的思路与前者类似,这里不再赘述。其次,拉德克利夫的报告抓住了"总的流动性"这一概念,并以此来替代现金和商业银行在中央银行存款所构成的传统意义的"货币供给"。《报告》中特别强调的是作为影响商品和劳务总有效需求的货币量,并且《报告》的主要作者之一塞耶斯进一步指出流动性资产包括银行的存款负债以及范围更宽广的其他金融中介机构的短期负债。我认为,这比传统的货币供给概念更准确地抓住了什么是影响商品和劳务总有效需求的货币量,这很关键。这样看来,阿梯斯关于《报告》新理论概念定义不清楚的批评应有些保留,但是,不应只是一些概念,一个清晰的、系统性的、可控制的总体流动性理论仍有待细化。最后,哈罗德对《报告》中流动性的批评是欠妥的,因为它忽视了货币体系运作在战后的新变化。

弗里德曼和施瓦兹的货币定义是由弗里德曼和施瓦兹(1963;1969;1970)对货币定义以实证的方法进行了探讨后提出的,他们得到了一种实证的货币定义,而且根据货币的功能,得到了一种理论的货币定义。

弗里德曼和施瓦兹(1970)指出,他们探讨货币的定义,并不以原则为依据,而是以对组织他们的有关各种经济关系的知识是否有用为依据。"货币"就是我们通过规定的程序把它们选来并指定为货币的这样一些东西;它并不像美洲大陆那样是有待我们去发现的现存的某一东西,它是一个有待于我们去发明的还不确定的科学的构成物,就像物理学中的"长度"、"温度",或"力"一样。要紧的是确定一个货币总量,其实际价值同少数几个变量之间(在被考察的不同时期或不同地区)维持着一种相对稳定的关系。

他们(1969)指出,他们的目的是阐明一种实证的货币定义,这一货币定义将使我们非常容易和精确地预测货币需求或供给情况的变化对一些重要的经济变量的影响。也就是说,合适的货币定义必须使货币同国民收入、就业和物价等主要的经济变量之间保持一种稳定的函数关系,从而使人们能准确地预测货币的变化对这些变量的影响。

为了确定货币的具体构成,弗里德曼与施瓦兹考察了从南北战争到20世纪60年代中期这一百年间的美国货币史。他们的结论是,货币应该包括公众所持有的通货和商业银行的全部存款,包括活期存款、定期存款和其他储蓄存款,因为这一范围较广的货币同经济的关系最密切。

弗里德曼与施瓦兹除了在实证研究的基础上确定了货币的范畴外,还根据货币的功能,在理论上将货币定义为:能使购买行为从售卖行为中分离出来的购买力的暂栖所。弗里德曼还指出:根据近来人们对货币特性的强调,货币更基本的特性不是交换的媒介;货币是使人们的购买行为与售卖行为相分离的一种东西。从这一观点出发,货币的作用就是充当购买力的暂栖所。由于人们视货币为资产或财富的一部分,才促成了这一看法。

我对弗里德曼和施瓦兹的货币定义及相关的观点作出这样的评价。首先,弗里德曼和施瓦兹通过实证的方法来寻找“货币”是可取的,他们是以实证的方法来从与人均收入有关的各种财富变量中提炼出“货币”来的。因此,正如托宾所指出的:有时弗里德曼和他的追随者们似乎会说“他们并不知道什么是货币,但不管它是什么,它的存量应该稳定地以每年百分之三至百分之四的速度增长”。这种评价不过分,相反比较准确。其次,弗里德曼和施瓦兹所认为的货币是购买力的暂栖所与货币作为交换媒介并不矛盾,实际上这两者只是从不同的角度来看问题而已。

佩塞克和萨文(1967)关于货币定义的特点,是根据所谓净财富的标准来划分货币与非货币资产的。在他们看来,货币必须是这样一些支付手段:这些支付手段是其持有者的财富,而不是其他人的债务,所以货币是社会净财富的组成部分。

他们认为,货币能促进商品交换和劳动分工,因而能提高劳动生产力水平,这就是货币所提供的服务,所以,货币是金融业所生产并出售的一种提供服务的产品。货币所提供的服务并不取决于其“资源量”,即名义货币量,而取决于实际货币量,即货币的实际购买力。这一购买力是物价水平的倒数。这一观点的一个推论,是货币所提供的服务并不因货币量的增加而增加,也不因货币量的减少而减少。

那么,如何辨别某一东西是货币(净财富),还是仅为负债呢?佩塞克和萨文遂以有无利息为标准来判断。在任何一个商业交易活动中,只要存在借贷行为,贷款者总要向借款者索取利息,而如果只存在生产和销售行为,就不会有这种利息支付。也就是说,发行货币是不需要支付利息的,需要支付利息的是负债,而不是货币。根据这一标准,商品货币(如黄金)和不兑现纸币即为货币。至于银行存款,则需区分为活期存款和定期存款。在西方国家,银行一般不向活期存款户支付利息,所以活期存款一般应算作货币,而定期存款因附有利息,为银行的负债,不是社会的净财富。

佩塞克和萨文还讨论了银行向活期存款户支付利息的形式,因为西方国家的银行一般不向活期存款户支付利息,而非直接的或隐含的利息支付是普遍存在的,如扣除一部分活期存款户向银行支付的办理支票业务的手续费。他们认为,不管是直接的还是非直接的利息支付,都将使活期存款丧失货币性,而使其成为共同产品,即部分为货币,部分为银行负债。货币和负债各占多大的部分,取决于活期存款利率与市场利率的差距。如果活期存款利率等于市场利率,活期存款将不再充当货币,而完全成了一种债券。根据上述佩塞克和萨文的理论,货币必须同时是交换媒介和净财富,而是不是净财富则取决于是否支付利息。货币主要应包括商品货币、不兑现纸币和银行活期存款。

佩塞克和萨文还认为，货币并不是其发行者的债务，而是金融业所生产并出售的一种产品。除了是否支付利息外，他们还以这一标准检验了各种形态的货币。对于商品货币，如黄金，系采矿业的产品。如果有人向黄金开采者购买黄金，黄金就成为购买者的资产，但并不构成黄金开采者的负债，于是这部分黄金就成了社会净财富。对于不兑现纸币，纸币由政府或其指定机构单独生产，从而使纸币的供给远低于其均衡产量，于是，在纸币的交换价值与其生产成本之间形成了很大的差距，这一差额成为政府的造币收入，因此，政府发行的不兑现纸币是社会净财富的一部分。

再看银行活期存款。佩塞克和萨文认为，活期存款是银行业的产品，并被银行以换取现金和金融债券（如政府证券）或以放款的形式出售。能经营活期存款业务的商业银行是有限的，所以在市场均衡的条件下，活期存款的供应少于其需求，因此，活期存款的价格总是高于其生产成本，两者的差额就成了银行的净财富，也是社会的净财富。他们还指出，由于银行保证活期存款的随时兑现，即所谓的"瞬时购回条款"，因而活期存款成了政府不兑现纸币的替代品，为人们所普遍接受。总之，他们认为，对货币不需要支付利息，因为货币是金融业的产品，是其持有者的财富，而不是任何人的负债，因而货币是社会的净财富。

对于佩塞克和萨文的货币理论，弗里德曼和施瓦兹（1970）指出，这一理论混淆了货币的价格与货币的数量，或者说，混淆了边际效用与平均效用。因为在佩塞克和萨文看来，人们持有定期存款或其他金融资产是为了获取利息，而持有活期存款则是为了获取货币的效用。在活期存款不支付利息的情况下，人们为取得这一效用而放弃的利息收入，就成了活期存款货币的价格；而当银行对活期存款支付市场利率时，此货币的价格就降为零。此时，人们不支付任何代价就可取得活期存款货币的效用，难道还需要说明：在此情况下，只要活期存款继续充当货币，继续作为购买力的源泉，人们对它的需求就会变得无法满足？所以，如果对私人货币-债务所支付的利率等于市场利率，那么，这一货币-债务作为交换媒介的价值必然下降为零。

对此，弗里德曼和施瓦兹指出，如果这里所谓的"价值"是指活期存款的边际价值，或指活期存款作为货币的价格，即为持有活期存款而放弃的利息收入，那么，佩塞克和萨文的分析就是正确的。但是，活期存款所提供的交换服务的价格为零并不意味着活期存款的货币数量为零。当活期存款利率等于市场利率时，人们会不断增加活期存款的持有额，直到追加的活期存款无法提供追加的交换媒介的效用为止。同样，交换服务的边际收益为零也不意味着其平均收益为零。在这边际以内的任何活期存款都能充当交换媒介，所以弗里德曼和施瓦兹认为,佩塞克和萨文犯了混淆货币价格与货币数量以及混淆边际效用与平均效用的错误。

盛松成等(1992)认为,弗里德曼和施瓦兹的上述批评是正确的,并且进一步指出,某一物品的价格为零并不等于其效用为零,就像水在许多情况下并无价格,但其效用却是很大的。同样的,当活期存款利率等于市场利率时,人们也不用花任何代价就能得到活期存款所提供的作为交换媒介的效用,即其价格为零,但这并不等于活期存款不再发挥交换媒介的作用了。事实上,许多商业银行都在不同程度上对活期存款支付利息(如免费为活期存款户提供支票转账服务),但几乎所有的活期存款都发挥着同样的交换媒介的作用。佩塞克和萨文理论错误的根源在于其货币标准的二元论,即同时以交换媒介和净财富两个标准来衡量货币,因而不能不得出交换媒介即为净财富的结论。但他们却无法从理论上说明为什么交换媒介必须是净财富。实际上,他们只要坚持交换媒介的标准,就能得出商品货币、不兑现纸币和活期存款为货币的结论,何必还要强调这么一个"净财富"的标准呢? 同时,他们也指出,佩塞克和萨文的理论也有可称道之处。例如,他们正确地指出了货币所提供的服务取决于货币的实际购买力;货币数量的任意增加并不能增加货币的服务量。

英国经济学家纽伦和布特尔(1978)指出,货币最基本的功能就是作为支付手段而为人们所普遍接受;任何起着一般的交换媒介作用的东西都是货币。根据这一定义,货币应包括通货和起着交换媒介作用的银行存款。而除银行外的所有其他的金融机构所创造的金融资产,虽然它们同作为资产的货币几乎难以区别,但它们必须转换成现金,才能实行支付,因此,非银行金融机构的存款不能算作货币。

他们认为这样定义货币还不够,于是又提出了两条标准,以区别支付手段与其他资产:一是支付手段在实行支付的过程中,不能对经济产生进一步的影响,尤其是不能对借贷市场有任何影响。他们把这一条件称为"中性"条件,而这一"中性"条件正是纽伦和布特尔的货币定义的特色所在。二是在支付过程中,作为支付手段的资产不能改变其总量。

他们认为通货必须满足以上两个条件,而债券不是,因此,通货是支付手段,而债券则不是。如果借助于某项资产来完成一项支付而产生的影响同实物形态上通货的转移所产生的影响相同,那么我们就可视该项资产为支付手段。由此银行存款(包括活期存款与定期存款)应算作货币,因为利用银行存款进行支付只能改变付款人与受款人各自的存款余额,而不会改变银行存款总额,从而也不影响借贷市场。对此要有一个前提条件,即各家银行及各种不同的银行都有着相同的存款准备率。若准备率不同,当存款从准备率较高的银行转至准备率较低的银行时,就会通过货币乘数的作用,使银行存款总额增加,但由于在发达的银行体系中有着相同的存款准备率的惯例,因而存款在各银行间的流动不改变存款总额。

纽伦和布特尔研究的对象是英国。他们指出,在英国应将定期存款与活期存款作为同一类型,因为银行对它们的流动性并未有所区别,两者的准备率一般也相同。除了通货与银行存款外,其他资产均不能满足上述作为支付工具的两大条件,因此不是货币。他们以房屋互助协会的存款为例,分析了非银行金融机构的存款。假设房屋互助协会将其存款余额都存入银行,那么,当协会的存款户开列协会的支票进行支付时,协会就不得不从银行取出其存款付给这个存款户,或直接付给存款户的债权人。再假设此债权人将这笔款项又存入银行,结果,此债权人的银行存款增加了,而房屋互助协会的银行存款则减少了;由于增加额与减少额相等,所以银行存款的总额不变,但是,房屋互助协会的存款却减少了,从而使银行和非银行金融机构的存款总额减少了。因此,房屋互助协会的存款不符合上述作为支付工具的第二项条件,而且协会在银行的存款既已减少,就须予以补充。为此协会就不得不减少其贷款额,或向市场发行债券。于是,借贷市场的资金供给减少了,或资金需求增加了,因此,房屋互助协会的存款也不符合上述作为支付工具的第一项条件。

盛松成等(1992)认为,纽伦和布特尔的上述理论并不能自圆其说。如果上述债权人并不将房屋互助协会或其存款户支付给他的款项存入银行,而是将它们再次存入房屋互助协会,那么,由于协会还会把这笔款项存入银行,因而无论是房屋互助协会的存款额,还是银行存款额,都未改变,借贷市场也不会受到影响。根据上述两大条件,岂不是房屋互助协会的存款也应算作支付手段了吗?再说通货,如果债务人以手持的通货付款给债权人,而债权人则将此通货存入银行,那么,不仅发生了通货数量的变化,且因银行存款的增加而增加了借贷资金的供给,从而影响了借贷市场的供求状况。此时,通货已不符合上述两大条件,能因此而说通货不是支付手段吗?正像弗里德曼所指出的,纽伦和布特尔的理论是建立在如下不现实的假设的基础上的,即受款人将以同样的形式和同等的数量持有付款人支付给他的支付工具。若以通货实行支付,则通货的接受者也将持有通货;若以银行存款实行支付,则其接受者也将持有银行存款。另外,不能忽视纽伦与布特尔理论正确的一面,他们不仅强调了货币的交换媒介的功能,而且还深刻地指出,在很大的程度上,因为货币被作为交换媒介,所以它才必然地起到价值贮藏的作用。

对于中国的货币定义,在过去,通常用流通中的现金作为货币。现在则只是将这一流通中的现金作为 M_0,把 M_0 与企事业单位活期存款之和定义为 M_1。

企事业单位的存款为银行转账存款,这些存款与西方机构的活期存款非常相似。尽管它们的流通被限定在银行间或银行内的转账系统,不能自由地转换成现金,但它可以用来清算企业间的交易。它们可以直接作为购买手段,在此意义上它们是活期存款。但是,在现金和银行转账的两个流程之间并不存在一种清晰的界限。由于居民活期储蓄和定期存款不能开列支票,流动性较差,故将 M_1 加上活期储蓄和定期存款(居民和单位持有)定义为 M_2。M_0、M_1、M_2 这三种货币为现在中国的货币。应该注意的是信用卡和企业票据贴现等要求对现在的货币定义进一步完善。

我认为,对于货币的定义我们可以允许多种范式并存,这是一个方法论问题,并且这并不排除我们对货币统一认可定义的追求。我们强调的是能够提出问题、解决问题和"自圆其说"。因此,我们在这里分析亚洲的共同货币相对而言可以在一定程度上跨越上面货币的争议,我们只是强调亚洲共同货币对各国货币的替代,并且这里货币的特定的计价、价值尺度、交换媒介、储藏职能等特别值得考虑,我们认为货币本身的职能具有演进特征,可以从标价、记账符号等不完全的货币功能逐步进化为完全的货币功能。这一点对于亚洲共同货币的设计和推进也是适合的。不过对于将来实施亚洲共同货币政策时对上面争议的妥善处理仍是很重要的问题。

三、共同货币的反货币危机理论

货币危机的理论认为有三代货币危机模型,它们包括:

1. 货币危机的第一代模型

第一代货币危机模型是由萨兰特和亨德森(Salant and Henderson,1978)提出的金本位下的黄金投机理论;克鲁格曼(1979)提出的固定汇率下的货币危机理论;佛劳德和佳伯(Flood and Garber,1986)的理论完善;杜雷(1997)、克鲁格曼(1998)和麦金农(1997)提出的货币危机的道德风险模型所组成。

这类模型认为货币危机的发生是因为政府宏观经济管理政策失当导致实际经济基础恶化,投资者根据实际经济基础的变化情况,在预计到现有的固定汇率体制难以维持的情况下对其货币发动攻击,从而引起固定汇率体制的解体。这类模型的根本特点就是强调实际经济基础的变化决定了货币危机的发生,而且危机的发生是可以预见的。

(1)基本模型

第一代货币危机理论的产生源于墨西哥(1973—1982年)和阿根廷(1978—1981年)等国家所发生的货币危机。通常危机发生前,这些国家国内的宏观经济政策有过度扩张的趋向。第一代模型阐明了固定汇率政策和国内经济的过度扩张之间的矛盾,以及力图从这种政策矛盾中获利的私人部门是如何将整个汇率体系推向危机之中的。假定一个开放的小国将其货币与一个较大的外部贸易伙伴的货币的汇率固定,固定汇率的责任由小国的国内货币管理当局承担。国内货币市场的均衡为:

$$mp = \alpha(i), \alpha > 0 \tag{2.2.1}$$

(2.2.1)式是货币市场均衡的对数表达形式,m 为国内货币供给,i 是利率水平。国内货币供给由中央银行资产中的国内贷款和国内储备构成,其对数形式分别以 d 和 r 表示:

$$m = d + r \tag{2.2.2}$$

假设国内货币利率和价格水平满足国际套利的条件,价格水平满足购买力平价条件:

$$p = p^* + s \tag{2.2.3}$$

其中 p^* 为国外价格水平的对数,假定它的值保持不变,s 为以国内货币表示的外国货币的价格的对数,即汇率的对数。国内利率和国外利率之间满足无抛补的利率平价条件:

$$i = i^* + \dot{s} \tag{2.2.4}$$

其中 i^* 为国外货币的利率,$\dot{s}$ 表示预期和实际汇率的变化率。

假定不存在不确定性且汇率固定,$s = \bar{s}$(固定),$\dot{s} = 0, i = i^*$。假设政府的赤字融资要求国内贷款以稳定的速度 μ 增长,且 i^*、p^* 保持不变。将(2.2.2)、(2.2.3)、(2.2.4)式代入(2.2.1)式可得:

$$r + d - p^* - \bar{s} = -\alpha(i^*) \tag{2.2.5}$$

由上式可以看出,当国外价格及利率水平固定的情况下,d 以 μ 的速度增长会使 r 以相同的速度下降。显然,该国最终会耗尽其外汇储备,其固定汇率也会最终解体。

假设投机者购买了政府的国际储备,政府由此不得不放弃固定汇率制度而让汇率自由浮动。为了找到固定汇率解体的时间,我们必须引进影子汇率的思想,即投机过后外汇储备耗尽时货币市场达到均衡的汇率。投机后外汇市场满足以下条件:

$$\tilde{S} = \alpha\mu + d \tag{2.2.6}$$

$$d - \tilde{s} = -\alpha(\dot{\tilde{s}}) \tag{2.2.7}$$

假定投机的规模为 Δr,在投机攻击的过程中它为负值。根据等式(2.2.7),在投机过后汇率会以 μ 的速度上升,因此利率平价就会使国内货币的利率上升 μ。在一个可预见的投机攻击过程中,国内货币的利率会上升以弥补预期的货币贬值。因此,在攻击发生时货币市场上会出现两种情况:①高能货币的供给会下降,下降的幅度等于攻击的大小;②国内货币的需求会因为利率随贬值的预期上升而下降。在攻击发生时,货币市场的余额要求货币供给量的下降正好与货币需求的下降相匹配。因此,$\Delta r = -\alpha\mu$。由于国内贷款遵从 $d_t = d_0 + m_t$,国际储备符合 $r_t = r_0 - m_t$,在攻击发生的时刻 T,储备将降为 0,那么攻击发生时条件变为 $-\Delta r = r_0 - \mu T = \alpha\mu$,整理可得攻击的时间为:

$$T = \frac{r_0 - \alpha\mu}{\mu} \tag{2.2.8}$$

(2.2.8)式表明,初始储备的数量越大,信贷扩张的规模越大,固定汇率体系崩溃所需的时间越长。

$$m = \bar{m}$$
$$\bar{m} - p^* - \bar{s} = -\alpha(i^*) \tag{2.2.9}$$

在 20 世纪 90 年代的历次危机中储备损失的货币供给效应都被冲销,从而使货币的增长速度在整个投机攻击的过程中保持稳定的增长。设模型中的货币供给保持不变,当汇率固定时,货币市场的均衡如下:

假设投机攻击之后,汇率体系转向浮动,货币供给的增长速度为 $\mu > 0$。在这种情况下,浮动汇率也将以 μ 的速度上升,利率平价条件将确保国内利率为 $i = i^* + \mu$,货币市场的均衡为:

$$m - p^* - \tilde{s} = -\alpha(i^* + \mu) \tag{2.2.10}$$

由(2.2.9)、(2.2.10)式可得:

$$\tilde{s} - \bar{s} = \alpha\mu > 0 \tag{2.2.11}$$

(2.2.11)式表明无论货币管理当局将固定汇率设定为多少以及持有多少外汇储备,影子汇率都大于固定汇率。这意味着如果货币管理当局计划对货币攻击采取冲销政策且投机者预料到这个政策之后,任何固定汇率体系都会遭到投机者的攻击而崩溃。

然而,在实际操作中为维持固定汇率而进行冲销操作是很普遍的事情。考虑到冲销通常涉及公开市场业务操作,佛劳德和佳伯(1996)做了进一步的研究。除对货币攻击进行冲销之外,其余假设和上面的模型一样,国内货币信贷仍以 μ 的速度增长并且不以投机的发生而改变。此时 UIP 条件变为:

$$i = i^* + \dot{s} + \beta(b - b^* - s) \tag{2.2.12}$$

式中 $\beta(b - b^* - s)$ 为债券的风险溢价,其中 β 为大于零的常数,b 为私人手中国内政府债券的数量,b^* 为私人手中外国债券的数量。信贷以 μ 的速度增加促使私人资产组合发生调整,并最终使国际储备落入私人部门手中,这些储备都以生息的外国证券的形式存在且随着政府储备的减少而上升。在考虑到私人储备的积累之后,政府储备的变化率就变成了 $\dot{r} = \frac{-\mu}{1 + \alpha\beta}$。当投机攻击发生时,汇率并没有发生跳跃,货币供给的突然变化正好与货币需求的突然变化相匹配。在央行采用冲销政策的情况下,由于货币市场均衡利率不变,汇率的贬值由债券风险溢价上升来维持。

　　上面的模型是一个完全可预见的货币攻击模型,但是在现实的经济中,市场参与者很难确定什么时候会发生货币攻击,以及由此对汇率造成的影响程度。在不确定性的条件下,固定汇率体系在有可能遭受攻击的情况下实际是向投机者免费提供了看涨权,其中固定的汇率则相当于实施价格,而外汇储备则相当于标的数量。

　　佛劳德和马里安(Flood and Marion,1996)在完全冲销和存在风险溢价的条件下建立了一个模型。假定货币供给保持不变,风险溢价由预期效用最大化产生。在这个环境下,利率平价关系就变成:

$$i = i^* + E_t \tilde{s}_{t+1} - \bar{s}_t + \beta_t(b_t - b_t^* - \bar{s}_t) \tag{2.2.13}$$

(2.2.12)式和(2.2.13)式有两个不同之处:一是(2.2.13)式是一个离散的随机等式而不是连续的;二是 β_t 不再是常数而是可变的。特别的是,如果市场主体的预期效用随财富的预期值而增加,随财富的方差而减少时,那么 $\beta_t = zVar_t(\tilde{s}_{t+1})$,$z$ 为由偏好确定的常数,$Var_t(\tilde{s}_{t+1})$ 为预期下一期影子汇率的条件方差。此模型是非线性的,从而可能存在着多重均衡。如果私人市场主体预期将来汇率的不确定性增加(即 $zVar_t(\tilde{s}_{t+1})$),那么它就通过 UIP 来影响影子汇率,进而影响货币需求,并使固定汇率体系解体之后汇率的变动更加剧烈。因此,预期的变化可改变相关的影子汇率从而决定某次攻击是否有利可图及攻击的时间。在随机风险溢价随时间的变化而变化的情况下,政策的不一致性仍可产生货币危机。但与确定情况的不同之处在于,在一定的基本经济状况下,关于汇率风险的自我实施的行为预期也可产生汇率危机。这意味着经济体系可以从一个无攻击的均衡变化到另一个易遭投机攻击的均衡。

　　(2)道德风险模型

　　在信息不对称的情况下,道德风险会引起货币金融危机。

　　克鲁格曼(1998)认为,由政府免费提供的保险可能是一些国家,特别是亚洲国家发生金融危机的原因。他认为在金融中介具有免费保险且又监管不严的情况下,金融中介机构具有很强的扩张倾向而很少考虑投资项目的贷款风险。在国内机构无法从国际资本市场融资的情况下,国内投资需求过度只会造成国内利率的上升,而不至于引发投资过度。但如果资本项目放开,国内的金融中介机构可以在世界资本市场上自由融资,那么由政府保险引发的道德风险就可能导致经济的过度投资。

　　杜雷(1997)在一个更广的时代背景下研究了新兴市场化国家的政府为其

国内机构提供免费保险是如何引发外资的涌入和迅速流出,从而导致金融危机。他的模型也是建立在政府政策的不一致性上,不过政策冲突源自于信贷受到约束的政府为自我保险而持有外汇储备,与政府为其居民的金融债务提供保险的愿望,后者使投资者产生了获得政府储备的激励。在政府提供了免费暗含保险的情况下,国内机构的败德行为将会使其投资项目的预期回报率高于市场回报率,从而使国内机构获得了额外的收益。而国内机构之间发行外国债务的竞争会使它们与国外投资者分享一部分额外的收益,这将具体表现为国内机构发行外债的市场期望收益率在一个可预见的时期内(在政府因免费保险而产生的或有债务小于其外汇储备的这段时间内)会有所提高。这种收益差诱使外国私人资本的流入,只要国外投资者还可获取高于市场的收益率,就不存在攻击政府储备资产的激励。投资者会持有国内机构发行的高收益债券,并允许政府增加国际储备。当免费保险给政府带来的或有债务刚好等于政府的储备资产时,投资者会行使保险期权。在投机攻击后的均衡点上,政府的净国际储备又回到了零。国际储备的损失可能会使政府放弃其管理汇率的承诺。他还认为,新兴市场化国家吸引国际私人资本流入进而引发投机性货币攻击需要三个基本条件:一是政府必须拥有正的净国际储备,以保证投机攻击中拥有可供支出的净储备资产;二是政府用这些净储备为国内居民的债务提供隐蔽或公开的保险合同的承诺必须值得信赖;三是私人投资者能够参与因政府免费保险而产生损失的交易。

2. 货币危机的第二代模型

第二代货币危机模型由奥伯斯特(Obstfeld,1994;1996)等提出的欧洲汇率机制解体模型;萨克斯(Sachs,1998)等提出的银行挤兑和流动性危机模型;巴那杰(Banerjee,1992)和卡尔夫与曼德扎(Calvo and Mendoza,1996)等提出的羊群行为(herding behavior)模型。

这类模型认为,对应着同样的实际经济基础具有多个均衡的金融资产价格,当某些负面的消息使外国投资者情绪或预期发生变化时(如贬值的预期增加),投资者抛售其持有的金融资产可以导致金融资产的市场价格由一个无危机的均衡跳跃到一个存在危机的均衡上去。这类模型的基本特点就是危机的发生不是由实际经济基础的变化引起的,危机的发生具有自我实施性。由于投资者无法根据实际经济的变化来预计货币攻击的发生,而投资者整体的情绪和预期又具有易变性,因此危机的发生很难预测。

(1)奥伯斯特的货币危机模型

1992—1993年的欧洲货币危机与以前发生的货币危机不同,这些欧洲国家的信贷并没有快速扩张,而且在危机发生两年后,这些国家货币的币值又恢复到了危机发生前的水平。这表明货币危机在基本实际经济状况健康的情况下也能发生。基于对这一现象的认识,奥伯斯特(1994;1996)等人提出了货币危机的第二代模型。这类模型强调了政府行为的非线性所产生的多重均衡。这种非线性可表现为多种情况。奥伯斯特(1994)给出了两种:一是私人投资者对汇率的预期恶化了政府对失业和通货膨胀的权衡;二是通货膨胀的预期增加了政府债务偿还的负担。在前一种情况下,私人部门的贬值预期提高了通货膨胀的预期和产生了工资上涨的要求,而政府为了避免由此造成失业率上升而不得不向这些要求屈服而让其货币贬值。在后一种情况下,更高的利息增加了政府的未偿还债务,引起了政府将会求助于通货膨胀政策的担心。在以上两种情况下,私人部门的预期都具有一定的自我实施性。当然,危机的发生与否与外汇市场的结构有关,如果投机商的规模较小且合作程度不够,则央行仍有能力捍卫固定汇率。如果货币市场中存在着一个大交易商攻击固定汇率,那么整个经济体系就会遭受攻击。

(2)银行挤兑和流动性危机模型

拉德莱特和萨克斯(Radelet and Sachs,1998)认为,东南亚国家的实际经济还不足以导致其金融市场的崩溃,危机的发生是由于国际金融市场具有内在的不稳定性。为了说明这种危机与实际经济无关,他们强调了流动性困难和无偿还能力之间的区别。所谓无偿还能力是指企业的净值(即企业的未来收入)不足以偿还其未来的债务;而流动性困难是指企业缺少现金来履行其偿债义务,虽然从长远来看企业具有偿还债务的净值。如果借款人有偿还债务的能力,但缺乏相应的流动性资产而且无法从金融市场上筹集新资金来偿还到期债务,那么它就会发生流动性危机。问题的关键在于资本市场不能或不愿向处于流动性困难的企业提供新贷款。

假设每个债权人的规模太小而不能独自提供处于流动性困难中的债务人所需的全部借款。如果债权人作为一个整体来提供这样的贷款,债务人就能摆脱困境,但如果只有一个债权人愿意提供贷款而其他人都不借款,那么流动性危机就会发生。在这样的市场均衡中,没有一个人愿意向处于流动性困难中的企业借款,原因是每个贷款人都会理性地预期到没有其他贷款人愿意提供这样的贷款。这可以用一个简单的例子来加以说明。设某个债务人欠很多债务人的债务总额为 D,这项债务要求债务人在第一期归还本息 θD,在第二期归还 $(1+r)(1-\theta)D$。另假设债务人拥有一项回报为 Q 但只能在第二个时期才能收回的投资项目,$Q/(1+r)$ 大于债务偿还金额的现值 θD $[(1+r)(1-\theta)D]/(1+r) = D$。很显然,由于其投资项目所产生的现金流和债务偿还的现金流在期限上不匹配,因此在第一个时期末,债务人将会由于缺少偿还债务的现金流 θD 而面临流动性困难。如果此时因为债务人违约而引发其他债权人同时要求偿还债务,那么债务人的投资项目就可能因为缺乏资金而被迫放弃,项目的残值 $Q' < D$。

在通常的情况下,这个具有偿还能力但陷入流动性困难的债务人会在第一个时期新借入 L 的贷款,用它偿还第一个时期的应付债务 θD,并在第二个时期偿还 $(1-\theta)D+L$。因此,在 $L=\theta D$ 的情况下,第二个时期应偿还的总债务为 $(1+r)\theta D+(1+r)(1-\theta)D=(1+r)D$,根据假设,这个值小于 Q。然而如假设每个贷款人所能提供的贷款 $\lambda \ll D$(这个贷款限额可能来源于每个银行的审慎性标准,目的在于限制它们对某一特定客户的风险暴露),此时如果只有一个或很少贷款人愿意在第一个时期提供贷款,那么这个借款人将会因为在第一个时期不能偿还债务而被迫违约。此时,如果那个贷款人在第一个时期向债务人借款 λ,那么他将会马上蒙受损失。如果要使借款人在第一个时期不发生违约的情况,至少需要有 $n=\theta D/\lambda$ 个贷款人。这样,对应着不变的实际经济情况就存在着两个均衡,一个是"好"的均衡,一个是"坏"的均衡。在前一个均衡状态,n 个贷款人通常会介入,现有的债务将得到偿还,投资项目得到实施,将来的债务也会被归还。在后一个均衡中,金融危机就会发生,每个贷款人都认为其他人不会提供贷款而拒绝向债务人提供贷款,由此导致债务人被迫违约,债务的偿还加速,投资项目被废弃,由于项目的残值 $Q' < Q/(1+r)$,因此造成经济的重大损失。

(3)羊群行为理论

巴那杰(1992)认为,宏观经济基础和金融资产价格之间之所以缺乏唯一的对应关系而产生多重均衡,是因为投资者在信息不完备或信息不对称环境下的预期形成模式所导致的羊群行为。他们的模型解释了投资者在这样的环境下产生羊群行为为什么可能是理性的。如果每个投资者拥有一些私人信息而且也知道其他投资者也拥有私人信息,那么在不能有效地分享他人信息的情况下,观察他人的行动便可以获得他人拥有信息的有用线索,从而使得模仿他人的行为成为一种理性的行为。依据接收到的市场信号顺序的不同,金融资产的价格可以表现为几个均衡价格中的一个。如果一个新的市场信号使投资者的总体情绪由乐观转向悲观,那么就有可能导致投资者抛售金融资产,从而导致完全与实际经济基础无关,具有多重均衡特征的资产价格将会崩溃。

克鲁格曼(1998)认为金融市场上易于发生羊群行为的另一个原因是大部分投资在一些易于发生危机的国家的资金通常是由资本的代理人来代为管理的,因此就会产生一个委托代理的问题。试想当外资涌入某个新兴市场化国家利用利差赚取大量收益时,虽然基金管理者觉得资本流入国的实际经济基础并不如投资者预期的那样乐观,他也会倾向于跟进,因为如果其他投资者从中获利巨大而自己空手而回的话,就会被委托人指摘为判断失误,错过了好的行情。反之,如果跟进之后遭受损失,一方面会由于众多的投资者一同承担损失而使自己损失不至于过大,另一方面由于众多的投资管理者都发生了失误,在委托人面前也不至于显得自己无能。

上述理论通常假设不同的单个投资者的投资决策是序列进行的,这样后来的投资者在采取行动前会观察前面投资者所采取的行动。卡尔夫和曼德扎(1998)提出的一个模型认为,即使在投资者是同时进行投资决策的情况下也可能存在着羊群效应。他们发现在存在信息摩擦的情况下,随着世界资本市场规模的增加和日趋复杂,羊群行为可能会越来越普遍。随着全球化的进程,收集关于某一个特定国家的信息以辨别流言的成本会加大,经理们在面临信誉成本的情况下会模仿市场上通行的资产组合,在这种情况下,谣言就可以诱发羊群行为进而使经济从一个没有投机攻击的均衡转移到一个有攻击的均衡。

3. 第三代货币危机模型

这类模型包括考塞帝等(Corset et al.,1998)、张和维勒斯克(Chang and Velasco,1998)、克鲁格曼(1999)、卡尔夫(Cavlo,1998;1999)、卡布拉罗(Cabolaro,1998)、门得扎(Mendoza,1999)的货币危机模型。其中考塞帝等(1998)在一个一般均衡的框架里重新表述了道德风险的金融危机理论;张和维勒斯克(1998)认为银行业中出现的恐慌成了汇率崩溃的主要诱因;克鲁格曼(1999)把企业的资产负债结构置于金融危机的分析框架中;门得扎(1999)把墨西哥的金融危机与将名义汇率作为名义锚的宏观经济稳定化政策联系在一起。

(1)共同货币的反货币危机理论

我在1998年针对亚洲的金融货币危机提出了金融战争论。如果亚洲不实行共同货币,在以后的年月里,还难免再次发生类似于1997年的亚洲金融货币危机,而实行亚洲共同货币一是可以以共同的力量来抵抗货币冲击,而不是被"各个击破",二是可以截断货币间的传染与羊群效应。因此,我认为为了防止亚洲货币金融危机的再次发生,有必要实行亚洲共同货币,让亚洲共同货币成为反货币危机的"长城"。值得指出的是,在这里我们可以进一步地提出一种"货币重量理论"观点,就是说货币从其应用的范围和流通速度等变量来看,可以引导出货币重量,可以将它看作前面变量的函数。这样我们可以初步地提出,一种货币的重量越大,其稳定性相对而言越强。而实行货币一体化,可以看作货币重量的增加,这在一定意义上有利于货币的稳定和总体货币效能的提高。当然这里的货币重量理论需要进一步地完善。第三代货币危机模型首先是由克鲁格曼提出的,但是从模型提出的时间来看,这种提法是十分欠妥当的,因为一个基本的事实是还不到一般意义上两代的时间,并且第二代和第三代模型提出的时间十分接近,有些第二代模型与所谓的第三代模型时间上是重合的,我认为取消这种几代货币危机模型的提法,而仅从其内容来界定更可取些。

(2)共同货币的交易成本理论

这里所提出的共同货币或货币一体化交易成本理论,主要是将共同货币看作是一种交易成本节约的共同货币安排。科斯提出了交易成本,阿罗(Arrow,1969)把交易成本定义为运行经济系统的成本,巴泽尔(Barzel,1974)将交易成本定义为与转移、获取和保护权利相关的成本。爱格斯顿(1990)观察到,在通常的术语中,交易成本就是那些发生在个体之间交换经济资产所有权的权利,并且执行这些排他性权利过程中的成本。菲吕伯顿和瑞切特(Furubotn and Richter,1997)认为,交易成本包括那些用于制度和组织的创造、维持、利用、改变等所需资源的成本。当考虑到存在着的财产和契约权利时,交易费用包括界定和测量资源和索取权的成本,并且还要加上使用和执行这些权利的费用。当应用到现存财产权的转移以及契约权利在个人(或法律实体)之间的建立和转移时,交易费用还包括信息、谈判和执行费用。我们这里要进一步探索货币一体化的交易成本理论。

鉴于交易的广泛性以及货币联盟金融货币交易的交易本性,我们认为交易成本理论可用于分析货币联盟。货币联盟内的金融货币交易是人与人之间金融货币资产权利的交换关系。金融货币资产是对企业、居民或政府单位的收入或财富的索取权,通常以纸币、凭证、收据或其他法律文件表示,它们通常分为货币、股权、债权、期权凭证,其中货币通常以支票账户、通货和铸币形式表示,是购买商品和服务的支付媒介,它体现对商业银行和中央银行的债权;股权代表一家企业所有权的份额,是对企业利润和企业资产销售收入的货币索取权;债权凭证包括债券、票据、应收账款、储蓄、保单的金融货币索取权;期权凭证是与期权衍生产品相联系的金融货币索取权。

在金融货币市场上发生的金融货币资产的交易就是金融货币交易。交易中,金融货币资产所有权发生变化,金融货币资产具体表现为各种不同类型的金融货币工具,所以金融货币交易也表现为各种不同金融货币工具的交易。不同金融货币工具的交易形成不同类型的金融货币市场和金融货币交易方式。

金融货币交易方式可以从不同的角度进行划分。从纵向来看,金融货币交易可参照康芒斯(1934)对一般交易活动的分类方法:买卖的交易,体现平等的人与人之间的自愿交换关系,如金融货币产品的买卖交易集合;管理的交易,表现为长期契约规定的上下级之间的命令和服从关系,如金融货币企业内部的各种管理交易集合;配额的交易,表现为法律意义上的上下级之间的关系,如中央银行对金融企业的执照配额、经营范围、业务监管、再贴现和再贷款配额及价格确定、货币供应量调控等交易集合。从横向来看，金融货币交易有三种方式：直接融资、半直接融资、间接融资。

在这里，直接融资指借款人与贷款人之间直接用金融资产交换货币，如个人之间的直接借贷，个人从发行企业购买股票或债券都是直接融资活动。产生于直接融资的索取权为初级证券，因为它们直接从借款人流向最终的资金贷款人。直接融资的成功需要盈余预算单位和赤字预算单位融资数量和期限的一致，为此必须花费较大的信息费用和时间，因此随着货币与资本市场的发展，直接融资让位于其他金融交易方式。半直接融资指利用经纪人或交易商将借款人与贷款人撮合在一起，从而减少了信息成本。经纪人可以是个人或金融机构，他提供关于证券可能买卖的信息。证券的买者或卖者都可以和经纪人联系，经纪人将他们撮合在一起。交易商也作为买者与卖者的中介，但它实际上也购买卖者的证券，以待有利的价格卖出；交易商通常将大的初级证券分成较小的单位，以便更多的人能参与购买，从而扩大了储蓄向投资的流动。半直接融资仍然有局限性，因为最终的贷款人仍要持有借款人的证券，贷款人必须愿意接受借款人证券的风险与期限特征。半直接金融交易要发生，盈余预算单位与赤字预算单位的希望与需要必须基本一致。间接融资则是指金融中介通过金融资产的创造，接受最终借款人的初级证券贷出资金，并向最终贷款人发行次级证券筹集资金这样一种金融交易活动。直接融资与半直接融资的局限性促进了金融中介帮助进行的间接融资的发展。当代，活跃在金融市场上的金融中介包括商业银行、保险公司、信用合作社、金融公司、储蓄银行、共同基金等组织，它们的基本作用是为最终的借款人和贷款人服务。

我们再看金融货币交易费用。金融货币交易费用有狭义与广义之分。狭义上，金融货币交易费用指在金融货币交易过程中发生的费用，可分别从买卖的交易、管理的交易、配额的交易或从直接融资、半直接融资、间接融资来考虑。广义上，金融货币交易费用指整个金融货币制度运行的费用。关于金融货币交易费用可以看作界定和保护金融货币产权费用、信息费用、实施监督费用等的和。界定和保护金融货币产权的费用是使金融货币交易得以有效进行的必要的成本，金融资产的交易都要有产权的界定和保护。信息费用的产生，源于市场的不确定性，受交易环境所制约，同时，交易双方信息不对称等所产生的信息搜寻也是信息费用形成的原因。实施监督费用是在金融交易双方都存在机会主义行为可能的情况下发生的，当事人为了保护自己的利益不受损害，防止对方投机取巧不履行合同，就必须付出成本进行监督。如果我们着眼于货币联盟，由于它是不同国家结成的货币联盟，那么我们不难发现，不同国家的货币变成了统一的货币,这样以前货币之间兑换的费用就可以减少了,但是由于这也对应着银行货币兑换费用的减少,因此,从银行兑换货币的层面来看,这里总体交易费用在交易量相同的情况下没有变化,但是从现有的实证来看,统一货币会增加相邻区域国家的交易,这样就银行兑换货币的层面而言,总体的交易费用也会减少。当然,这里如果考虑交易成本节约的分配效应,问题则需要进一步研究。对于广义上的金融货币交易费用的节约,从总体上还在于单一中央银行、单一货币、统一货币联盟的金融货币制度对多个分散的国家相应的中央银行、货币、金融货币制度的替代,而产生的统一市场的交易费用的节约,会使得影响整个经济体系运行的交易费用减少。这里如果给出货币联盟的交易费用的测定评估,会是一个更有意义的探索。

(3)共同货币的竞争理论

哈耶克(Hayek,1976;1978)对政府垄断货币发行权表示过怀疑。他认为,政府独揽货币发行权,并不是由于私人或私营企业没有能力提供足值的、良好的货币,而是因为货币发行能够为政府带来丰厚的财政收入,成为政府长期的重要财源,而且由于经济中的各种交易都只能也必须使用政府发行的货币,因此货币发行权也成为政府权力的象征。在铸币流通时代,政府垄断货币发行权并没有引起十分明显的祸患,但到纸币流通阶段,其恶果就开始显露出来了。垄断了货币发行权的政府,在确定纸币发行数量的时候,首先考虑的不是货币的稳定性,而是自身财政支出的需要,所以,政府先天就缺乏把纸币发行量限制在流通所需的界限之内的自觉性,这必然导致货币供应量过大,造成通货膨胀,成为经济动荡的隐患。而要解决困扰发达国家的"滞胀"问题,唯一可行的道路就是改革现行的货币发行制度和货币政策,取消政府发行货币的垄断权,允许私人银行发行竞争性的自由货币。货币发行者竞争的过程就是优胜劣汰的过程。如果某个发行者不顾后果滥发货币,最终必将被市场所淘汰。因此,私人银行发行货币存在着强有力的内约束机制,使得他们提供的货币具有内在稳定性和良好的质量。这正符合经济对于货币的客观要求。

但是,哈耶克等人的主张在当时理论界并没有引起太大的共鸣,甚至连弗里德曼等主张自由资本主义的学者都不赞同。他们从通货膨胀和交易成本两个角度对货币竞争提出了质疑,一方面,竞争的结果必然是生产数量增加和商品价格趋近于生产成本。那么货币供给领域的竞争带给我们的就是货币数量的增加(过度发行)和货币单位的价值无限下跌(由于技术的进步,货币的发行成本已经大大降低,甚至在一些模型中被假定为零),也就是说,货币竞争导致的是更严重的通货膨胀。另一方面,货币同语言一样,是经济交往和社会交往的工具。单一的货币将方便不同经济主体之间的沟通,由政府赋予某种货币法定地位,能够节省交易成本,促进经济的发展。而政府内在的货币扩张倾向可以通过其他办法解决,例如货币规则和回归金本位制等。

实际上,国际上的货币竞争几乎从来没有停止过,并且现在随着全球化趋势的不断加强,在生产、贸易和金融活动在国际范围内不断扩展的同时,国际货币竞争趋势增强。虽然政府依然垄断着绝大多数国内货币的发行,但他们越来越发现已经无法像原来那样对经济施以完全的控制了。由于大多数国家,尤其是发达国家,都已经取消汇兑管制,各类经济主体可以自主选择国际交易中的币种,此时,私人和政府对货币发行权的竞争已经逐渐被各个货币主权国家之间的竞争所取代,国际货币竞争依靠的是货币发行国的综合国力。

在国际范围内,货币的交易职能和价值储藏职能发生着分化。出于成本节约的考虑,交易手段的职能由越来越少的货币执行;出于风险分散的考虑,执行价值储藏职能的货币却越来越趋于多样化。第二次世界大战以后,美国成为了世界金融市场的霸主,布雷顿森林体系作为一个美元与黄金挂钩的体系极大地推进了美元的国际化,使得美元奠定了其世界本位货币的地位。20世纪70年代的美元泛滥导致美元和黄金的彻底脱钩和布雷顿森林体系的瓦解。之后,法国、德国和日本的经济实力迅速膨胀,冲击美元本位,但美元依然是世界上最主要的储备货币、结算货币和外汇交易货币。20世纪90年代后期,世界上4/5以上的外汇交易用美元进行,近一半的出口额以美元结算,各国官方储备中美元的比例从1990年的1/2增加到1999年的2/3。

这一时期国际货币领域的竞争格局可以用一个"金字塔"来形容。位于塔尖的是处于支配地位的美元,日元、德国马克(后来的欧元)、英镑等货币位于第二层,而众多发展中国家的货币则处在这个金字塔的最底层。在这样的结构里,发展中国家的货币在与西方货币竞争的过程中,处于严重劣势,由此对其国内经济造成的极大的损害,主要体现在以下几个方面:①铸币税等经济损失。铸币税本是主权国家政府对本国货币发行的特权收入,但在经济一体化的背景下,一国货币成为国际结算、交易和储备货币之后,就拥有了在全球范围内收取铸币税的权力,美元是国际贸易和国际投资领域的主要币种,其铸币税收入是相当可观的,据一些学者估算,约占美国GDP的0.1%~0.5%。由于发展中国家的货币无法直接用于国际交易,因此它们必须要将自己收入中的一部分以美元等国际货币形式持有。在币种转换的过程中,发展中国家就要付出手续费、咨询费等相关费用。这部分间接损失与直接损失相比,金额更为庞大,也更难以估算。②汇率冲击的危险。发达国家可以根据经济发展的需要及时调整汇率政策,而发展中国家只能被动地跟随,汇率低估或高估的情况时有发生,极易成为投机者的靶子。③货币政策自主权的丧失。由于发展中国家在国际货币领域处于从属地位,因此其货币政策必然要处于美国等国际货币发行国的指挥棒下。而发达国家与发展中国家经济周期的不同步,使得发展中国家的货币政策脱离本国经济实际,降低了宏观调节的效率,对经济发展起到了负面作用。发展中国家的货币在与美元等国际货币竞争过程中的节节败退,不仅发生在国际金融市场上,甚至还发生在国内市场上。20世纪80年代以后,拉美国家普遍加快了资本账户自由化的进程,资本账户管制的放松甚至取消,使国内金融市场与国际金融市场高度一体化。于是,在这些国家的金融市场上,美元逐步抢占了他国货币的阵地。早在1995年,阿塞拜疆、玻利维亚、秘鲁和尼加拉瓜等国家的外币存款就已经超过了广义货币的50%。到了20世纪末,一些国家彻底放弃了本国货币。针对目前国际货币竞争的不平衡状况,单靠一两个国家的努力是没用的。萨克斯(1998)认为,单一货币联盟是现行汇率制度下获得稳定的途径,一个共同的中央银行可以比一个国家的中央银行对区内的公司、企业执行更有效的最后贷款人职能,进而维护该地区货币秩序的稳定;几个国家在货币领域的密切合作,会形成更加一体化、更具流动性的区域资本市场,降低交易成本,提高这些经济规模相对较小的国家在国际货币领域中的竞争实力。欧元的问世和良好运转为区域货币联盟奠定了一个良好的开端。

陈雨露(2003)认为,东亚货币的合作进程,同样要涉及多种货币之间的竞争。由于东盟10国和韩国的经济规模较小,我们这里重点考虑人民币同日元之间的竞争。虽然日本的经济发达程度在中国之上,且日元早已是三大国际货币之一,但近10年来,日本经济一直沉溺在通货紧缩的泥沼中,发展乏力。而中国近年来的经济表现令世界瞩目。日元和人民币究竟谁会脱颖而出,成为东亚货币联合进程中的领头军,还需要进一步分析。通过以上几个方面的比较,不难看出,与欧洲不同,东亚地区并没有一种货币能够占据绝对的竞争优势,日元和人民币都具有较强的竞争实力,难分伯仲。但也都存在着制约其未来发展的因素。要提高两种货币在国际贸易、国际金融等领域的地位,还需要两国坚定的改革和锲而不舍的努力。因此,在东亚货币合作的进程中,应当努力寻求两种区域强势货币在汇率安排、流动性支持乃至将来的共同货币等方面的精诚合作,实现区域整体经济与域内各国经济的相互促进和共同发展。

对于以上的分析,我们认为有一些合理性,但是我在这里所要提出的,是从全球货币竞争的角度来看,亚洲的货币在与美元和欧元的竞争中处于分散的状态,这样我们通过对市场结构的分析,就可以得出美元、欧元与亚洲分散货币在全球货币竞争中的市场势力(或称作垄断势力)就会不同,美元要强于欧元,而欧元又要强于亚洲分散货币,这种市场势力或垄断势力的差异,一般就可以导致其福利的差异,初步可以推出美元的福利大于欧元的福利,而欧元的福利又大于亚洲分散货币的福利,对此值得进一步深入研究。

四、国际货币体系变化决定的共同货币

国际货币体系 1870 年以来的变化,大致可以分为五个阶段[①]:

(1)1870—1914 年是金本位的"黄金时期",金币可以自由铸造、自由流通、自由兑换,在各国之间可以自由转移,从而保证了金币内、外币值的稳定。"黄金输送点"规则也使得国际金本位制具有自由调节国际收支的机制,从而保证了各国货币之间汇率的稳定。因而,在此期间,全球经济贸易迅速发展,国际货币秩序和汇率较长时期保持稳定。但是,国际金本位制运行到 20 世纪初仍不可避免地面临瓦解的境地,这主要是由于黄金生产与需求的矛盾日益突出,各国只能增加流通中的纸币,这为它的瓦解创造了物质条件。其次,缺乏严格的国际监管机制,盈余国倾向于将盈余冻结以获得更多利润。这样,纸币与黄金的自由兑换便难以维持。另外,黄金充当货币需要花费大量的人力资源。经济学家特里芬指出:"如果再用黄金作为世界货币,人类的命运就取决于金矿主的利润,人类就要做金矿的奴隶,就要做金矿主的奴隶。"

(2)第一次世界大战爆发后,各参战国实行黄金禁运和纸币停止兑换黄金,金本位制崩溃。战争结束后,人们重建了金本位制度。除了美国实行金本位制度外,英法等国家实行金块本位制,其他大多数国家实行金汇兑本位制。所以,第一次世界大战后的国际货币体系经历了金本位制和金汇兑本位制并存阶段及金本位制的瓦解阶段。金汇兑本位是一种"虚金本位",使得本国对外贸易和财政金融受到金本位制国家的控制和影响,是一种附庸货币制度。1925 年、1933 年英美两国先后放弃了金本位制,资本主义各国组成相对独立的货币集团,各货币集团为了自身的利益加强外汇管制,对世界经济和贸易产生了巨大的破坏作用。这一期间不存在统一的货币制度,这种状况一直持续到第二次世界大战结束。

(3)1944 年 7 月,在美国布雷顿森林召开了有 44 个国家参加的"联合国国际货币金融会议",签订了以怀特计划为基础的《布雷顿森林协议》,规定了关于汇率安排和对成员国国际收支调节机制的一系列规章制度。布雷顿森林体系实际上是一种"可兑换黄金的美元本位",但又与金本位完全不同,因为金本位与国内货币供应联系起来会引起货币紧缩、失业和萧条,现在这种联系割断了,逆差国可以得到基金组织的帮助而不必在国内实行货币紧缩。但这种体系的

---

① 　杨胜刚、黄文青:"全球货币制度的历史变迁与亚洲区域货币整合前景",《财经理论与实践》2002 年第 5 期。

建立是英美货币主导权之争的结果,美元与黄金挂钩,其他国家货币以固定汇率与美元挂钩,实质上使美国几乎独占了货币金融领域的游戏规则。更为重要的是,布雷顿森林体系隐含着深刻的内在矛盾,即"特里芬两难"问题:若美国国际收支保持顺差,则国际金融市场美元短缺,势必影响全球经济的正常发展;若美国国际收支持续逆差,虽可满足国际间对美元作为支付手段和储备手段的增长性需求,但逆差的扩大意味着美元的泛滥,国际间对美元信心的下降乃至瓦解,布雷顿森林体系的基础必将动摇。20世纪60年代,美国爆发了美元危机,并宣布放弃维持黄金和美元的比值的义务,其他国家纷纷宣布不再继续履行货币平价的义务,布雷顿森林体系瓦解。布雷顿森林体系实质上是国际货币制度的一种"霸权合作",一切外围国家必须服从和维持美元,各国不能灵活运用汇率作为调节国际收支的工具,只能被动地在市场上输出、输入美元来抵消或平抑美元过剩或供给不足。当其他国家越来越不能从这样的制度安排中获益时,体系性崩溃就无可抑制地爆发了。

(4)1976年的《牙买加协定》和《IMF章程第二次修正案》宣布布雷顿森林体系的终结,也是后布雷顿森林体系的起点,其主要特点在于:一是货币的大量黄金化为既定事实,美元成为未制度化的主要本位货币;二是全球固定汇率制度的崩溃,汇率调节更多地依赖市场机制的自发作用;三是大国之间缺乏制度化的货币合作,这实际上是一种国际放任自由流制度。

这种既无本位及其适度增长约束,又无国际收支协调机制的体系,通常被称为"无体系的体系"。这一时期,世界性通货膨胀开始蔓延,各种区域性金融危机频繁爆发。因此,欧盟开始了向货币联盟迈进的初步尝试,而大多数发展中国家选择了钉住单一货币或货币篮子,绝少任由汇率自由浮动。"无体系"的体系对国际收支和清偿力的适度增长这两个核心问题不能给出较好的解决方案。它过分强调汇率的单边自主以及协调机制的非制度化,使协调变为逆效。同时,由于缺乏制度化的监督机制,各国在货币供给、财政政策等方面不能形成概括性的协同制约协议,造成了清偿力不能适度增长的软弱性。

(5)全球化中的货币联盟时期。20世纪80年代后期,国际货币体系出现了一些新的特征:一是经济、金融一体化背景下,世界上出现了一股货币集团化的潮流,产生了不少区域性货币组织,如西非货币联盟、中非货币联盟和阿拉伯货币基金组织等。但这些货币集团尚处于一体化程度较低的发展阶段,对国际货币体系的影响不大。欧盟的建立及欧元的成功启动则将货币一体化推向了一个全新的高度;二是美国经济保持了长周期的景气,北美和南美洲部分国家和地区出现了"区域美元",即美元化现象;三是区域性金融危机频繁爆发,各国都在寻求组建区域性货币联盟的有效途径,以维系世界金融的稳定。

亚洲共同货币的选择是与全球货币联盟趋势相一致的,可视作适应全球货币联盟趋势的产物。

五、亚洲共同货币的内生与外生相对决定论

以上我们探讨了亚洲共同货币的决定问题,对于其内生性,我们可以从区域和国际货币体系两个角度来看:从区域内来看,亚洲共同的市场基础、最优货币区等可以引申出共同货币的内生决定;从国际货币体系来看,其内在的货币区域化趋势也可以引申出区域共同货币的内生性。对于其外生性,我们可以从抵抗共同的外部冲击型货币危机和外部区域货币的竞争来体现。很显然这里的内生与外生是具有相对性的。这里必须指出的是,要注意最优货币区理论的局限性,共同货币并不一定是最优货币,其实从成本来看只要共同货币的成本比分散的各国货币的成本低就可以考虑,当然,也可以从成本和收益的综合及动态的情况来考虑,整体福利提高是一种选择,实现共同货币的帕雷托改进亦是一种选择。至此,我们从内生和外生的角度都可以看到东亚共同货币存在的决定性。

第三章　东亚一体化经济状况评估

第一节　东亚经济发展阶段的确认

对于 20 世纪 60 年代以来东亚经济发展的阶段,我们可以这样看:

第一阶段是 20 世纪 60 年代到 20 世纪 80 年代末东亚经济"雁行增长"的阶段。这个阶段是指日本作为头雁,带领亚洲四小龙和东盟的东亚经济增长。所对应的理论是产品周期理论或雁行理论。这一理论把产品周期分为进口阶段、进口替代阶段、出口扩张阶段、成熟阶段、再进口阶段等五个阶段。由于日本、亚洲四小龙、东盟经济发展的工业发展水平不同,所以各种产品在不同国家和地区所处的阶段也不同,从而在各国和地区之间形成了一个雁行形态,经日本学者实证分析,从经验数据来看符合日本、亚洲四小龙、东盟经济发展的事实。

第二阶段是东亚"整体咬合联动经济增长"的阶段。在这个阶段中东亚经济形成了一种特殊的增长机制,薛敬孝和陈岩(1994)将这一特殊的增长机制称为东亚经济整体咬合联动的增长机制,它是指日本、亚洲四小龙、东盟和中国像几个齿轮一样,它们相互咬合在一起构成一种彼此互相牵动、相互补充的动态的经济增长机制,而各个齿轮的咬合联动是以分工为基础形成的分工、市场(贸易)、投资、技术转移和经济周期(阶段性因素)的咬合联动的经济增长。其中,咬合联动的东亚分工是指以前东亚分工的主要特征,即它的产业间垂直分工的梯度动态性。这有两层含义:一是从静态看,东亚分工像一个梯子一样,从产业的先进性来分,日本处于最先进的第一阶梯,亚洲四小龙处于第二阶梯,东盟和中国处于第三阶梯。二是从动态看,这个梯子是动的,一个高级的产业从第一阶梯传到第二阶梯,再从第二阶梯传到第三阶梯。现在东亚分工的层次性仍存在。但是,出现了四点新变化:一是产业间水平分工的出现。即在日本、亚洲四小龙、东盟和中国的劳动密集型产业间产品的相互进口,以及其他一些产业间产品的相互进口。二是产业内垂直分工的出现。三是产业内水平分工的出现。四是由于上面分工形式的变化,在东亚分工中,各梯度之间的转移和推进已不是简单地从第一阶梯到第二阶梯,再从第二阶梯到第三阶梯,而是出现了各个层次的分工错综复杂地交织在一起的,各层次间动态追赶-推拉的分工扩张、深化、演进的机制。东亚地区分工的咬合联动不仅能获得垂直分工的比较优势,而且又能获得水平分工的差别化优势和规模经济,而不同层次间分工的追赶-推拉的演进机制为咬合联动分工再添东亚特有的竞争优势,这些正是东亚咬合联动分工的效率之所在。咬合联动的东亚市场是指东亚市场正以十分惊人的速度扩张,东亚出口的扩张速度却为世界出口扩张速度的 1.3 倍。到 1988 年,东亚进口额已超过了美国进口额。不仅东亚市场在急剧扩张,而且东亚地区内部的市场也是紧密咬合在一起的。咬合联动的东亚投资是指东亚地区的积累率一直保持在年平均 30% 左右高储蓄率对应的相互直接投资的增加。咬合联动的东亚技术转移是指东亚地区技术转移的一个重要渠道是由直接投资和跨国公司引进技术,也就是说对外直接投资的咬合联动往往意味着技术的咬合联动,东亚地区技术转移的另一个重要渠道就是直接的技术转移。必须指出的是:分工、市场、投资、技术和经济周期(阶段性因素)的咬合联动在推动经济增长的同时,也受经济增长的反作用,即经济增长所表现的国民收入增加、工资提高、消费支出的增加等使得分工、市场、投资、技术和经济周期(阶段性因素)的咬合联动在更高层次和水平上促进经济的增长,并且分工、市场、投资、技术间也是彼此诱导、推动和相互作用的。这个增长阶段从 20 世纪 80 年代末开始,至今仍在进行中。尽管 1997 年左右经历了亚洲金融危机的打击,但是东亚经济比较快地得到了恢复,并且在东亚整体咬合联动的经济增长中中国因素的作用得到了进一步加强。

第三阶段是亚洲金融危机。1997 年的亚洲金融危机是亚洲经济发展的一次重挫,时间持续五年左右。鉴于已经有许多对亚洲金融危机的说明和描述,这里不再说明。

第四阶段是东亚经济恢复再增长的阶段。亚洲地区又成为全球经济增长最快的地区。2002 年左右亚洲经济整体恢复,进入危机后的经济增长时期。东亚增长率超过世界其他地区。在全球经济环境更加健康、区内状况改善以及中国经济持续强势的推动下,东亚经济再度实现强劲增长,而中国经济的快速增长为区域经济注入活力,这一阶段持续至 2011 年。

第五阶段是东亚经济增长伴随"岛争"的阶段。这一阶段的"岛争"主要是中日关于钓鱼岛问题的争端和中国与菲律宾等关于中国南海一些岛屿和海洋的争端。

第二节　东亚经济合作的进展评估

东亚经济合作的进展主要包括：

（1）APEC 中的东亚经济合作。1989 年，APEC 成立后，在 APEC 中亚洲国家和地区的经济技术合作得到了一定的推进。

（2）东盟"10＋3"机制。1997 年正式起步的亚洲经济合作，其地域虽然大大超出东南亚的范围，但一直是在东盟的组织框架中进行的。当年 12 月在吉隆坡召开"东盟与中、日、韩首脑会议"以及东盟分别与三国的首脑会议，会上东盟与中、日、韩签署了《面向 21 世纪的合作宣言》。1999 年，东盟扩大为 10 国后，上述机制被分别简称为一个"10＋3"和三个"10＋1"。从东盟方面来考虑，这样做有两个作用：一是申明东盟的核心作用，二是照顾美国的感受。从中、日、韩三国的表态和实际行动看，它们对东盟的核心作用不但完全赞同，而且积极支持。一方面是因为东盟得到了他们的信任；另一方面，也是因为亚洲地区的现实状况还暂不允许任何一个大国在多边区域合作中单独发挥所谓的主导作用，并且还没有找到更好的合作机制。

（3）中国-东盟自由贸易区。中国与东盟在 2002 年 11 月 4 日签署的《全面经济合作框架协议》，标志着"中国-东盟自由贸易区"即将启动；日本也在 2002 年 11 月 5 日与东盟签署《全面经济合作伙伴联合宣言》。2003 年 12 月日本同意与泰国、马来西亚、菲律宾就缔结自由贸易协定开始谈判，争取与东盟建立自由贸易区。

第三节　东亚金融货币合作的进展

东亚金融货币合作的进展主要包括：

1989 年，APEC 成立。APEC 的一些附属委员会还曾探讨亚洲加强货币合作的问题。

1990 年，时任马来西亚总理马哈蒂尔认为应建立区域经济金融合作组织。他提议建立东亚经济决策委员会（EAEC）。美国政府迅即公开反对他的这个提议，EAEC 因此流产。

1991 年，由中国、日本、澳大利亚、新西兰、韩国、马来西亚、泰国、菲律宾、印度尼西亚、新加坡和中国香港等 11 个国家和地区中央银行组成的东亚及太平洋中央银行行长会议成立。该组织的宗旨是加强成员之间的合作关系,最初着力于信息交流。

1997 年,亚洲金融危机突然爆发。危机中,日本政府提议由亚洲国家建立一个亚洲货币基金组织(AMF)来补充国际货币基金组织(IMF),以更好地抵御金融危机。日本建议设立一个 1000 亿美元的基金,日本提供一半的资金,其余由中国和亚洲四小龙提供。据悉,该基金将提供充足的流动性,可以很快动员起来防止对本地区货币的投机性攻击。马来西亚强烈支持这个建议,但是这个提议同样遭到美国政府的反对。美国与 IMF 担心日本的影响力在亚洲做大,并且认为它与 IMF 支持机制重复,AMF 因此流产。

1998 年 2 月,马哈蒂尔连续走访泰国、菲律宾、新加坡三国,谋求落实在东盟成员国贸易往来中使用本地区货币作为结算单位以取代美元。马、泰、菲、新四国一致认为,在处理货币的问题上"应建立统一战线"。他们提出以本地区贸易清算货币取代美元的初步设想有两方面,一是上述各国之间可以用本币支付商品进口,具体做法是地区各国可规定本币兑换美元的汇率,但在付款时不必用美元,而是用各自的货币;二是使用一种货币作为地区货币与之挂钩的货币。此举意在逐步减少对美元的依赖,缓解地区货币贬值的压力,但未得到实施。

1998 年 10 月,东盟各国财长签订了《理解条约》,建立了东盟监督机制。根据东盟成员国之间同等评审和相互关注的原则,东盟监督机制的宗旨是加强东盟集团内部的决策能力。除了正常的汇率和宏观经济总量的监督之外,东盟监督机制还监督成员国的部门和社会政策,并且还包括能力建设、强化机构和信息共享。根据东盟监督机制,东盟各国财长每年聚会两次进行政策协调。东盟监督机制涉及宏观经济政策的协调。

1998 年 10 月,日本宫泽提出了被称为"克服亚洲货币危机的新构想"的建议。他建议为克服亚洲货币危机,应设立 300 亿美元的财政援助计划,其中 150 亿美元将被用作中长期财政援助,以恢复亚洲各国的实际经济,另外 150 亿美元将用于本地区对短期资本的需求。他指出对美元的过度依赖是亚洲爆发货币危机的主要原因之一,这使得本地区很多国家期望日元发挥更大的作用,因此他认为与美元和欧元一样,增加日元的使用将有助于国际货币体系的稳定。这被称为"新宫泽构想"计划。

1998 年 11 月,陈岩提出建立"亚元"。

1998 年底,任志刚提出建立亚洲货币同盟。

1999 年 4 月,日本大藏省的一个咨询机构"外汇和其他交易委员会"发表了《21 世纪的日元国际化》的报告。报告认为扩大日元的使用应该从和日本有紧密经济联系的亚洲开始,建议采取一些措施促使日元成为真正的国际货币。这些措施包括：在美元、欧元和日元之间实现汇率稳定；建立由美元、欧元、日元和其他货币组成的亚洲货币篮子，根据贸易和经济重要性确定每种货币的比重；改善日本金融和资本市场；允许日本银行扩大向外国中央银行提供以日元计算的信贷便利；增加非居民对日元的使用和持有，并且在美元、欧元和日元之间实行汇率目标区制度。

1999年8月，马来西亚主持了讨论东亚货币同盟的国际研讨会，并且委托国际货币基金组织的一个专家小组研究该问题。当时，东盟秘书长饶德夫（Rodolfo）指出鉴于已经取得的经济一体化程度，与关税同盟和共同市场一样，一种东盟货币至少变得可以考虑了。

1999年10月，马哈蒂尔再次建议设立东亚货币基金，以便在必要时提供本地区经济援助，摆脱经济危机。从长远看，这个基金有利于促进东亚地区在货币方面的合作。他还指出自己的建议同两年前日本提出的亚洲货币基金组织的建议不相同。他说："亚洲是个很大的区域，有着不同的文化、种族和语言等。目前真正取得实质进步的是东亚，所以我们应从东亚开始。"

1999年10月，时任香港特首曾荫权（Donald Tsang）提出了设立亚洲共同货币的建议。他指出为了对付新的全球挑战，新加坡和中国香港应当走向一种货币同盟并最终扩大到整个东亚。

1999年11月，时任菲律宾总统埃斯特拉达在东盟首脑年会上呼吁东盟10个成员国建立一个东盟共同市场并实行统一货币。

1999年11月，时任新加坡总理吴作栋在非正式峰会上，代表东盟正式向中国、日本及韩国提出成立东亚自由贸易区的建议。

1999年11月，陈岩提出金融危机、金融战争论和东亚和平繁荣崛起的预见。

2000年5月，东盟"10＋3"财政部长在泰国清迈就开展东亚金融合作的具体内容及形式进行了商议，签订了著名的《清迈倡议》。《清迈倡议》的要点如下：扩大东盟货币互换安排规模到10亿美元，在此之前的"东盟互换安排"由于只有2亿美元的规模，把所有东盟国家都包括进去了，并且在东盟、中国、日本和韩国之间建立一个双边互换和回购协议便利的网络；利用"东盟＋3"（亦称"10＋3"）框架促进持续和及时的有关资本流动的数据和信息交流；作为建立一个充分协调的经济和金融监督体系的第一步，建立一个联络人员网络以促进东亚地区的监督。会议委托东盟秘书处协调各种研究以实施《清迈倡议》。泰国财长素帕猜说计划仍处于初期探讨阶段。《清迈倡议》被普遍认为是亚洲地区货币合作的一个明显进展。有观点认为，这是亚洲货币基金建议的复活，或者是迈向"亚洲货币基金"的一个跳板。

2003 年 6 月,东亚及太平洋地区中央银行行长会议组织开始正式启动亚洲债券基金,初始规模为 10 亿美元。

2003 年 8 月,东盟"10＋3"金融部长会议同意建立"10＋3"金融合作基金,目的在于提高经济监督的效率,强化预警机制。

2004 年,陈岩提出东亚共同体的理论与政策。

2007 年,陈岩提出"亚元"的远景和行动方案。

2009 年,中日韩领导人提出建立东亚共同体的倡议。

2012 年,中日陷入"岛争",中国与菲律宾等国陷入岛屿与海域争端。

第四节　东亚经济一体化水平的评估与判断

一、货币合作的前期准备工作阶段的判断

杨胜刚和黄文青(2002)指出,亚洲区域货币合作是全球区域性货币一体化的必然要求。从外因来看,区域性货币一体化将成为新的潮流,亚洲不可能一直孤立于潮流之外。在经济、金融全球化的发展形势下,为避免金融动荡,最有可能出现的是区域性货币联盟,区域性货币一体化将形成新的潮流。随着欧元影响力的扩大,可能会形成一个以欧洲货币联盟为中心,包括欧盟其他成员、中东欧法郎区、地中海以及洛美协定国家的欧元集团。新的世界货币体系中出现欧元与美元"二元化"现象,这使得亚洲各国和地区产生了危机感,若不加强本地区的货币合作将被置于十分不利的境地。自 1997 年亚洲金融危机爆发以来,经济联系十分密切的亚洲国家更深刻地认识到,弱小经济体的货币难以独自抵挡国际游资的冲击。要想同国际游资的冲击相抗衡,本地区货币不能再作为某个大国货币的附庸品,亚洲国家必然要加强地区内的金融协调与合作,创立一种稳定的亚洲统一货币,从而稳定亚洲金融市场,促进亚洲经济健康发展。

从汇率制度来看,过分依赖美元的汇率安排威胁到了亚洲经济的稳定发展。亚洲大部分国家和地区实行的是钉住美元的固定汇率制,如港元、泰铢等。当大量国际游资对亚洲进行冲击时,亚洲国家货币对美元被迫大幅贬值,币值的突然下降带来了地区内的经济恐慌,股价巨幅下跌使经济发展遭到严重的打击。要消除与美元挂钩的汇率风险,降低经济交往的不确定性,唯一的途径就是消除美元的影响,从过于依赖美元的汇率中解脱出来,创立亚洲统一货币。从货币合作的成本和收益来看,区域内的货币合作和单一货币的实施不仅会使成员国之间的交易成本大大降低,还可以进一步稳定汇率,彻底消除汇率波动

的风险,从而扩大区域内贸易和投资的规模,促进经济的发展。货币合作的主要成本在于成员丧失了各自货币政策的主权,但随着区域经济一体化程度的不断提高,这一成本会变得相对较小。

从亚洲区域经济发展的现状与货币合作的可行性来看,1997年,日本提出了建立亚洲货币基金的设想,并承诺为这一基础提供1000亿美元的资金。2000年5月6日到8日,亚洲开发银行年会和中日韩及东盟共13国财长会议在泰国清迈召开,标志着亚洲货币合作已开始走向务实的阶段。但这些设想能否实现主要应考虑亚洲地区经济一体化程度以及实行单一货币的最优货币区标准是否已经具备。①从区域经济一体化角度看,亚洲各国经济互补性强,区域内贸易投资发达,各国间有较强的依存度。东亚地区地域辽阔,自然资源丰富,但分布不均匀,具有较强的互补性。中国大陆和亚洲四小虎自然资源非常丰富,而日本和亚洲四小龙的自然资源较缺乏。因此,由于各国进出口产品和资源互补性强,使得东亚各国和地区间的贸易和投资往来非常发达。从东亚地区的进出口贸易额来看,其相互依存关系十分紧密。同时,亚洲地区内的投资合作往来也逐渐增多。亚洲经济发展特有的"雁行"模式为地区的经济合作与技术交流开辟了广阔的前景。东南亚金融危机之后,随着东亚各国经济的复苏,东亚新兴工业区逐渐成为东亚国家的最大投资者。1998年,日本对亚洲的直接投资总额增加到8.357亿日元,占全球的16%;截至2000年5月底,世界180多个国家和地区对中国的投资金额超过6233亿美元,其中的前5名除美国外,全部是东南亚国家和地区。区域内长久的贸易合作及发达的贸易投资,表明亚洲经济一体化程度在不断提高,亚洲经济正逐步走向"自立",这为进行货币合作,组建货币联盟,建立单一货币带来了充分的可行性。②从最优货币区理论看,具有下列特征的国家适合组成货币合作区:经济开放度较高,劳动力和资本流动性较强,工资价格具有充分弹性,货币政策目标相似等。第一,亚洲地区的综合开放度是很高的,但国别差异较大。中国香港和新加坡是地区性的贸易中心和金融中心,对外开放度很高;而中国、日本、韩国综合开放度指标较低。就平均水平而言,亚洲地区的开放度要高于西欧地区,说明以出口为主导的亚洲四小虎及东盟基本属于开放经济,对汇率波动十分敏感,因此迫切需要稳定汇率,进行货币合作。第二,东亚地区三个方面的特征使工资和价格具有较大的弹性。一是东亚地区是具有较高增长速度的发展中地区,一些国家的工业化刚刚完成。而另外一些国家则正处于工业化的过程中。工业化的过程伴随着农村劳动力向城市的大批量转移,这种转移在满足了工业化过程中对城市劳动力的巨大需求的同时,保证了劳动力市场的充分弹性。二是东亚国家和地区一般都不制定最低工资法、就业保障法等法规,使工资基本由劳动力市场的供求关系决定,劳动力市场不发生扭曲。三是亚洲国家工会的力量与欧美国家相比比较弱小,谈判能力低;失业保险制度也不健全,导致工资刚性不强。工资是构成企业成本的最重要部分,工资的较高弹性保障了产品价格的较高弹性。第三,要素市场中的劳动力流动程度低、资本流动差异较大。亚洲各国和地区目前限制劳动力流动的因素很多,包括语言障碍、法律障碍、文化障碍、政治障碍等,这都使亚洲整个地区劳动力的流动程度很低。亚洲各国和地区金融发展的水平存在很大的差异,可以分为三类:一类由中国香港和新加坡组成,该类国家和地区金融深化的程度较高,是地区性的金融中心,基本不存在资本流动的障碍。二类由中国台湾、马来西亚、泰国和日本组成,该类国家和地区正处于金融深化的过程中,政府对金融的管制已大大放松,金融市场也有了一定的发展。三类由中国、韩国、印度尼西亚和菲律宾组成,这类国家金融自由化起步较晚,目前还存在较多的政府对金融的管制,资本流动的政策和市场障碍都很大。第四,经济发展水平趋于一致。东亚地区在金融危机之后 GDP 逐年增长但有一定差异;失业率均在 3%~6%;消费者物价指数均在较上的幅度内波动;基本利率除了菲律宾和印度尼西亚外,其他国家的利率水平较为接近;外债占 GDP 的比率除菲律宾、泰国、印度尼西亚外,其余均在欧盟国家所制定的 60% 以下;汇率波动幅度也不大。这些充分说明亚洲各国和地区的主要经济指标已渐趋同,经济发展水平正趋于一致,这在走向统一货币的道路上已迈出了非常关键的一步。第五,政策目标的相似性。政策目标相似性越高,在对付经济冲击时货币合作各国的政策协调越容易,货币合作越容易成功。衡量各国政策目标是否一致的一个重要指标是通货膨胀率。对 1992—1998 年亚洲国家和地区的消费价格指数进行比较发现,亚洲国家和地区可以分为两组,低通货膨胀率组包括日本、新加坡、马来西亚、泰国、韩国及中国台湾;高通货膨胀率组包括印度尼西亚、中国、菲律宾。各国通货膨胀率的标准差为 5.2%,大于 1970—1980 年西欧九国通货膨胀率的标准差。东亚国家在通货膨胀率方面的明显差异,为建立统一货币区后的政策协调带来了一定困难。

综合以上几个方面,东亚地区的一体化程度正不断提高,但在生产要素流动性以及政策目标一致性等方面还不完全满足最优货币区理论,因此,目前的亚洲地区距离统一货币建立还有很大一段距离,也还不具备建立一个真正意义上,有制度保障、以汇率目标区为主体的、如同欧洲货币体系的货币合作机制的条件。确切地说,目前处于货币合作的前期准备工作阶段。这个时期主要有以下特征:第一,双边性。贸易和投资自由化虽有所提高,但仍处于一个中级阶段,货币一体化还没有提到日程上来,一些经济贸易联系密切、经济一体化进展较为顺利的国家之间产生了在货币一体化方面进一步行动的意愿和可能性,但是整个区域内经济一体化的程度存在差异,货币合作便经常在两国或三国之间进行,以两国或几国签订协议的形式存在。第二,还没有涉及汇率稳定的严格的框架协议,只是进行汇率稳定的尝试性合作,如建立双边或多边的政府货币互换协议,紧急时刻货币援助的协议,共同干预市场汇率的行动等,还没有形成汇率目标区计划。第三,贸易和投资自由化还没有进入高级阶段,贸易投资内部关联度还没有达到一个较高的阶段,距离最优货币区的条件还存在距离。

二、东亚货币一体化遥远的判断

陈雨露(2003)指出建立区域货币最重要的前提条件是必须有坚定的政治承诺以确保建立区域货币安排的努力,倘若仅仅是建立另一种固定汇率机制,仍然易受投机危机的冲击。区域货币组织能否实现取决于区域内各国放弃货币发行权的政治意愿。从全球角度看,拉美形成以美元为依托的区域货币组织是迟早的事,但东亚要想实现货币一体化却是十分遥远的事。因为从地缘政治看,东亚各国均难以达成共识;从历史文化制度因素看,差异较大,实现货币一体化的条件不足。区域货币联盟要求各成员国协调各自的财政政策与联盟的货币政策,没有强烈的政治意愿是难以做到这一点的,而区域内历史文化制度差异太大难以保证区域货币联盟能实现一体化的好处。地缘政治上,在亚太地区,中国面对的是"中美日"大三角关系,尤其是美国与中国均不愿让日元成亚洲共同货币。日本虽然有经济实力,但日本本国无论是在金融方面还是在贸易方面均存在一些管制,不适应日元国际化的要求,而且由于日本存在这些金融管制措施,加之日本经济近年不振,导致日本出现金融"空心化",东京的国际金融中心地位也呈现了下降趋势。日本在历史上曾侵略东亚许多国家,至今仍未认错道歉,东亚许多国家宁愿接受美元也不愿接受日元。从文化环境看,东亚呈现多元文化,不像西欧呈现单一基督教文化;从制度差异看,东亚各国的制度差异很大,既有市场经济制度,也有社会主义市场经济制度,还有计划经济制度(如越南);从开放度看,更是千差万别,有自由度列第一的中国香港,也有还非常封闭的,如朝鲜。因此,东亚货币一体化也许是东亚迈向金融全球化的中途驿站,但目前离这一目标还相距甚远。当各国的政治意愿达成共识,经济制度趋同时,离这一目标也就不远了。目前,东亚各国更应着眼于加强区域内的经济协调。

三、东亚具有较强的经济与货币一体化条件和落后欧洲 50 年的判断

1. 东亚具有较强的经济与货币一体化条件的判断

亚洲经济在 1995 年左右就已经具有了比较强的经济一体化和货币一体化

的前提条件。薛敬孝和陈岩(1994)对亚洲经济新增长机制进行了说明。亚洲经济可以进行一体化了,从贸易依存度来看,亚洲国家和地区贸易一体化水平已超过欧共体国家。斯万(Swan)对亚洲经济的说明也支持亚洲经济一体化。后来一些研究是进一步支持上面的判断的。高托(Goto,2002)表明亚洲的 14 个国家和地区(不包括日本)的内部贸易份额从 1985 年的 25.3% 增加到 38.7%,它们之间的贸易密度指数为 5.51,高于欧盟的 2.35。伯克和散格(Baek and Song,2002)指出,1999 年,亚洲 15 个国家和地区的出口与进口的区域内份额分别为 46% 和 62%,比欧盟签订马约前的出口、进口内部贸易份额 52%、51% 总体上要高。亚洲内部国家和地区的经济结构相似性和劳动力流动性没有欧盟强,但是资本流动性比欧盟强。就经济开放程度而言,卡威和塔卡季(Kawai and Takagi,2000)指出,亚洲 14 个国家和地区的平均开放程度为 95.61%,而法国、德国、意大利、奥地利、比利时、丹麦、瑞典、芬兰、葡萄牙、西班牙等 14 个欧洲国家的平均开放程度为 68.07%,前者比后者高 27.54%。伯克和散格(2002)指出,东盟 5 国可以建立货币同盟,而东盟的印度尼西亚、马来西亚、新加坡、泰国和韩国、中国(包括大陆、台湾、香港)、日本为货币联盟的次优选择。亚洲货币一体化从经济和货币金融条件来看,可以考虑提上议程了。关于最优货币区为基础的评估,必然要看到最优货币区理论本身的局限性,并且要注意的是欧盟也不是符合最优货币区要求的。中国内部各个省市之间的差异或美国各个州之间的差异,从经济角度上看也许要高于亚洲国家或地区间的经济差异,但是它们还是实行同一种货币,并且已经分别有了至少 2000 年和 200 年的历史,并且要看到许多其他理论能比最优货币区理论更好地说明共同货币的存在性。关于亚洲国家和地区间的制度差异不应过分夸大,因为在市场经济这一点上,亚洲是基本一致的。对于亚洲国家和地区间政治上的差异,我们要给予重视,但是必须看到,东盟内部政治上的差别比较小,因此货币一体化可以先行,这样"10+3"的机制就可以用了,也就有助于化解或规避某些国家和地区之间的政治对抗。

2. 东亚一体化落后欧洲 50 年的判断

就经济一体化而言,欧洲是值得东亚借鉴的。西欧国家推行欧洲经济、政治一体化,并具有一定超国家机制和职能的国际组织。欧洲煤钢共同体、欧洲原子能共同体和欧洲经济共同体的总称,又称欧洲共同市场,简称欧共体。欧共体创始国为法国、德意志联邦共和国、意大利、荷兰、比利时和卢森堡六国。1973 年,丹麦、爱尔兰和英国加入欧共体。1981 年,希腊加入欧共体。1986 年,西班牙和葡萄牙加入欧共体。1992 年 12 月召开的欧共体爱丁堡首相会议决定,从 1993 年起开始与奥地利、瑞典、芬兰并稍后与挪威就其加入欧共体的问题进行正式谈判。1993年10月29日,欧共体布鲁塞尔特别首脑会议计划于1994年3月1日前结束谈判,以使四国得以于1995年1月1日加入欧共体。

到2007年,欧盟27个成员国的名单为:比利时、荷兰、卢森堡、法国、德国、意大利、丹麦、爱尔兰、英国、葡萄牙、西班牙、希腊、奥地利、芬兰、瑞典、马耳他、塞浦路斯、波兰、匈牙利、捷克、斯洛伐克、爱沙尼亚、拉脱维亚、立陶宛、斯洛文尼亚、罗马尼亚、保加利亚。

欧洲共同体的基础文件《罗马条约》规定其宗旨是:在欧洲各国人民之间建立不断的、愈益密切的、联合的基础,清除分裂欧洲的壁垒,保证各国经济和社会的进步,不断改善人民的生活和就业条件,并通过共同贸易政策促进国际交换。在修改《罗马条约》的《欧洲单一文件》中强调:欧共体及欧洲合作旨在共同切实促进欧洲团结的发展,共同为维护世界和平与安全作出应有的贡献。欧共体下设:①理事会,包括欧洲联盟理事会和欧洲理事会。欧洲联盟理事会原称部长理事会,是欧共体的决策机构,拥有欧共体的绝大部分立法权。由于马约赋予了部长理事会以欧洲联盟范围内的政府间合作的职责,因此部长理事会自1993年11月8日起改称欧洲联盟理事会。欧洲联盟理事会分为总务理事会和专门理事会,前者由各国外长参加,后者由各国其他部长参加。欧洲理事会即欧共体成员国首脑会议,为欧共体内部建设和对外关系制定大政方针。1974年12月欧共体首脑会议决定,自1975年起使首脑会议制度化,并正式称为欧洲理事会。1987年7月生效的《欧洲单一文件》中规定,欧洲理事会由各成员国国家元首或政府首脑,以及欧洲共同体委员会主席组成,每年至少举行两次会议。马约则明确规定了欧洲理事会在欧洲联盟中的中心地位。理事会主席由各成员国轮流担任,任期半年。顺序基本按本国文字书写的国名字母排列。②委员会。欧洲委员会是常设执行机构。负责实施欧共体条约和欧共体理事会作出的决定,向理事会和欧洲议会提出报告和建议,处理欧共体日常事务,代表欧共体进行对外联系和贸易等方面的谈判。委员会由17人组成,法国、德国、英国、意大利、西班牙各2人,其他成员国各1人。主席由首脑会议任命,任期2年;委员由部长理事会任命,任期4年。③欧洲议会。它是欧共体监督、咨询机构。欧洲议会有部分预算决定权,并可以2/3多数弹劾委员会,迫其集体辞职。议员共有518名,法国、德国、英国、意大利各81名,西班牙60名,荷兰25名,比利时、希腊、葡萄牙各24名,丹麦16名,爱尔兰15名,卢森堡6名。议长任期2年半,议员任期5年。议会秘书处设在卢森堡。每月一次的议会例行全体会议在法国斯特拉斯堡举行,特别全体会议和各党团、委员会会议在布鲁塞尔举行。④欧洲法院。它是欧共体的仲裁机构,负责审理和裁决在执行欧共体条约和有关规定中发生的各种争执。⑤审计院。欧共体审计院成立于1977年10月,由

12人组成,均由理事会在征得欧洲议会同意后予以任命。审计院负责审计欧共体及其各机构的账目,审查欧共体收支状况,并确保对欧共体财政进行正常管理。其所在地为卢森堡。此外,欧共体还设有经济和社会委员会、欧洲煤钢共同体咨询委员会、欧洲投资银行等机构。欧共体还在政治和外交领域进行合作,提出西欧"用一个声音说话"的口号,建立了欧洲议会和首脑会议的制度化机构——欧洲理事会以及欧洲法院。

我们再看2007年的欧洲共同体的六次扩张。在二战结束后不久的1952年,法国、联邦德国、意大利、荷兰、比利时和卢森堡六国组建了欧洲煤钢共同体;1958年又建立了欧洲经济共同体和欧洲原子能共同体。1965年4月8日,六国签署了《布鲁塞尔条约》,上述三个共同体机构融为一体,统称欧洲共同体。此后,欧洲共同体经历了六次扩大:

1973年,英国、丹麦和爱尔兰加盟;

1981年1月1日,希腊成为欧共体第10个成员;

1986年1月1日,葡萄牙和西班牙加盟,欧共体成员国增至12个;

1995年12月11日,奥地利、瑞典和芬兰加盟,使1993年11月1日生效的马斯特里赫特《欧洲联盟条约》形成的欧洲联盟扩展至15国。

2002年12月13日,在哥本哈根召开的欧盟首脑会议决定结束与爱沙尼亚、拉脱维亚、立陶宛、波兰、捷克、斯洛伐克、匈牙利、斯洛文尼亚、马耳他和塞浦路斯这10个候选国的谈判,正式邀请它们在2004年5月加入欧盟。

第五次东扩的规模和意义都远远超过前四次,它将使欧盟疆域面积从326万增至450万平方千米,增加37.8%;人口从3.78亿,增至4.53亿,增加19.8%;GDP总值从78081亿增至83773亿美元,增加7.3%;贸易总额从39977亿增至44263亿美元,增加10.7%;而年人均GDP从20533降至15436美元,降低了25%。

欧盟第五次东扩两年后效果如何?2004年5月,欧盟一口气吸收了10个经济发展水平相对落后的中东欧国家入盟,从而引发了15个老成员国民众普遍的担心和疑虑,甚至成为《欧盟宪法条约》在法国和荷兰被否决的重要原因之一。欧盟委员会的一份有关欧盟扩大两周年的经济评估报告中,用一系列详尽的数据反驳了"由于贫富悬殊,欧盟扩大会造成经济停滞"的说法。欧盟扩大首先带来的是新老成员国市场的相互开放和贸易额的增加。这次扩大既使得欧盟老成员国获得了一个人口约7500万人的新市场,也使得新成员国产品获得了自由进入西欧市场的"通行证",新老成员国的贸易关系更为紧密。实际上,这种好处在10个中东欧国家正式加入欧盟前就已显现出来了。据统计,2003年,对老成员国的出口在这些中东欧国家出口总额中所占比例为67%,进口方面的比例为 58%,而在 10 年前,这两项比例分别为 57% 和 55%。为占领新市场和利用新成员国相对廉价的劳动力,欧盟老成员国的投资早已纷纷进入新成员国。10 个新成员国近 10 年来吸收的外国直接投资总额达 1910 亿欧元,其中来自老成员国的投资比例达 77.5%。贸易和投资增长带来的是经济的发展和生活水平的提高。在 1997 年至 2005 年间,新成员国的经济增长率平均达到 3.75%,而同期老成员国的平均经济增长率则为 2.5%。经济上的"追赶效应"也使得欧盟成员国间的居民生活水平差距逐渐缩小。10 个新成员国去年的人均收入水平相当于老成员国的 52%,而 1997 年,这一比例只有 44%。

有了这些数字作基础,欧盟负责经济和货币事务的委员阿尔穆尼亚宣称:"(欧盟的)扩大让所有人受益。新成员国的民众生活水平得到提高,欧盟的公司可以利用新的商业机会,变得更有效率,从而在国际上更有竞争力。欧盟的扩大帮助欧盟更好地适应了新的竞争性更强的世界经济秩序。"当然,欧盟的扩大才刚刚两年,欧盟负责扩大事务的委员奥利·雷恩指出:"入盟并不意味着扩大的结束。扩大是一个各国都需要不断进行调整的过程。"从某种意义上讲,这一扩大进程从 20 世纪 90 年代初便已开始,到目前仍未结束。即便对老成员国而言,欧盟的扩大同样带来了结构改革的压力,特别是内部市场的扩大带来了生产线向低成本地区转移以及来自中东欧国家"新供给者"的竞争等问题。与此同时,老成员国还面临着人口老龄化、技术革新和经济全球化的压力。在这种情况下,欧盟提出了"里斯本战略",大力推进成员国的经济结构改革,为欧盟经济竞争力的提升提供了契机。正如雷恩所言,欧盟此轮的扩大并未结束。以劳动力自由流动为例,欧盟扩大之时许多老成员国仍不肯向新成员国的劳动力打开大门。不过,在英国和瑞典等开放了劳动力市场的国家,并没有出现预料中的移民潮,这在一定程度上减轻了西欧民众对欧盟扩大最大的担心。更重要的是,欧盟此轮扩大"双赢"的结论,为欧盟进一步扩大打下了良好的基础[①]。

2007 年 1 月 1 日,罗马尼亚和保加利亚正式成为欧盟成员国。这是欧盟历史上第六次扩大。欧盟至此已成为一个拥有 27 个成员国,人口超过 4.8 亿的大型区域一体化组织。入盟后,两国可获得更多的资金支持,两国经济也可得到进一步发展。但两国入盟后也需履行诸多承诺,按要求定期向欧盟委员会报告其在各领域改革的进展情况。

欧洲统一思潮存在已久,并在第二次世界大战后进入高潮。1950 年,欧洲一体化先驱让·莫内和法国外长舒曼首先提出建立欧洲煤钢共同体(即舒曼计划),旨在约束德国。1951 年 4 月 18 日,法国、意大利、联邦德国、荷兰、比利时、

---

① 田帆:欧盟扩大使新老成员均受益,新华网,2006 年 5 月 9 日。

卢森堡六国签订了为期 50 年的《关于建立欧洲煤钢共同体的条约》。1955 年 6 月 1 日,参加欧洲煤钢共同体的六国外长在意大利墨西拿举行会议,建议将煤钢共同体的原则推广到其他经济领域,并建立共同市场。1957 年 3 月 25 日,六国外长在罗马签订了建立欧洲经济共同体与欧洲原子能共同体的两个条约,即《罗马条约》,于 1958 年 1 月 1 日生效。1965 年 4 月 8 日,六国签订了《布鲁塞尔条约》,决定将欧洲煤钢共同体、欧洲原子能共同体和欧洲经济共同体统一起来,统称欧洲共同体。条约于 1967 年 7 月 1 日生效。欧共体总部设在比利时布鲁塞尔。1991 年 12 月 11 日,欧共体马斯特里赫特首脑会议通过了建立欧洲经济贸易与货币联盟和欧洲政治联盟的《欧洲联盟条约》(通称马斯特里赫特条约,简称马约)。1992 年 2 月 7 日,各国外长正式签署马约。经欧共体各成员国批准,马约于 1993 年 11 月 1 日正式生效,欧共体开始向欧洲联盟过渡。1999 年 1 月 1 日起,在奥地利、比利时、法国、德国、芬兰、荷兰、卢森堡、爱尔兰、意大利、葡萄牙和西班牙 11 个国家开始正式使用欧元,并于 2002 年 1 月 1 日取代上述 11 国的贸易与货币。欧洲联盟的建立源于《马斯特里赫特条约》。该条约1992 年 2 月 7 日订立,1993 年 11 月 1 日生效,以《单一欧洲法案》(Single European Act)及《欧洲联盟神圣宣言》(Solemn Declaration on European Union)为基础。欧盟取代欧洲各大共同体后,撤销了欧盟三支柱之一的欧洲经济共同体,并把它易名为"欧洲共同体"。欧盟成立后,雅克·德洛尔(Jacques Delors)从原欧洲经济共同体短暂过渡为首任欧洲委员会主席,其后雅克·桑特于 1994 年继任。只有欧洲各大共同体、欧洲经济共同体、欧洲煤钢共同体及欧洲原子能共同体拥有法人资格。欧盟三支柱中,只有第一支柱——欧洲共同体奉行超国家主义的原则跨国运作。欧盟的支柱体系造就欧洲加强领域合作,无须依靠各国领袖赋予超国家机构大量权力。支柱体系把欧盟划分如下:欧洲经济共同体原有的权限被纳入共同体支柱,司法与内政被引入为新支柱,而欧洲政治合作成为第二支柱(共同外交与安全政策)。欧洲经济共同体的机构转为欧盟的机构,但支柱间的机构各有不同的职能。委员会、议会及法院主要从第二、三支柱分拆出来,而议会专责会议事务。这可见于机构的名称,理事会正式为"欧洲联盟理事会",而议会正式为"欧洲共同体委员会"。因此,这些新领域建基于政府间一致的协议,而非多数表决制,以及奉行超国家民主制度的独立机构。然而,《马斯特里赫特条约》订立以后,议会获得了更大的职能。条约引入了共同决议程序,赋予议会在共同体事务上和理事会同等的立法权。超国家机构拥有更大的权力,而理事会以有效多数表决制运作,共同体支柱因此形同联邦制那样的决策方式。《阿姆斯特丹条约》把原由司法与内政支柱负责的个人自由流动(如签证、非法移民、庇护)事务,转移至欧洲共同体(司法与内政因而更名为刑事方面的警察和司法合作）；另外，《阿姆斯特丹条约》及《尼斯条约》把共同决议程序扩展至几乎所有的政策领域，比如议会在共同体内享有和理事会同等的权力。创立欧洲煤钢共同体的《巴黎条约》，生效期限为50年，到2002年失效（由于是首个条约，绝无仅有地订立了期限），但各方没设法延长其授权。《尼斯条约》某些内容则过渡到《罗马条约》，其作用得以延续到共同体的职权范围内，成为欧洲经济共同体的一部分。《里斯本条约》生效后，支柱体系不复存在，欧洲共同体支柱的法人地位转移至新筹建的欧盟。《欧洲宪法》曾提及有关建议，但在2005年不被承认。

对于欧洲共同体建立的原因至少有这样几点：一是西欧有着共同的文化遗产和心理认同感，特别是统一思想的重要作用，且经济发展水平相近，曾经是世界上最先进的地区，具备一定的联合基础。二是近代以来，各国冲突和战争连绵不断，西欧各国人民渴望和平和统一。三是一、二战后欧洲痛感和平的重要，并且西欧的地位一落千丈，受到美苏两个超级大国的威胁和控制。四是西欧的有识之士认识到，只有消除仇恨和战争，走联合发展的道路，最终实现欧洲的统一，才能重塑昔日辉煌。五是西欧两个大陆宿敌法德和解，为欧洲联合奠定了基础。

欧共体是世界上一支重要的经济力量。它的实力在1992年就有了充分的体现，那时12国面积为236.3万平方千米，人口3.46亿。1992年，欧共体12国国内生产总值为68412亿美元（按当年汇率和价格）。欧共体是世界上最大的贸易集团，1992年外贸总额约为29722亿美元，其中出口14518.6亿美元，进口15202.7亿美元。

我们再看欧共体的政策。在内部建设方面，欧共体实行一系列共同政策和措施，包括：①实现关税同盟和共同外贸政策。1967年起，欧共体对外实行统一的关税率；1968年7月1日起，成员国之间取消商品的关税和限额，建立关税同盟（西班牙、葡萄牙1986年加入后，与其他成员国间的关税需经过10年的过渡期后才能完全取消）。1973年，欧共体实现了统一的外贸政策。马约生效后，为进一步确立欧洲联盟单一市场的共同贸易制度，欧共体各国外长于1994年2月8日一致同意取消此前由各国实行的6400多种进口配额，而代之以一些旨在保护低科技产业的措施等。②基本建成内部统一大市场政策。1985年6月，欧共体首脑会议批准了建设内部统一大市场的白皮书；1986年2月，各成员国正式签署为建成大市场而对《罗马条约》进行修改的《欧洲单一文件》。统一大市场的目标是逐步取消各种非关税壁垒，包括有形障碍（海关关卡、过境手续、卫生检疫标准等）、技术障碍（法规、技术标准）和财政障碍（税别、税率差别），于1993年1月1日起实现商品、人员、资本和劳务自由流通。为此，欧共体委员会于 1990 年 4 月前提出了实现上述目标的 282 项指令。截至 1993 年 12 月 10 日,264 项已经理事会批准,尚有 18 项待批。在必须转化为 12 国国内法方可在整个联盟生效的 219 项法律中,已有 115 项被 12 国纳入国内法。需转化为成员国国内法的法律,平均已完成 87%。1993 年 1 月 1 日,欧共体宣布其统一大市场基本建成,并正式投入运行。③实行共同的农业政策。1962 年 7 月 1 日,欧共体开始实行共同农业政策;1968 年 8 月,开始实行农产品统一价格;1969 年,取消农产品内部关税;1971 年起,对农产品贸易实施贸易与货币补贴制度等。④建立政治合作制度与政策。1970 年 10 月建立,1986 年签署,1987 年生效的《欧洲单一文件》,把在外交领域进行政治合作正式列入欧共体条约。为此,部长理事会设立了政治合作秘书处,定期召开成员国外交部长参加的政治合作会议,讨论并决定欧共体对各种国际事务的立场。1990 年 4 月,时任法国总统密特朗和时任联邦德国总理科尔联合倡议于当年底召开关于政治联盟问题的政府间会议。同年 10 月,欧共体罗马特别首脑会议进一步明确了政治联盟的基本方向。同年 12 月,欧共体有关建立政治联盟问题的政府间会议开始举行。经过 1 年的谈判,12 国在 1991 年 12 月召开的马斯特里赫特首脑会议上通过了政治联盟条约。其主要内容是 12 国将实行共同的外交和安全政策,并将最终实行共同的防务政策。1993 年 11 月 1 日,马约生效后,政治合作制度被纳入欧洲政治联盟活动范围。⑤此外还实行了共同的渔业政策、建立欧洲贸易与货币体系、建设经济贸易与货币联盟等措施。⑥外交政策。欧共体同世界上许多国家和地区建立和发展了关系。至 1993 年,就有 157 个国家向欧共体派驻外交使团,欧共体委员会也已在 107 个国家及国际组织所在地派驻代表团。欧共体同其中的绝大多数国家缔结了贸易协定、经贸合作协定或其他协定,并与一些地区性组织建立了比较密切的关系。

从欧共体的发展、机构、政策、在世界上的作用来看,东亚的一体化水平初步估计落后欧洲 50 年,这主要是东亚国家和地区共同体意识落后,且行动跟不上造成的。

3. 东亚的经济实力发挥潜力空间巨大

东亚的经济实力没有很好地被发挥,其潜力巨大,这一点值得特别注意。世界银行(2004)指出亚洲地区又成为全球经济增长最快的地区。2004 年 10 月 16 日,世界银行指出,2004 年亚洲增长率预期将达到 5.7%,增长率超过世界其他地区。在全球环境更加健康、区内状况改善以及中国经济持续强势的推动下,亚洲经济未来一年预期将会再度实现强劲增长,而中国经济的快速增长为区域经济注入活力。时任世界银行东亚和太平洋地区副行长孔杰忠指出,支持亚洲经济前景好转的一个主要变化是区域一体化程度正在提高,最明显的体现在于中国的贸易迅速增加。从总体看有几个积极因素预示着区域经济的良好前景：发达国家在美国和日本增长加快的带动下正在加速复苏。这种情况与中国的强劲增长结合起来，将推进世界贸易增长率的回升。中国经济持续、强劲的增长使它从其他亚洲经济体的进口大幅增加，这逐步抵消了对来自于中国的竞争威胁的恐惧。世界银行东亚和太平洋地区首席经济学家霍米·卡拉思指出，这种正在出现的周期性复苏也确实面临风险，全球贸易谈判进展缓慢，加上保护主义压力卷土重来，也会削弱世界各国的信心。在亚洲地区内，如果改革势头减弱也会影响复苏，鉴于全球贸易在亚洲加快增长中所起的强有力作用，以及最近亚洲各国之间贸易的迅速发展，多边和区域层面上的贸易谈判必须取得进展。另外，值得注意的是，世界银行的测算显示，全球一年从贸易自由化中可获得的动态收益高达5000多亿美元，其中1/3以上在亚洲。亚洲巨额的外汇储备到2005年9月已经超过了2.5万亿元，占世界总和的2/3，亚洲经济总量占到世界经济的总量和出口总量的近1/3。我认为对这些的含义仍有待深入而清晰地认识，亚洲的力量总体被低估了。

对于亚洲国家和地区而言，共识、共生、信任和战略性远见比较重要，应该思考像法国、德国这样的世界大国为何要采取共同货币，为何要建设共同体事业。

第四章　东亚共同体政治经济动力学

第一节　东亚共同体的制度变迁动力学分析

一、共同贸易与货币一体化的概念

共同贸易与货币制度是要求严格界定共同贸易与货币权利的一种贸易与货币制度安排。我们将此研究称作共同贸易与货币的产权概念。共同贸易与货币的产权是一个共同贸易与货币联盟所强制实施的选择一种共同贸易与货币使用的权利。它实际上界定了联盟成员是否采用共同贸易与货币,是否放弃原来所使用的贸易与货币,它决定人们如何通过共同贸易与货币受损或受益。贸易与货币联盟的共同贸易与货币产权结构是为了克服贸易与货币联盟内部各成员之间在贸易与货币协作过程中的偷懒、搭便车和掠夺性动机而建立起来的制度安排,不同的共同贸易与货币产权结构决定了不同的贸易与货币联盟,共同贸易与货币权利的界定是应用共同贸易与货币的市场交易的前提。

二、共同贸易与货币一体化的制度变迁动力学理论

贸易与货币一体化或共同贸易与货币的制度变迁动力学理论初步包括以下一些内容:

(1)共同贸易与货币是一种贸易与货币制度,其主要特性在于它是一种跨越国家或地区贸易与货币主权的一种贸易与货币联盟贸易与货币主权决定的制度。

(2)从几个国家或地区的各自单独的贸易与货币到这些国家采用共同贸易与货币,这是共同贸易与货币制度的变迁与转型。

(3)共同贸易与货币制度可以表现为决定贸易与货币联盟经济绩效的一个变量,而贸易与货币联盟为共同贸易与货币制度等变量的函数。

(4)共同贸易与货币制度是可以节约贸易与货币联盟交易成本的一种制度

安排。

(5)对于共同贸易与货币制度的变迁,可以考虑共同贸易与货币的制度环境、制度安排、主要行动主体、辅助(跟随)行动主体、制度装置、制度变迁的方式等。共同贸易与货币的制度环境是一系列用来建立共同贸易与货币的规则;支配行动主体规则、贸易与货币主权和合约权利的规则就是构成经济环境的基本规则类型的构成,这要通过一份成文文件、法律规定等来形成。共同贸易与货币的制度安排,是支配贸易与货币联盟共同贸易与货币的一种安排,这种安排一般而言是正规的,也包含一些非正规的要素,它应该是比较长期的,但并不排除短期的可能;这种贸易与货币安排可以使得贸易与货币联盟成员获得在此安排下能获得的一些福利,可以提供一种与世界范围内的其他贸易与货币主体竞争的一种不同的可以增强市场势力的方式;这种安排可能包括单个人倡导或推进,一些自愿合作在一起的人或机构倡导或推进,单个或多个政府或区域组织自愿的或强制的倡导或推进。主要行动主体是一个决策单位和领导单位,它们的决策支配了安排创新的进程。这一单位可能是单个人或由个人组成的团体,正是行动主体认识到存在一些收入(这些收入是他们的成员现在不能获得的),只要它们能改变安排的结构,这些收入就可能增加。任何一个主要行动主体的成员至少是一个熊彼特意义上的企业家,而且在这一模型的逻辑内,行为主体启动了安排创新的进程。辅助(跟随)行动主体,也是一个决策单位,要辅助或跟随主要行动主体获取收入所进行的一些制度安排变迁。制度装置,是行动主体所利用的文件和手段,当这些装置被应用于新的安排结构时,行动主体就利用他们来获取外在于现有安排结构的收入。制度变迁的方式可以随主体的不同而有所差别,比如个人或机构倡导或推进的共同贸易与货币制度变迁与政府倡导推进的是有所区别的;参加制度变迁的主体是自愿的,还是被迫的、被强制的,是合作的,还是冲突、竞争的是有所区别的;变迁的方式也可以从变迁的过程来看是渐进,还是突变,还是渐进与突变结合是有所不同的。共同贸易与货币制度变迁往往对应的是贸易与货币制度的一种创新,这种创新要求获得一些在旧有安排下不可能得到的福利,预期的净收益超过预期的成本,这种共同贸易与货币制度安排会被创新的可能性将增强。

第二节 东亚共同体的演进动力学分析

一、作为演进过程的贸易与货币一体化

这里所指的是共同贸易与货币演进理论。该理论的观点就是贸易与货币一体化是一个演进的过程。它强调对贸易与货币一体化的演进分析。尼尔森（2002）对演进经济学进行了初步的介绍。他指出演进经济学就是要回到斯密的古典经济学来理解经济变迁。

亚当·斯密的《国富论》问世时，也是市场经济开始在英国出现，以及技术进步开始加速的时期。自此以后，人民的生活水平开始快速地提高，社会的生产效率也大大提高，技术进步和市场的完善共同推动着社会的进步。在他的著作中，亚当·斯密用制针业作为例子，说明了专业化劳动分工在提高生产率方面起到非常重要的作用，而专业化引起了一些机器的出现，这些机械又加速了专业化分工，从而促进了社会的发展。在这中间，科学家观察世界中的各种事物，并给予解释，科学对于技术进步以及机器的出现起了很重要的作用，为当时的经济发展做出了很重要的贡献。从上面的论述中可以看出，社会的发展是一个动态的过程，专业化分工促进了技术的进步，技术的进步加速了专业化分工，这些都促进了经济的发展。我们可以说，亚当·斯密正是用演化的动态的方法来看待经济增长。同时，由于存在很多企业相互竞争，形成了产品以及生产要素的价格，达到资源配置的最优化。但是，这里的竞争不是静态的企业的竞争，而是一个动态的竞争，价格也是在动态的竞争之中形成的。所以，一方面，在研究价格时，你应该把别的东西看成相对稳定的事物；另一方面，在研究经济发展时，你应该用演化的方法来看待它。一个学科在成熟的过程中，很容易就像物理学那样，用正规的和严谨的模型来抽象表达这一学科的理论。经济学也是这样，经过了一百多年的发展，以价格理论为基础的微观经济学成为了正统的经济学。以价格理论为基础的微观经济学是一种静态的方法。而演进经济学所做的工作就是回归到亚当·斯密的古典经济学，以便更好地理解经济变迁以及经济发展。

尼尔森指出如果对微观经济学有所了解，就会知道微观经济学中的竞争是大量的企业以及大量的行业之间的竞争，一个产品的价格就是这个产品的边际成本。但是如果你观察医药行业以及化工行业，就会发现这些行业的发展是动态的，新的产品诞生以及老的产品被淘汰。微观经济学中的静态的竞争无法真

实地描述这里的竞争,这里的竞争不仅仅包括各公司之间静态的竞争,还包括新老产品交替的动态竞争。在很多情形下,动态的竞争比静态的竞争更加重要,它与人民生活水平提高的关系更加密切。此时企业的竞争手段不仅仅包括价格,还包括产品策略,这时一个产品的价格就不再是它的边际成本。演进经济学就是要了解经济组织的内部结构,以便更好地了解技术进步以及行业和产品的变迁,理解创新发生的过程,更好地了解经济的演化过程。

尼尔森在 1982 年与人合写的《经济变迁的演化理论》中,构造了许多演化模型。但是,他并不只是静态地看待这些演化模型,而是把它们放在整个社会的变迁之中研究经济学问题,观察企业是如何进行竞争的,以及创新是如何发生的,等等。经济学中的演化模型与生物学的演化模型有类似之处。社会中存在着大量的企业,有的企业诞生,有的企业被淘汰。经济学中的演化与生物学的演化也有很大的不同。生物演化依赖的是基因的逐渐变化,而经济演化有赖于企业的创新以及相互模仿,这里牵扯到如何进行创新以及如何模仿的问题,经济演化好像要比生物演化更加复杂一些。

我们知道对于演进经济学,现在的研究已经远超出尼尔森的研究,但是基本演进的理论观点仍保持着。我们认为这一点对于贸易与货币一体化的研究也是适用的。我们提出的贸易与货币一体化理论的观点就是指贸易与货币一体化是一个演进的过程,对其研究则需要进一步深化,贸易与货币一体化演进博弈论的研究是一个方向。

二、贸易与货币一体化演进博弈论动力学

我们提出的贸易与货币一体化演进博弈论动力学的基本内容初步包括:

1. 贸易与货币一体化演进稳定策略

这种策略在特定的意义上对演进压力而言是稳健的:群体执行该种策略对执行任何其他策略而言是非入侵的。假定一对个体是重复随机地来自于大的群体,去参与一个对称并有限的两人博弈,还假定所有的个体在博弈中起初都执行的某一个纯的或混合的策略 x 是演进稳定的,那么对于每一个变异策略 y,都存在一个正的"入侵障碍",使得执行变异策略 y 的个体群体所获得的支付低于此障碍,从而 x 赢得的预期支付比执行 y 所得的要高。下面的不等式对于充分小的 $\varepsilon > 0$ 成立,即:

$$u[x, (1-\varepsilon)x + \varepsilon y] > u[y, (1-\varepsilon)x + \varepsilon y] \qquad (4.2.1)$$

其中左边的表达式记为对于策略 x 而言,当执行相对应策略的个体进入之后,混合群体情况的混合策略 $(1-\varepsilon)x + \varepsilon y$ 时的预期支付,而右边的表达式记为对于策略 y 而言,其所对应的情况的预期支付。演进稳定性十分有用的特性是一

个策略 x 是演进稳定的,当且仅当它是对自身的最佳反应,当这些策略与对其自身的反应比较时,它是对所有其他最佳反应的反应。

演进稳定性为各种各样的人类行为,包括贸易与货币一体化行为提供了一种有关的稳健性准则。演进稳定性要求一体化群体中企图采用可选择的策略的任何一个小团体不比已经采用"固有"策略的那些个体所构成的团体收益好。相反,采用固有策略的那些个体所构成的团体缺乏改变策略的激励。但是,那些采用可选策略的小团体却受激励而具有转变固有策略的行为。

2.贸易与货币一体化的复制动力学

贸易与货币一体化的复制动力学是选择过程的显性模型,它说明了一体化成员是如何分配博弈中有联系的不同纯策略。考虑由随机配对的个体所构成的一个一体化群体执行有限对策的两人博弈,个体采用纯策略。一体化群体状态是指在纯策略上的一个分布 x,这种状态在数学上与博弈中的混合策略是等价的。

如果博弈中的收益表示成生物学上的适合性,也就是后代的数目,同时每一个后代继续其前代的策略,采用纯策略 i 的个体数目将以某一比率指数增长,而这等于对纯策略 i 的预期收益 $u(ei,x)$。当执行着表示一体化群体中当前策略分布的混合策略 x 时,采用任何纯策略 i 的一体化群体分布的增长率等于此策略的收益与一体化群体中平均收益的差。后者等同于混合策略 x 与其自身博弈时的预期收益 $u(x,x)$。这是一个单一一体化群体的对称两人博弈的复制动力学。

$$Xi = [u(ei,x) - u(x,x)]xi \qquad (4.2.2)$$

令当前一体化群体状态 x 的最佳反应具有最高的增长率,第二最佳反应具有第二高的增长率。虽然更成功的纯策略比欠成功的纯策略增长得快,但是一体化群体中的平均收益不必随时间而增长。产生这一原因的可能性是,如果一个个体由采用最佳策略的个体所代替,那么遇见这个新个体的成员会得到比较低的收益,这正是因徒困境博弈的情况。如果最初几乎所有个体采用"合作",那么个体中将逐渐地转向"抵赖",从而平均收益将下降。然而,如果博弈在两个人总是获得相等的收益意义上是双对称的,那么自然选择的基本规律将成立:一体化群体中收益随时间而增长,即使没有必要成为全局最大的,这是合作博弈的情况,其中所有个体逐渐地转向到执行同一个纯策略上。

3.贸易与货币一体化学习模型

初步地考虑贸易与货币一体化的强化学习模型以及模仿学习模型。贸易与货币一体化强化学习模型研究在多次博弈回合中 $(n = 1, 2, \cdots)$,在固定的两个一体化成员参与者采用混合策略中有限博弈的情况。每一个参与者凭借由其所运用的纯策略来记录如下概率。如果参与者1,同样地考察参与者2,在博弈的 n 次回合中运用纯策略 k,并且获得一个正的收益 $V_k(n)$,这里 $V_k(n)$ 作为随机变量,它依赖于参与者2所做出的随机选择,那么参与者1对于运用这个策略的未来概率将增加,其收益也就越高。参与者2以同样的方法记录其选择概率向量 Y。所有收益均假设处于单位开区间上,不过,这里的收益不是 N-M(冯·诺曼和摩根斯坦)效用。因此,一旦所用策略的概率是递增的,那么所有选择均是强化的。

从任何一个初始概率向量 $X(0) = x_0$ 和 $Y(0) = y_0$ 开始,可以定义出博弈的混合策略空间中的一个马尔可夫链 $\{X(n),Y(n)\}\infty n = 1$。其中参数 $\delta > 0$ 表示博弈的两次回合之间的时间;$t = n\delta$ 是 n 次博弈回合中的实际时间。通过设 $n \to \infty$ 和 $\delta \to 0$ 以便有 $\delta n = t$,在任何有限的时间上来估计值。因此,博弈在越来越短的时间区间上执行,同时概率以相称的较小数值得以适应。可以证明,在这个界限内,此过程以状态 $(x(t),y(t))$ 的形式出现在单位区间概率上,其中如果复制动力学的初始状态在时间 0 处以 (x_0,y_0) 开始,那么复制动力学会在时间 t 达到,即实现强化学习。

贸易与货币一体化模仿学习模型是一个社会学习的简单模型,在这个模型中,所有成员国个体参与者都采用纯策略的大的贸易与货币一体化群体的有限博弈。每一个参与者在博弈中都赢得一个渴望水平的收益。在离散时间 $(0,\delta,2\delta,\cdots)$ 上,任意从群体中抽取个体 δ 部分,把其当前收益与他们的渴望水平收益相比较,其中 $\delta > 0$ 是很小的数。如果成员国个体实现的收益低于其生存水平收益,那么该成员国个体就会随机地模仿已抽取的成员国个体,在相同的参与者群体中,所有其他成员国个体都具有相同的概率被抽取。如果渴望水平收益具有均匀分布,某一个区间上包含所有可能的收益值,那么模仿的概率对于个体的当前策略而言,在预期收益上是线性递减的。对于很小的 δ,可以证明这个过程可以由有限时间区间上的复制动力学来解释。

可以把个体策略的适应过程作为连续时间中的一个随机过程。假设在有限群体中每一个个体时常得到一个冲动因素使其改变纯策略。如果这些冲动因素是泊松分布,那么同时发生的概率是零,而且总的过程也是一个泊松过程,总过程的密度刚好是各个过程密度的和。如果贸易与货币一体化群体很大,那么可以利用预期值给出的确定流来近似表示这个总过程。改变的贸易与货币一体化个体在其博弈的群体中模仿其他的贸易与货币一体化个体,可以证明存在许多正收益的选择动力学。特别的是,如果贸易与货币一体化个体改变比率对其策略而言预期收益是线性递减的,那么每一个纯策略泊松过程的密度与其贸易与货币一体化个体总数大小成比例,同时比例因素将使其预期收益递减。如果每一个改变的贸易与货币一体化个体选择其未来的策略是通过在其博弈中随机地模仿抽取的贸易与货币一体化个体,那么其作为结果也是一个复制动力学。

第三节　贸易与货币联盟谈判的动力学分析

贸易与货币联盟的谈判可以有许多形式,这里主要对完全贸易与货币联盟作为一种政府间谈判结果和市场预期相互作用的角度的分析。我们将考虑以下问题:谈判结果的决定因素是什么? 结果有效吗? 谈判可能持续很长时间吗? 我们这里扩展了罗伯特·张(Chang,1995)的分析,假定在每个时期中,商品市场和资产市场都是开放的,即使在完全贸易与货币联盟的协定还没有达成的情况下,这就意味着在政府进行的完全贸易与货币联盟的谈判博弈和关于谈判博弈的高层预期间存在一种相互作用。在谈判进行的过程中,一国政府延迟完全贸易与货币同盟的成本取决于市场行为,而家庭对未来的消费和资产组合决策取决于对完全贸易与货币联盟谈判结果的预期。在此,我们将首先提出一个贸易与货币联盟的模型,在模型中小样本的两个政府的谈判博弈受许多家庭决策的影响,模型中的两个国家联盟都可受益。其次考虑两个国家对联盟收益的分配存在争议,为解决这一冲突,两国政府将进行博弈谈判,对此引入持续谈判均衡的概念,进一步地将对博弈谈判进行有效和无效的持续谈判均衡的分析。

一、贸易与货币联盟谈判的模型

这里所要引入的是一个现金优先模型,从模型中将推出两个引理,而这两个引理在后面分析完全贸易与货币联盟的谈判时将被使用。

有两个国家,国家 1 和国家 2。每个国家都有一个"代表性的家庭"和一个政府,政府的目标是使其代表性公民的福利最大化。时期分别记作 $t = 0,1,2,\cdots$。有两种商品——商品 1 和商品 2,各个家庭对两种商品有相同的偏好,家庭 $i = 1,2$ 的效用函数为 $\sum_{t=0}^{\infty} \beta u(b_{it};w_{it})$,其中,$b_{it}$、$w_{it}$ 分别表示家庭 i 在时间 t 对两种商品的消费,$\beta \in [0,1]$,并且有 $u(b,w) = (1-\beta)b^{\varphi}w^{1-\varphi}$。

商品 1 和商品 2 分别由国家 1 和国家 2 的厂商生产;在每个时期 t 中,每个厂商简单地接受它们各自生产的一些禀赋$(B_t;W_t)$;在各个时期,两种商品都不储存。刚开始,两种贸易与货币,即贸易与货币 1 和贸易与货币 2,它们的总量不变,且每个标准化为 1,贸易与货币 1 和贸易与货币 2 将按下面特定的方式用于支付,直到它们由于共同贸易与货币替代为止,这一替代被称作完全贸易与货币联盟,它具有以下描述的影响。

令 T 表示安全贸易与货币联盟建立的时期。在时期 T 的交易开始之前,各个家庭必须放弃它们所持有的贸易与货币 1 或贸易与货币 2 给它们的政府或单一中央银行。随后它们将分别接收到 P^M 单一贸易与货币 / 贸易与货币 1 或 P^F 单一贸易与货币 / 贸易与货币 2,P^M 和 P^F 称作转换率。在转换后,单一贸易与货币的数量为 $D = P^M + P^F$,因为竞争均衡证明关于 D 是中性的,在标准化 $D = 1$ 中没有损失。现在定义 $\varepsilon = P^M$。标准化意味着 $P^F = 1 - \varepsilon$,因此,两个转换率可以分别由一个数 $\varepsilon \in [0, 1]$ 来描述,这将被称作一个转换率协议,或简称为一个协议。对于这个协议将怎样达成,我们在后面将对此给予分析。我们假定如果 $t < T$,则有 $Bt = Wt = \delta \in [0, 1]$;如果 $t \geqslant T$,则有 $Bt = 1$。也就是,在使用单一贸易与货币的每个时期,两种商品的禀赋都等于 1,而在使用两种贸易与货币时,$\delta < 1,(1 - \delta)$ 为使用两种贸易与货币的成本。

在每个时期的开始先是有一个"融资时间",接着有一个"购买时间"。先说购买时间。在购买时间,只有商品 1 和商品 2 的市场开放,家庭用先前积累的贸易与货币购买这两种商品,用来作为支付的贸易与货币自然取决于是否有一个贸易与货币联盟。如果 $t < T$,那购买这两种商品就要分别用两种贸易与货币;如果 $t \geqslant T$,共同贸易与货币将被用来作为支付的贸易与货币。因此,在每个购买时间,家庭 i 的购买的约束条件为:

$$P_{bt} b_{it} \leqslant m_{it} \text{ 和 } P_{ut} w_{it} \leqslant f_{it}, \text{当 } t \leqslant T \tag{4.3.1}$$

$$P_{bt} b_{it} + P_{ut} m_{it} \leqslant d_{it}, \text{当 } t \geqslant T \tag{4.3.2}$$

其中,m_{it} 和 f_{it} 分别表示家庭 i 在购买时间 t 的开始拥有的贸易与货币 1 和贸易与货币 2 的量,P_{bt} 和 P_{ft} 分别表示商品 1 用贸易与货币 1 表示的价格和商品 2 用贸易与货币 2 表示的价格,d_{it} 表示家庭 i 进入购买时间 t 所持有的单一贸易与货币量,P_{ut} 分别表示商品 1 和商品 2 的单一贸易与货币价格。

现在,我们描述融资时间。在每个融资时间,当 $t < T$ 时,为贸易与货币 1 和贸易与货币 2 的交易,而当 $t \geqslant T$ 时,为单一贸易与货币的交易;另外,两国厂商的股票也交易,厂商要对股票在未来给予红利;每个厂商的股票红利政策为:在每个时期结束时,即在购买时间后,厂商将它们在这段时间从销售中得到的收入以现金的形式分红。这样,两国厂商的股票在未来对两国贸易与货币或单一贸易与货币有个需求。

在联盟前的每个融资时期,家庭 i 的贸易与货币 1、贸易与货币 2 和股票交易的约束条件为:

$$m_{it} + e_t f_{it} + q_{bt} Q^b_{i, t+1} + e_t q_{ut} Q^w_{i, t+1} \leqslant y_{it}, \text{当 } t < T \tag{4.3.3}$$

类似的,在联盟后的融资时期,家庭 i 的单一贸易与货币和股票交易的约束条件为：

$$d_{it} + \hat{q}_{bt}Q^b_{i,t+1} + \hat{q}_{ut},Q^w_{,t+1} \leqslant y_{it}, \text{当} t \geqslant T \qquad (4.3.4)$$

其中，y_{it} 表示在融资时间 t 开始，家庭 i 的财富用贸易与货币 2 表示的值，它也表示贸易与货币和股票购买以贸易与货币 1 表示的值，e_t 表示按贸易与货币 1 或贸易与货币 2 表示的短期汇率，q_{bt} 和 q_{ut} 分别表示国家 1 股票的贸易与货币 1 价格和国家 2 股票的贸易与货币 2 价格，$Q^b_{i,t+1}$ 和 $Q^w_{,t+1}$ 分别表示家庭 i 购买国家 1 和国家 2 股票数量，在这里是假定各个家庭可以购买国家 1 和国家 2 的股票，其中 $\hat{q}_{bt}$ 和 $\hat{q}_{ut}$ 分别为用单一贸易与货币表示的价格，$\hat{y}_{it}$ 表示时期 t 开始时，家庭 i 的财富以单一贸易与货币表示的值，其他与上式中相同项的含义相同。为了分析便利，这里假定资产和贸易与货币的短期买卖可以不考虑。

最后，我们一定要描述金融资产怎么随时间变化。因为 y_{it} 和 $\hat{y}_{it}$ 分别表示在融资时间 $t < T$ 和 $t \geqslant T$ 时，家庭 i 持有贸易与货币和股票的贸易与货币 1 值和单一贸易与货币值，有：

$$y_{it} = M_{it} + e_t F_{it} + q_{bt}Q^b_{it} + e_t Q_{ut}q^w_{it}, \text{当} t < T \qquad (4.3.5)$$

$$\hat{y}_{iT} = \varepsilon M_{it} + (1-\varepsilon)F_{it} + \hat{q}_{bT}Q^b_{iT} + \hat{q}_{wT}Q^w_{iT}, \text{当} t < T \qquad (4.3.6)$$

$$\hat{y}_{it} = D_{it} + q_{bt}Q_{it} + q_{ut}Q_{uit}, \text{当} t < T \qquad (4.3.7)$$

其中，M_{it} 和 F_{it} 分别表示家庭 i 在 $t \geqslant T$ 开始时，所持有的贸易与货币 1 和贸易与货币 2 的量，值得注意的是，M_{it} 也许不等于 m_{it}，它表示家庭 i 走过融资时间时，所持有贸易与货币 1 的量。类似的，D_{it} 表示家庭 i 在 $t > T$ 时期开始持有的单一贸易与货币量。方程 $(4.3.6)$ 在这个模型中有特殊的特征：如果 $t = T$，那么在交易前，将要把贸易与货币 1 和贸易与货币 2 换成单一贸易与货币，$\varepsilon M_{iT} + (1-\varepsilon)F_{iT}$。因此，在融资时间 T，i 的资产值由 $(4.3.6)$ 式给出了。

开始的资产组合 $(M_{io}, F_{io}, Q^b_{io}, Q^w_{io})$ 是历史给定的，其后 M_{it} 和 F_{it} 按下面的方程变化：

$$M_{it} = (m_{i,t-1} - P_{b,t-1}b_{i,t-1}) + P_{b,t-1}\delta, \text{当} 1 \leqslant t \leqslant T \qquad (4.3.8)$$

$$F_{it} = (f_{i,t-1} - P_{w,t-1}b_{i,t-1}) + Q^w_{it}P_{w,t-1}\delta, \text{当} 1 \leqslant t \leqslant T \qquad (4.3.9)$$

方程 $(4.3.8)$ 表示 $t \leqslant T$ 时期开始，家庭 i 持有的贸易与货币 1 的数量等于家庭 i 在 $(m_{i,t-1} - P_{b,t-1}b_{i,t-1})$ 前期累积而没有花费的贸易与货币 1 量加上从国家 1 厂商处获取的红利。方程 $(4.3.9)$ 表示的含义与其类似，D_{it} 的变化类同，且由下式给出：

$$D_{it} = (d_{i,t-1} - \check{P}_{b,t-1}b_{i,t-1} - \hat{P}_{w,t-1}w_{i,t-1}) + Q^b_{it}\hat{P}_{b,t-1} + Q^w_{it}\hat{P}_{w,t-1}, \text{当} t > T$$

$$(4.3.10)$$

我们看完全可预见的竞争均衡。在时间 $t = 0$ 时，"世界的状态"可以由国家 1 家庭拥有贸易与货币和股票的向量来描绘，这向量为 $s_0 = (M_{10}, F_{10}, Q^b_{10},$

Q_{10}^w）。由我们在前面的假定，有 $s_0 \in s = [0,1]$，而国家 2 家庭的资产组合为 $1 - s_0$，这里 $\underline{1} = (1,1,1,1)$。给定经济 s_0 的初始状态，时间 T 用来创建联盟，形成转换率协议 ε。我们可以对我们模型的完全可预见性竞争均衡进行研究。一般的，均衡价格和配置取决于 s_0，T 和 ε。

引理 4. 3. 1   令给定开始的状态 $s_0 \in s$，假定一个完全贸易与货币联盟 $\varepsilon \in [0,1]$ 是没有时间延迟而建立的（即 $T=0$），那么存在一个经济的竞争均衡，均衡中家庭 i 的贴现效用由下式给出：

$$\lambda(s_0,\varepsilon) = [(1-\beta)(\varepsilon M_{i0} + (1-\varepsilon)F_{i0})] + \beta[\varphi Q_{i0}^b + (1-\varphi)Q_{i0}^w] \quad (4.3.11)$$

这里，$\lambda_i = \lambda_i(s_0,\varepsilon)$ 也是国家 i 的财富相对于世界财富的比值。

对此，从直觉上是比较简单的，给定初始的贸易与货币和股票的分配，那么均衡价格和选择的 ε 决定家庭 i 的相对财富。家庭 i 的消费和资产需求是不变的，且等于 λ_i，因此 i 的效用 $u(\lambda_i,\lambda_i)/(1-\beta) = \lambda_i$。

引理 4.3.1 表明由 λ_i 所概括的，一个立即结成，即没有延迟时间而结成的完全贸易与货币联盟的竞争均衡分配和福利，取决于初始状态的 s_0 和协议 ε；一个大的 ε 值，即为一个有利于贸易与货币 1 的转换率，这使得家庭在转换时间相对贸易与货币 2，拥有更多贸易与货币 1，这一结果与直觉的和可预见的相符，在实际的完全贸易与货币联盟中，转换率也是联盟收益的一个重要决定因素。引理 4.3.1 也意味着在这个模型中存在着一个分配陷阱，这是由于用贸易与货币 1 和贸易与货币 2 交易会引起产出的一个损失，这样两国政府就有尽可能地形成一个完全贸易与货币联盟的动机。但是，关于 ε，两个国家的利益又相反，在利益分配上有冲突，因此，这种种冲突也许引致联盟的延迟成立，也就是说 ε 的利益分配上存在的一个分配陷阱，可能使得联盟不能立即成立。

如果完全贸易与货币联盟延迟到时期 $T > 0$，那么在 T 前期的家庭交易将改变私人的资产组合，那么这就引起在任何特殊协议下的成本和收益发生变化。特别的是，如果一个联盟延迟一个时期，那么今天的消费和明天的状态将取决今天的状态和明天的协议，这些可以概括为引理 4.3.2。

引理 4. 3. 2   令初始状态 s_0 给定，且假定一个 $\varepsilon \in [0,1]$ 的完全贸易与货币联盟是在 $T=1$ 时期建立的，假定 $\varphi - (1-\beta) \leqslant \beta\varepsilon \leqslant \varphi$，那么模型中存在一个完全可预见的竞争均衡，均衡中在时期 0 的消费和在时期 1 的状态是由 $b_{i0}/\delta = w_{i0}/\delta = M_{i1} = F_{i1} = Q_{i1}^b = Q_{i1}^w = \zeta_i$ 给出，这里 $\zeta_i = \zeta_i(s_0,\varepsilon)$ 所表示的相对家庭 i 财富由下式给出：

$$\zeta_i(s_0,\varepsilon) = (1/\Delta)[\varphi M_{i0} + (1-\varphi)F_{i0} + q_b(\varepsilon)Q_{i0}^b + q_w(\varepsilon)Q_{i0}^w] \quad (4.3.12)$$

其中，$\Delta = 1 + (\beta(1-\beta)/\delta)$，$q_b(\varepsilon) = \beta[\varepsilon(1-\beta) + \varphi]$，且 $q_w(s) = \beta[(1-\beta)(1-\varepsilon) + (1-\varphi)]$。

引理 4.3.2 也符合直观的判断。参加完全贸易与货币联盟决定的均衡价格，这些价格和初始的贸易与货币和资产的分配决定 ζ_i，即决定相对于世界财富的行为者 i 的财富。引理 4.3.2 的均衡是家庭 i 在时期 0 的消费和在期末家庭 i 将有的资产与它的相对财富的比值。引理 4.3.2 的一个重要含义是，如果一个完全贸易与货币联盟延迟一个时期，那么时期 0 的消费和时期 1 的状态取决于预期的协议和 $t=0$ 的状态。更一般的，这个模型有这样的特性：如果完全贸易与货币联盟的形成在任何 $T/0$ 时期延迟，那么竞争均衡取决于最终协议 ε 和初始状态 s_0。这一特性与一些欧洲国家加入欧洲完全贸易与货币联盟的事实是相符的。

从以上的模型中不难发现，一个完全贸易与货币联盟是由时间 T 和关于转换率的协议 ε 表示的。给定 T、ε 和初始状态 s_0，我们可以得到模型的完全可以预见的竞争均衡。引理 4.3.1 说明了完全贸易与货币联盟不延迟、立即结成的模型解，引理 4.3.2 说明了完全贸易与货币联盟延迟一个时期结成时，模型在时期 0 的消费和时期 1 的状态。值得注意的是，在这里的分析隐含着联盟的时间 T 和协议 ε 是外生给定的。下面，我们将分析 T 和 ε 是怎么可以从政府间的谈判中内生地形成的。

二、贸易和货币联盟持续谈判均衡模型

我们建立两国政府代表各自的公民利益而进行联盟收益分配谈判的模型。假定政府是交替报价、讨价的谈判者，谈判的程序为：在 $t=0$ 的初始时期，国家 1 政府（不妨称作博弈者 A）对国家 2 政府（不妨称作博弈者 B）先报价，在时期 t 的报价是一系列的转换率，其中 $\varepsilon \in [0,1]$。对于 A 的报价，B 可以接受或拒绝。如果 B 接受，那么谈判结束，联盟运营；如果 B 拒绝 A 的报价，那么市场开放，家庭要进行股票、贸易与货币 2、商品 1、商品 2 的交易。这些交易所对应的消费向量为 $c_0 = (b_{10}, w_{10}, b_{20}, w_{20})$，其中，时期 0 的商品 1、商品 2，以及时期 1 持有资产的总单位为 δ，其值为 s_1。接着，时间又进展到一个阶段，在时期 1 开始 B 报价，A 对此做出反应。如果 A 接受，那么谈判结束，联盟运营；如果 A 拒绝，那么市场开放下的交易对应的消费向量为 c_1，其值为 s_2。这一过程将连续性地进行下去，或到一个双方同意的报价出现时停止，或在双方没有共同可接受的报价下，谈判一直持续下去。在这里，关键的一点是，只要完全贸易与货币联盟没有成立，家庭就要进行股票贸易与货币 1、贸易与货币 2、商品 1、商品 2 的交易，这意味着市场行为影响政府谈判，即随时间变化的家庭交易、两个国家的状态和随之发生的支付是与谈判的协议相联系的；很明显，在这里政府谈判也影响市场行为。假定所有的行为者是完全信息的，那么家庭的最佳决策将依赖于家庭对于联盟达

成的时间和转换率的预期。

假定每个家庭的行为,在给定其他家庭和两个政府行为的条件下是最佳的,并且两个政府的行为是战略性的,我们引出可持续谈判均衡的概念,可持续谈判均衡由配置原则 F 和战略组合 $\sigma = (\sigma_A, \sigma_B)$ 组成,其中的配置原则 $F = [F_t]_{t=0}$ 为连续函数 $F_t = (c_t, s_{t+1})$,这里的 c_t 为时期 t 的消费向量,s_{t+1} 为时期 $t+1$ 开始的状态是直到这一时期的谈判历史的函数,这时到时期 t,且包括时期 t,两国都没有达成协议,那么连续拒绝的讨价可以由一个历史 $h^t = (\varepsilon_0, \varepsilon_1, \cdots, \varepsilon_t) \in [0,1]^{t+1}$ 来表示。对每个时期 t,配置原则 F 指定函数 $F_t : [0,1]^{t+1} \rightarrow [0,\delta]^4 \times s_0$。给定配置原则 F,可以将政府 1 和政府 2 看作是一个已定义博弈中的博弈者,假定政府 1 开始谈判。对于战略组合 $\sigma = (\sigma_A, \sigma_B)$,它决定一个解,解是在时期 $T = \tau(\delta)$ 达成的协议,或者是一直达不成的协议;它还决定拒绝报价的历史 h^t,这里 $t = (0,1,\cdots,\tau(\sigma)-1)$。最后,战略组合 σ 和配置原则 F 决定 A 的支付为:

$$W_A(\sigma, s_0) = \lambda_1(s_0, \alpha), \text{当} \ \tau(\delta) = 0;$$
$$= \sum_{t=0}^{\tau-1} \beta u(b_{lt}(h^t), w_{lt}(h^t)) + \beta \lambda_1(s_t(h^{t-1}), \alpha), \text{当} \ r(\delta) \neq 0。$$

$$(4.3.13)$$

在这里,对每个 $t = (0,\cdots,t-1)$,h^t 是由 σ_{it} 引致的历史。对于 β 的支付可以相似的方式定义。

对于这些支付的解释为:如果战略组合 σ 立刻形成协议 α,那么 A 接受 λ_1,由引理 4.3.1,这为与 α 相联系的国家 1 贴现效用;如果 σ 使得在时期 $\tau > 0$ 形成协议 α,那么配置原则 F 和引致的历史 h^t 决定在时期 $t = (0,\cdots,t-1)$ 的消费向量 c_t 和状态 s_t,这样,A 的支付为到且包括 $t-1$ 时期的国家 1 贴现效用与协议的贴现值的和。给定 σ_B 和 s_0,如果 σ_A 使 W_A 最大化,那么战略组合 σ 为纳什均衡,反之亦然;如果持续的 σ_A 和 σ_B 是在每个 A 或 B 呼吁博弈点开始的子博弈纳什均衡,那么战略组合 σ 为子博弈完美纳什均衡。

值得注意的是,在一个持续谈判均衡中,家庭行为是竞争性的,政府行为是战略性的,给定每个行为者的约束和其他行为者的选择,则每个行为者的行为是最优的。因此,在我们的谈判模型中持续谈判均衡的概念是一个合理解的概念。

1. 贸易与货币有效率的持续谈判均衡

我们将说明,在政府 1 提出一个转换率协议后,政府 2 立即同意的情况下,存在持续谈判均衡;这均衡没有延迟,没有产量损失,是帕累托效率的,是有效率的持续谈判均衡。这里的持续谈判均衡有一个连续集,其中的每一个持续谈判均衡意味着不同的转换率和联盟收益的不同分布。我们将发现对于这些不同值的确定,市场预期起着关键的作用,持续谈判均衡的集合是由人们对转换率的市场预期所引导的;这里的市场预期为,如果在 $t=0$ 时期,两国政府不同意形成联盟,那么在 $t=1$ 时期,两国的政府就将同意形成联盟。此外,贴现率和资产的最初配置对解也有影响。

为了精确地说明我们的结果,令 $\bar{\varepsilon}$ 是在区间 $[(\varphi-1+\beta)/\beta,\varphi/\beta]$ 中的任一转换率,定义 $\bar{s}=\zeta_1(s_0,\bar{\varepsilon})$。根据引理 4.3.2,有 $\bar{s}=\zeta_1(s_0,\bar{\varepsilon})$ 表示国家 1 在时期 0 的相对财富,其中 ζ_0 为初始状态,且在时期 0,两国政府不同意形成联盟,而在时期 1,两国政府同意形成协议 $\bar{\varepsilon}$。现在令 $\varepsilon_B(s_0,\bar{\varepsilon})$ 是 ε_0 的一个唯一值,它可以用来区别 B,在时期 0 接受协议 ε,或拒绝接受,而在时期 1 接受协议 $\bar{\varepsilon}$。由引理 4.3.1 和 4.3.2,$\varepsilon_B(s_0,\bar{\varepsilon})$ 为下式中的唯一的 ε_0 值:

$$\lambda(s_0,\varepsilon_0)=(1-\beta)(1-\delta)+\bar{s}[(1-\beta)\delta+\beta] \tag{4.3.14}$$

我们的结果如下。

定理 4.3.1　假定 $M_{10}>F_{10}$,任取 $\bar{\varepsilon}\in[(\varphi-1+\beta)/\beta,\varphi(\beta)]$,且令 $\bar{s}$ 和 $\varepsilon_0=\varepsilon_B(s_0,\bar{\varepsilon})$ 是像上面所定义的,那么,如果 $\varepsilon\in[0,1]$,则存在一个持续谈判均衡,其中在时期 0,由国家 1 政府所报的转换率 ε_0,国家 2 政府是接受的。

证明　令 $CEA(s_t,k,\varepsilon)$ 表示前面现金优先经济竞争性均衡解 (c_t,s_{t+1});如果经济直到时期 t,还没有形成联盟,到时期 t 的状态为 s_t,那么时期 $t+k$,形成协议 ε,这里 $k=(1,2,\cdots)$。应注意的是,由此定义,在前面引理 4.3.2 中定义的 (c_0,s_1) 属于 $CE(c_0,1,\varepsilon)$。

我们假设存在一个持续谈判均衡 (σ,F),使得任何 $t\geq1$ 的时期和历史 h^{t-1},持续的战略组合 σ 导致在时期 t 中形成协议 $\bar{\varepsilon}$。给定这一假说,我们将用引理 4.3.2 找到一个可供选择的配置原则,而后从一个可供选择的战略说明这里的假说是有效的。

如果假设存在一个持续谈判均衡 (σ,F) 有效,那么对于配置原则 F,一定有任何 $t\geq0$ 时间和历史 h^t,$F_t(h^t)$ 属于 $CE(s_t(h^{t-1}),1,\bar{\varepsilon})$。一个满足这些条件的、可供选择的配置原则可以从引理 4.3.2 中很容易地推出。令 $\bar{s}=\xi_1(s_0,\bar{\varepsilon})$,其中 ξ_1 由定义可知,如果经济初始状态为 s_0,那 $\bar{s}$ 为国家 1 家庭的相对财富,并且协议 $\bar{\varepsilon}$ 在同一个时期形成。可供选择配置原则 F 为,对任何 t 和 h^t,有

$$S_{t+1}(h^t)=\bar{s}\underline{1} \tag{4.3.15}$$

$$b_{1t}(h^t)=w_{1t}(h^t)=\delta\bar{s} \tag{4.3.16}$$

$$b_{2t}(h^t)=w_{2t}(h^t)=\delta(1-\bar{s}) \tag{4.3.17}$$

这里,$\underline{1}=(1,1,1,1)$ 是一向量。利用 $\xi_1(\bar{s}\underline{1},\bar{\varepsilon})=\bar{s}$,引理 4.3.2 意味着对每个 t 和 h^t,由 (4.3.15)—(4.3.17) 所给出的配置属于 $CE(s_t(h^{t-1}),1,\bar{\varepsilon})$。配置原则 F 的直觉含义为:如果直到时期 $t\geq0$ 时,两国政府没有形成联盟,那么各家庭预

期两国在 $t+1$ 时期,将达成协议 $\bar\varepsilon$。这一预期决定它们的相对财富和交易,以致家庭的消费和在时期末持有的资产与家庭的财富是成比例的。值得注意的是,配置原则 F 是独立于历史的。

我们再看可供选择的战略组合,它由下面的 σ_A 和 σ_B 给出:$t=0$ 时期,报价 $\varepsilon_0=\varepsilon_B(s_0,\bar\varepsilon)$;在 $t=(1,3,5,\cdots)$ 时期,接受任何报价;在 $t=(2,4,6,\cdots)$ 时期,报价 $\varepsilon_0\sigma_B$;在 $t=0$ 时期,当且仅当 $\varepsilon\leqslant\varepsilon_0=\varepsilon_B(s_0,\bar\varepsilon)$ 时,接受报价 ε;在 $t=(1,3,5,\cdots)$ 时期,接受 $\bar\varepsilon$;在 $t=(2,4,6,\cdots)$ 时期,接受任何报价。

接着,我们说明组合 (σ,F) 为一个持续谈判均衡,对于战略组合 σ,它意味着给定任何 $t\geqslant1$ 时期和历史 h^{t-1},在时期 t,谈判完成,且形成协议 $\bar\varepsilon$,这样,给定 σ,配置原则 F 就为竞争性的。因此,这些足以表明给定的 F、σ 为一个子博弈完美纳什均衡。考虑任何奇数的 $t\geqslant1$ 时期和历史 h^{t-1},因为 A 将接受任何的报价,所以 B 的问题就是选择 $\varepsilon\in[0,1]$,以使 $\lambda_2(s_t(h^{t-1}),\varepsilon)$ 的最大化。这样根据上面,有对于所有的 $\varepsilon\in[0,1]$,$\lambda_2(s_t(h^{t-1}),\varepsilon)$ 的最大值为 $1-\bar s$。这样,B 对 ε 的报价不在意,而报价 $\bar\varepsilon$ 对 B 是最优的。现在,给定 F,对 A 接受任何报价都是最优的,因为它的支付随后为 $\bar s$。相对应的,如果它等到 $t+1$ 时期,则支付为 $\bar s[\delta(1-\beta)+\beta]$。相同的论点可以应用到任何偶数的 $t\geqslant2$ 时期,不过 A、B 的角色要对调。我们还要说明的是,在时期 0 所提出的战略,对任何博弈者都是最优的。由定义,$\varepsilon_0=\varepsilon_B(s_0,\bar\varepsilon)$ 是唯一的一个报价,它使得 B 对接受、拒绝或等到时期 1 这几种选择不在意。假定 $M_{10}>F_{10}$ 意味着 λ_2 随 ε 单调递增,则对于 B,接受任何 $\varepsilon\geqslant\varepsilon_0$ 的报价是最优的。

给定 λ_1 随 ε 单调递增的,且 B 将对任何 $\varepsilon\geqslant\varepsilon_0$ 的报价都接受,而且在时期 0,A 报价严格地小于 ε_0 的 ε,对 A 总不是最优的。如果 A 的报价为 $\varepsilon>\varepsilon_0$,那么 A 的报价将被拒绝,并且 A 的支付将为 $\bar s[\delta(1-\beta)+\beta]$;根据(4.3.16)式,$\bar s[\delta(1-\beta)+\beta]$ 将严格地小于 $\lambda_1(s_0,\varepsilon_0)$。因此,在 $t=0$ 时期,报价 ε_0 对 A 来说,是最优的。到此证明定理 4.3.1 是成立的。证毕。

以下,我们对定理 4.3.1 的含义给予进一步的说明,包括这样几点内容。首先在定理 4.3.1 中的持续谈判均衡是有效率的。其次,定理 4.3.1 意味着,如果对给定的 s_0 和 $\bar\varepsilon\in[(\varphi-1+\beta)/\beta,\varphi/\beta]$ 有解 $\varepsilon\in[0,1]$,那么有由 $\bar\varepsilon$ 引导连续的持续谈判均衡,去掉 $Q_{10}=\bar Q_{10}$ 的特殊情况。这也就是说,持续谈判均衡的转换率和两个国家的福利取决于 $\bar\varepsilon$。在这里,$\bar\varepsilon$ 是家庭在现在时期两国没形成协议的条件下,对下个时期协议的市场预期。对持续谈判均衡配置原则和战略组合的分析可以有这样的结果,其中的配置原则是指在任何时期 t 和在历史 h^t 后,每个家庭将改变它的资产组合,以使在时期 $t+1$ 的开始,有相同量的贸易与货币和股票。由于对一个协议的支付取决于在协议时每个家庭持有贸易与货币 1 和贸易与货币 2 的相对量,而政府对在时期 $t+1$ 的转换率不在意,但在均衡处,它们立即同意,没有延迟。在时期 0,两国政府预期这些持续,因为对此是处于完全信息的环境,可以完全预见;因此,它们立即同意,至于 B 是接受还是拒绝 A 其他时期的报价并不在意,这些也是(4.3.16)式的含义。最后,我们可以分析持续谈判均衡的解是怎样取决于每个国家相对"大小"的。在模型中,国家 1 的相对大小可以由 φ 值来测度,φ 值决定商品 1 相对于商品 2 的消费值。φ 的增加是由于消费者发生了相对于商品 2 而言,更利于商品 1 的消费偏好的变化;也就是 φ 值的变化可以使国家 1 的福利得以改善,相反,在这种条件下,如果国家 2 不同意,那么它的福利将减少。

2. 贸易与货币无效率的持续谈判均衡

与即刻达成协议的有效率的持续谈判均衡相反,无效率的持续谈判均衡的协议是拖延的。对这种无效率持续谈判均衡的分析,将由下面的定理 4.3.2 来进行。我们限定这种分析为两国对称的情况,取 $\varphi=1/2,s_0=(1,0,1,0)$。为了说明我们的主要结果,令 $\varepsilon_a\equiv\varphi/\beta,\varepsilon_2\equiv\varphi-(1-\beta)/\beta$。从定理 4.3.1,我们知道 ε_a 是关于未来协议的市场预期,它使得国家 1 处于"最佳"的持续谈判均衡,而 ε_2 则使国家 1 处于"最坏"的持续谈判均衡。定义 $\xi_2=\xi_1(s_0,\xi_a)$。

定理 4.3.2　令 T 为常数,$T\geq2$,且

$$1/2\big[\delta(1-\beta^T)+\beta^T\big]-\xi_2\big[\delta(1-\beta)+\beta\big]\geq(1-\beta)(1-\delta)$$
$$(4.3.18)$$

$$1/2\big[\delta(1-\beta^{T-1})+\beta^{T-1}\big]-(1-\xi_a)\big[\delta(1-\beta)+\beta\big]\geq(1-\beta)(1-\delta)$$
$$(4.3.19)$$

那么,在对称情况下,存在一个可持续谈判均衡,其中两国政府 T 个时期不同意形成协议(含初始时期),而在时期 T,两国政府同意的转换率为 $\varepsilon=1/2$。

证明　我们先看,这样一个从定理 4.3.1 可以引出的一个命题,即假定 $\varphi=1/2$,如果 $s_0=(1,0,1,0)$,那么对于任何 $T\geq1$,由 $b_{io}=w_{io}=\delta/2$ 和 $s_1=(1,0,1,0)$ 所定义的配置属于 $CE(s_0,T,1/2)$。在以下的定理证明过程中,我们将用到这一命题。

对于 t 为奇数(相对的,是对于 t 为偶数),我们定义一个函数 $D(h^t)$,当 $t<T$,且 $h^t=(1,0,1,0\cdots,1)$(相对的,是当 $t<T$ 且 $h^t=(1,0,\cdots,1,0)$),或者当 $t<T$,且 $h^{t-1}=(1,0,\cdots,1)$,那么 $D(h^t)=0$。因此,如果直到时期 t 的最后,没有政府偏离以上描述的报价。令 $D(h^t)=A$(相对的,$D(h^t)=B$),则 A(相对的,B)是从报价 $(1,0,1,\cdots,0,1)$ 的路径偏离的第一个博弈者。

现在考虑配置原则 F:

$$S_{t+1}(h^t)=(1,0,1,0),\qquad 当 t<T-1 且 D(h^t)=0 \qquad(4.3.20)$$

$$= 1/2\underline{1}, \qquad \text{当 } t \geqslant T-1 \text{ 且 } D(h^t) = 0 \qquad (4.3.21)$$
$$= \xi_a\underline{1}, \qquad \text{当 } D(h^t) = B \qquad\qquad (4.3.22)$$
$$= \xi_z\underline{1}, \qquad \text{当 } D(h^t) = A \qquad\qquad (4.3.23)$$
$$b_{it}(h^t) = w_{it}(h^t) = \delta/2, \qquad \text{当 } D(h^t) = 0 \qquad\qquad (4.3.24)$$
$$= \delta\xi_a, \qquad \text{当 } D(h^t) = B \qquad\qquad (4.3.25)$$
$$= \delta\xi_z, \qquad \text{当 } D(h^t) = A \qquad\qquad (4.3.26)$$

这一配置原则的含义是,只要没有政府偏离特定的均衡路径,且 $t < T-1$,那么家庭将不改变他们的资产组合;在 $T-1$ 时期,按在时期 T 形成协议 $\varepsilon = 1/2$ 的预期,家庭进行交易和资产组合。如果有一国政府在时期 T 之前偏离,那么这一配置原则将以不利于偏离者的原则,使该国受到"惩罚"。

令 ε_a、ε_z、ξ_a 和 ξ_z 像上面所定义的,再定义 ε_{Aa}(相对的,ε_{Bz})为一个报价,这使得 A(相对的,B)对下个时期在接受或拒绝报价和满足 ε_a(相对的,ε_z)间选择不在意,这以这一时期的状态 $(1,0,1,0)$ 为条件。因此,ε_{Aa} 和 ε_{Bz} 为解

$$\lambda_1[(1,0,1,0),\varepsilon_{Aa}] = \xi_a[(1-\beta)\delta + \beta] \qquad (4.3.27)$$
$$\lambda_2[(1,0,1,0),\varepsilon_{Bz}] = \xi_z[(1-\beta)\delta + \beta] \qquad (4.3.28)$$

现在将战略组合 σ 定义为:

(1)σ_A,t 为偶数时,如果 $t < T$,且 $D(h^{t-1}) = 0$,则报价 $\varepsilon = 1$;如果 $t \geqslant T$,且 $D(h^{t-1}) = 0$,则报价 $\varepsilon = 1/2$;$D(h^{t-1}) = B$,则报价为 ε_z;如果 $D(h^{t-1}) = A$,则报价为 ε_z。

(2)σ_A,t 为奇数时,如果 $t < T$,且 $D(h^{t-1}) = 0$,则接受报价 ε_t,且 $\varepsilon_t \geqslant \varepsilon_{Aa}$;如果 $t \geqslant T$ 或者 $D(h^{t-1}) \neq 0$,则接受任何报价。

(3)σ_B,t 为偶数时,如果 $t < T$,且 $D(h^{t-1}) = 0$,则接受报价 ε_t,$\varepsilon_t \leqslant \varepsilon_{Bz}$;如果 $t \geqslant T$ 或者 $D(h^{t-1}) \neq 0$,则接受任何报价。

(4)σ_B,t 为奇数时,如果 $t < T$,且 $D(h^{t-1}) = 0$,则报价 $\varepsilon = 0$;如果 $t \geqslant T$,且 $D(h^{t-1}) \neq 0$,则报价 $\varepsilon = 1/2$;如果 $D(h^{t-1}) = B$,则报价为 ε_a;如果 $D(h^{t-1}) = A$,则报价为 ε_z。

首先,我们说明给定 σ,F 则是竞争性的。考虑任何时期 t 和历史 h^t,假定 $D(h^t) = A$,从 $t+1$ 初持续的 σ 形成的 $t+1$ 时期的协议,转换率为 ε_2。如果 F 是竞争性的,那么由上面所表示的时期 t 的消费和时期 $t+1$ 的状态一定属于 $CE(s_t(h^{t-1}),1,\varepsilon_2)$。如果 $D(h^{t-1}) = 0$,且 $t \leqslant T$,那么有 $s_t(h^{t-1}) = (1,0,1,0) = s_0$。如果 $D(h^{t-1}) = A$,那么有 $s_t(h^{t-1}) - \zeta_z\underline{1}$。方程中的配置属于 $CE(\zeta_z\underline{1},1,\varepsilon_2)$,这两种情况包括了 $D(h^t) = A$ 的所有可能性。对时期 t 和历史 h^t 可进行相似的分析,使得 $D(h^t) = B$。令 $t < T-1$,且 $D(h^t) = 0$,那么有 $s_t(h^{t-1}) = (1,0,1,0)$。持续的 σ 使得在 T 时期形成的协议为 $\varepsilon = 1/2$。由证明最初所引出的命题

(4.3.20)和(4.3.24)所表示的配置属于 $CE((1,0,1,0),T-t,1/2)$。最后,对 $t \geqslant T-1$ 且 $D(h^t)=0$ 的情况,持续的 F 使得在 $T+1$ 时期形成的协议为 $\varepsilon = 1/2$,且 $s_t(h^{t-1})=(1/2)\underline{1}$,那么由(4.3.21)和(4.3.24)所表示的配置将属于 $CE((1/2)\underline{1},1,1,1/2)$。到此的分析,已经包含了所有可能的情况,综合可见, F 是竞争性的。

其次,我们证明,给定 F,那么战略组合 σ 是一个子博弈完美纳什均衡。明显的是,我们只要说明在 T 以前的时期,每个政府的战略的最优性就可以了。考虑 B 在 $T-1$ 时期,B 的决策问题中,B 面对的是报价 ε_{T-1} 和历史 h^{T-2}。如果 $D(h^{T-2})$ 不为0,那么 $s_{T-1}(h^{T-2})=0$ 与 $\underline{1}$ 成比例,由此 B 对这协议是不在意的。如果 $D(h^{T-2})=0$,且 $\varepsilon_{T-1}=0$,那么容易表明的是拒绝这报价是 B 的最优选择。最后,如果 $D(h^{T-2})=0$,且 $\varepsilon_{T-1}<1$,那么配置原则要转换,且根据 ε_{Bz} 的定义,有当且仅当 $\varepsilon \leqslant \varepsilon_{Bz}$ 时,B 接受 ε 是最佳的。

现在考虑在 $T-1$ 时期 A 的问题,如果 $D(h^{T-2})$ 不等于0,那么在 $T-1$ 时期的资产组合得以完全地排列,而 A 对作什么报价不再介意。如果 $D(h^{T-2})=0$,那么政府决策既减少报价 $\varepsilon=1$,这一报价将被拒绝,并且导致支付为 $[\delta(1-\beta)+\beta]/2$,又减少报价 ε_{Bz}。前者最优,当且仅当

$$(1/2)[\delta(1-\beta)+\beta] \geqslant [\delta(1-\beta)+\beta]\zeta_2 + (1-\beta)(1-\delta) \qquad (4.3.29)$$

而由于(4.3.19)成立,则(4.3.29)成立。对时期 $t<T-1$ 可以作相同的分析,这里从略,证毕。

以下,我们对定理4.3.2的含义给出进一步的说明:

在定理4.3.2的持续谈判均衡中,在 $T>0$ 时期前的每个偶数时期,政府1报价 $\varepsilon=1$,即政府1需要贸易与货币1与单一贸易与货币交换时,对贸易与货币1要为正值。类似的,在时期 T(奇数)前,政府2报价 $\varepsilon=0$,后政府2报价 $\varepsilon=1/2$,政府1亦接受。不难发现,对于两国的政府来说,它们开始的报价没有达成一致,而在后来才形成 $\varepsilon=1/2$ 的协议。那么,这样的持续谈判均衡怎么能是合理的呢?这是因为包含在持续谈判均衡配置原则中的市场预期惩罚偏离均衡路径的政府。特别的是,如果在时期0,政府1需要小于1的 ε,那么配置原则将转换到对国家1最不利的连续状态中。这种状态,如果在时期0没有形成协议,那么在时期1将没有同意的转换率 ε_z。这样,如果政府1不要求 $\varepsilon=1$,那么国家1可以得到的最高效用值为谈判的剩余 $(1-\delta)(1-\beta)$。直到时期1的等待值为接受的 ε_z 的和,其中 ε_z 为 $\zeta_z[\delta(1-\beta)+\beta]$。另一方面,均衡路径的贴现值为 $(1/z)[\delta(1-\beta^T)+\beta^T]$。条件(4.3.17)使得政府1在时期0小于 $\varepsilon=1$ 的要求受阻。这一点对 $t=(0,1,\cdots,T-1)$ 时期都相同,对政府2亦相同。因此,在这里,说明市场预期或将延迟两国贸易与货币向单一贸易与货币的转型。由于无效率持续谈判均衡

的存在,市场行为要依赖于拒绝协议的历史,但是拒绝协议不影响基础经济,它们的作用仅在于行为者相信他们将要发生。因此,这个模型意味着在实践中恐怕市场预期也许会是完全贸易与货币联盟形成的一个障碍。

不等式(4.3.17)和(4.3.19)概括了无效率均衡可能存在的条件。如果行为者有足够的忍耐性(β趋于1),那么建立一个完全贸易与货币联盟也许会经过一个很长的时间。另外,如果δ值大,就能发生。对评估持续谈判均衡的延迟,$(1-\delta)$的成本是关键。如果相信一个联盟的延迟成本主要是政治性的,那么可以说$(1-\delta)$是大的;另一方面,如果$(1-\delta)$用于对"小的"交易成本的测度,我们的模型可以反映更长时间的延迟。应该指出的是,隐藏谈判的细节,比如秘密的政府会谈,可以使市场预期的作用减弱,从而可能防止无效率谈判的发生。

以上,我们研究的是贸易与货币联盟的谈判模型。在模型中,政府间关于完全贸易与货币联盟的谈判影响市场行为,而且谈判也将被市场行为所影响,这一相互影响意味着存在着一个两种状态的持续谈判均衡,其中包括有效率的持续谈判均衡和无效率的持续谈判均衡。对持续谈判均衡的分析表明,除忍耐和延迟成本以外,市场预期是决定完全贸易与货币联盟形成的决定因素。值得指出的是,我们这里主要是就完全贸易与货币联盟的一种谈判形式进行了研究,还可以对不完全贸易与货币联盟和完全贸易与货币联盟的多种形式的谈判进行研究。

第四节　贸易与货币联盟权力分配的动力学分析

贸易与货币联盟中的权力分配动力学问题比较复杂。我们在此将提出贸易与货币联盟中,在一个共同中央银行中的权力分配动力学分析问题。一般而言,一个共同中央银行将需要定义联盟所要考虑的贸易与货币政策、贸易与货币供应量、不同国家经济的共同贸易与货币需求,我们将扩展卡塞拉(Casella,1992)的研究,对决定他们的权重和参数范围进行分析。

一、模型的前期考虑

在此我们将特别地分析在合作协议中,一国的影响力与该国经济规模大小之间的关系。由于国际组织的公共产品特性和小国可能的免费搭车的特点,通常的情况是,较小的国家倾向于在国际组织中可能有更大比例的权力。在此的初始点是简单的:在一个合作协议中,如果权力与大小成比例,那么小国将对共同的决定没有控制力,因为其权力大小,可以忽略不计;并且,小国将受到共同

决定的约束,很难提出它们自己的特殊利益。考虑一个在两个要解决外部性的
代理人间形成的伙伴关系。如果由其中的一个人单独决定合作的解,那么另一
个人的状况将比各自独立选择时的均衡状况更加恶化。如果参加者是自愿的,
他也许选择将按两者更均等地分配权力的趋向来进行。实际上,如果选择变量
是战略替代的,并且反应函数的斜率是负的,那么一定是这种情况,这将成为这
里的第一个结果。

在一个贸易与货币联盟中,贸易与货币的干预必须由所有成员国一起来决
定,但是在它们间会有差别,甚至有可能由这些差别引起利益的转移。每个国
家对联盟施加的影响,取决于它们各自能提出自己贸易与货币需求的程度。对
于放弃联盟的可能性,结合成员国贸易与货币政策间的战略反应,一定要为可
行分配的权力设置边界。在此,首先将提出一个简单的一般均衡模型,来理解
这些边界多么紧密,以及它们与国家的大小有什么关系。在这个模型中,将采
用克鲁格曼(1981)的模型来描述两个不完全竞争经济间的贸易,这个模型有比
较方便的特性,它可以用来很方便地使国民收入和独立的均衡政策以参数的形
式来表示。在每个国家,消费者的效用取决于对一私人产品和一个公共产品的
消费。私人产品有不同的种类,它们由本国和外国厂商来供给,而公共产品由
本国政府来提供,政府以发行债券来对此进行融资。政府决定公共产品的供给
量,以使它们公民的效用最大化。最后,国家禀赋的差异将导致它们各自公共
产品的合意水平和最佳贸易与货币发行水平的不同。

当各国组成一个共同的贸易与货币联盟,在每个经济中注入和为公共产品
融资的共同贸易与货币量,将由一个国际中央银行最大化每个成员国公民效用
加权的和来决定。效用的权数表示有效的权力:共同中央银行考虑决定一成员
国特殊利益的程度,而这也可能与其他国家的利益直接冲突。每个成员国的最
小权重是由其在本国贸易与货币和未合作时的纳什均衡中的福利水平所决定
的。在这个模型中,外国贸易与货币供应量的增加,减少世界私人的生产,增加
世界的通货膨胀,减少本国合意的贸易与货币供给:贸易与货币的注入是战略
替代的。证实前面的结果,即一个充分小的国家将要求并且获得在一个联盟中
的更高比例的权力,也就是说,其在公共决策中的权重比它的大小的比例要大。
这也是我们的主要结论。对于一个共同贸易与货币,小国超比例的影响等于它
获得一个差额收益的转移。这转移减少它的需求:在贸易与货币政策本身不产
生财富的再分配效应时,在一个各国贸易与货币的合作协议中,小国将要求有
更大的影响。这一结果可以扩展到涉及几个国家的贸易与货币联盟。但是,在
这种情况下,每个单一的经济相对总体而言,将倾向于小点,而要求拥有对共同
政策的"额外"影响。总的来看,这一般是不可行的,如果对此没有可信的惩罚

计划,那么这一联盟很难保持其持续性。

按最一般的说法,我们在这里主要是问一个协定中的伙伴,当它的利益在共同决策中只占很小的权重时,是否会脱离协定。在国际协调的问题中,一个小国将发现它自己处于这样一种位置,如果它的影响是与它的大小成比例的,那么也许它会喜欢返回到独立决策的情况。由于外部性的存在,大国为了自己的利益也许会去"贿赂"小国,通过一个更为均等的权力分配而遵守协议。

对这里的结果,可以直观地从一个简单的二人博弈看出来。有两个博弈者 A 和 B,A 采取行动 z_A,B 采取行动 z_B,他们的支付函数 V 取决于 z_A、z_B 和参数 $\sigma_j (j = A,B)$:

$$V_A = V(z_A, z_B, \sigma_A)$$
$$V_B = V(z_B, z_A, \sigma_B) \tag{4.4.1}$$

两个变量 z_A 和 z_B 一定属于 $[0, z_A^{max}]$ 和 $[0, z_B^{max}]$。假定 V 是两个持续不同的符合严格球面的凸函数,并假定两个博弈者间的溢出 V_A^B 和 V_B^A 总是有限,但又不是 0,此外,$j = A,B$ 表示相对于 Z_j 的部分偏离。这一博弈的纳什均衡交点(z_A^*,z_B^*)可能是多生的。将两个反应函数隐含地定义为:

$$V_A^A(z_A, z_B, \sigma_A) = 0$$
$$V_B^B(z_B, z_A, \sigma_B) = 0 \tag{4.4.2}$$

假定至少一个均衡存在,且所有的均衡是内在的。因为每个博弈者忽视他的行为对另一个人的影响,这些均衡是无效率的。帕累托最优的结果可以通过合作得到,而这可以使加权的总的支付最大化:

$$W = (2 - \gamma) V_A(z_A, z_B, \sigma_A) + \gamma V_B(z_B, z_A, \sigma_B) \tag{4.4.3}$$

在合作均衡中,$z_A^{**}(\gamma)$ 和 $z_B^{**}(\gamma)$ 为下列两个方程解:

$$(2 - \gamma) V_A^A(z_A, z_B, \sigma_A) + \gamma V_B^B(z_B, z_A, \sigma_B) = 0$$
$$(2 - \gamma) V_A^B(z_A, z_B, \sigma_A) + \gamma V_B^B(z_B, z_A, \sigma_B) = 0 \tag{4.4.4}$$

因为 V 是严格凸性的,z_A^{**} 和 z_B^{**} 是参数为 γ 的连续函数。其中,两个权重 γ 和 $2 - \gamma$ 影响支付的分配。就任意的 γ,对于两个博弈者来说,合作均衡不能使得他们的福利得到改善,但是,对于某些 γ 值,如果偏离的话,则可能使他们中的一个获利。特别的是,一个很不对称的权重分配也许是不可接受的。下面的命题可以使这一点更为精确。

命题 4.4.1 如果两个行为 z_A 和 z_B 是战略性替代的($V_B^A \leqslant 0, V_A^B \leqslant 0$),建造存在一个最小的权重 $\bar{\gamma} > 0$,以使得 $\gamma < \bar{\gamma}$ 时,没有合作协议可以持续。

更正式的,值得注意的是,命题 4.4.1 的一个充分条件就是当 $\gamma = 0$ 时,在所有纳什均衡点处博弈者 B 的支付比他在合作均衡时的支付更高。在这种情况下,(z_A^{**},z_B^{**})一定是位于博弈者 A 的反应函数上的,并且,如果 V_A^B 和 V_B^A 是负的,那么 z_B^{**} 一定等于0。但是,如果反应函数的斜率为负值,那么 z_A^{**} 一定比 z_A^* 大,这里的星号表示任一内部的纳什均衡,因此有:

$$V_B(0,z_A^{**},\sigma_B) < V_B(R_B(z_A^{**}),z_A^{**},\sigma_B) < V_B(z_B^*,z_A^*,\sigma_B) \qquad (4.4.5)$$

在这里,第一个不等式成立,是由于 $z_B=0$ 不是B对 z_A^{**} 的最佳反应;第二个不等式成立,则是由于随着 z_A 的增加,B的支付沿着 R_B 降低,因此,行为者B将放弃这个协议。如果对于反应函数而言, $V_A^B=0$, $V_B^A=0$,这一结果仍将保持,第二个不等式将由一个相同的式子替换。值得注意的是,反应函数的斜率,不是溢出的标示:如果 V_A^B 和 V_B^A 是正的。那么对 $z_B^{**}=z_B^{max}$ 和 $z_A^{**}<z_A^*$ 的理由说明是相同的。另外,因为均衡一定是位于反应函数的外面的,并且B的支付沿 R_B 的变化仅取决于 V_B^A 的标示,所以B的境况一定比在任何纳什均衡处时都要差。这样命题 4.4.1 成立。

以上,我们提出了这样一个结论:当一个博弈者控制最终结果的时候,两个变量一定位于他的反应曲线上,并且这一曲线的斜率决定 z_A 和 z_B 关于纳什点是相同,还是在相反的方向上移动。处于支配地位的博弈者,给定外部性的标示,他将最优选择他伙伴的变量值;但是,如果他的反应函数的斜率是负的,这伴随他自己变量的一个相反的变化,并且,从纳什均衡点的移动一定伤害处于较弱地位的博弈者。如果斜率是负的,两个变量的变化有相同的标示,那么较弱的博弈者将受益,即使处于支配地位的博弈者最优化他自己的位置。因此,反应函数斜率是负值,对于两个权力分配不对称的博弈者合作的打断,是充分条件。以下,我们将提出一个简单的一般均衡模型,在模型中,两个国家可以形成一个贸易与货币联盟。从合作协议偏离的政策需要转换为在一国贸易与货币下的不一样的政策。因为两个贸易与货币体制的间接效用函数的表示不同,所以对两个均衡间的比较将比上面分析的情况更复杂。但是,模型的结果将证实这一结论:如果贸易与货币供给是战略性替代的,那么两个博弈者在联盟中行为的影响不能是太不平衡的。

二、权力分配不对称的贸易与货币联盟模型

1. 模型的提出

首先要有一个分析框架,在框架中经济的大小可以很容易地表示出来。迪克西特和斯蒂格利兹(Dixit and Stiglitz,1997)提出的在消费者喜好多样化情况下的标准不完全竞争模型适于这个选择,这是由于国家的大小可以立即转化为本国生产的商品数,而对贸易条件没有反平衡效应。这样,我们可以将克鲁格曼(1981)的模型,修改成一个包括公共产品最佳供给的模型。

世界由两个国家 A 和 B 组成,总人口标准化为2,其中 $(2-\sigma)$ 个消费者生

活在 A 国,而 σ 个消费者生活在 B 国。每个人喜欢私人产品的多样化消费,并且需要消费一个由本国政府提供的公共产品。他们的效用函数是:

$$U_A = (1-g)\ln\left(\sum_{i=1}^{n} C_{iA}^{\theta}\right)^{1/\theta} + g\ln\Gamma_A$$

$$U_B = (1-g)\ln\left(\sum_{i=1}^{n} C_{iB}^{\theta}\right)^{1/\theta} + g\ln\Gamma_B \tag{4.4.6}$$

其中,n 是所有私人产品可用的样数,C_i 是对样数 i 的消费,Γ 是公共产品,参数 $g(<1)$ 表示对公共产品的相对需求,θ 小于 1,而 $1/(1-\theta)$ 是私人产品不同样数间的替代弹性(和需求弹性,如果样数的数目大)。后面将表明,在这个式子中,θ 是一个关键的变量,当 θ 趋近于 1,两国经济将趋向于完全竞争,而两者间没有贸易,相应的,也没有国际合作的机会。A、B 国私人产品的样数,可以用同样的技术:

$$\ell_i = \alpha + \beta_{x_i}; i = 1, \cdots, n \tag{4.4.7}$$

其中,ℓ_i 是在生产 i 类样式产品时所雇佣的劳动力,x_i 为第 i 类样式产品生产的数量。存在一固定的成本 α,它保证每个厂商进行一样式的专业化生产。市场可以自由进入,并且,在均衡时,每个厂商的利润为 0。在两国,政府以一个简单的规模收益不变的技术进行生产:

$$\Gamma_j = \ell_{\Gamma}; j = A, B \tag{4.4.8}$$

其中 Γ_j 是公共产品生产中所雇佣的本国劳动力,政府的劳动力成本由印发贸易与货币来融资:

$$w_j\ell_{\Gamma_j} = M_j \tag{4.4.9}$$

其中,w_j 是名义工资,且表示 M_j 新发行的贸易与货币。对于按本国工资,实际注入的贸易与货币,我们称之为 m,它等于公共产品的供给量:

$$m_j = \Gamma_j \tag{4.4.10}$$

这里,假定所有的交易都要求贸易与货币交换。

经济按这样的方式演进:消费者生活在两个时期,在第一个时期,他们的工作或为私人厂商,或为政府,并且接受它们所给的工资;在第二个时期,他们消费他们的可支配收入,贸易与货币是唯一的资产,因此,通货膨胀将减少人们的实际收入。私人厂商以当前的收入付给他们所雇工人的工资,而政府用新发行的贸易与货币为它所雇佣的工人支付工资。厂商设定价格,以使其利润最大化;消费者决定消费私人产品的样式和数量,以使他们的效用最大化;政府选择贸易与货币供给,以使现在和未来几代公司的福利折现最大化。

接着,我们对以上提出的模型进行求解。因为技术相同,所以我们可以集中在对称均衡,其中所有同一国家生产的样式产品将以相同的价格出售。由于固定成本为 α,所以每个厂商专业化生产一个样式产品,并且它设定的价格要使得边际收益和边际成本相同。因为 $1/(1-\theta)$ 是需求弹性，而 $\beta(w)$ 是边际成本，这意味着：

$$p_j = (\beta/\theta)w_j; j = A, B \qquad (4.4.11)$$

零利润条件决定的生产规模为：

$$p_j x_{ij} = w_j \ell_{ij} = w_j(\alpha + \beta x_{ij}) \qquad (4.4.12)$$

其中 x_{ij} 是在国家 j 生产样式产品 i 的数量，而 e_{ij} 是在这种生产中的劳动力投入。将 (4.4.11) 代入 (4.4.12)，有：

$$x_{ij} = \frac{a\theta}{\beta(1-\theta)} = x \qquad (4.4.13)$$

所有的样式产品生产的量相同，这不用考虑它们原来是哪个国家的。

效用函数使得消费者将在市场中所用的每个样式的私人产品花费相同，不管这种产品是在 A 国生产的，还是在 B 国生产的。如果对每个样式产品用生产它的国家的贸易与货币购买，这就意味着：

$$ep_B x_{iB} = p_A x_{iA} \qquad (4.4.14)$$

其中 e 是交换率，它是一单位的 B 国贸易与货币为多少单位的 A 国贸易与货币的比率。给定 (4.4.11) 和 (4.4.13)，我们有：

$$ew_B = w_A$$
$$ep_B = p_A \qquad (4.4.15)$$

只要两国的技术相同，且在处处为零利润，那么工资和价格将均等，而这与劳动力的多少和流动性关系不大。

价格和工资的弹性保证充分就业：

$$n_A l_A = n_A(\alpha + \beta x) = (2 - \sigma) - l_{\Gamma A}$$
$$n_B l_B = n_B(\alpha + \beta x) = \sigma - l_{\Gamma B} \qquad (4.4.16)$$

其中 n_A、n_B 分别是国家 A 和国家 B 生产样式产品的数目。将 (4.4.8)、(4.4.13) 代入 (4.4.16)，且不考虑整数限制，可以推出：

$$n_A = (2 - \sigma - \Gamma_A)(1-\theta)/\alpha$$
$$n_B = (\sigma - \Gamma_B)(1-\theta)/\alpha \qquad (4.4.17)$$

因为所有的样式产品有相同的价格，且消费者在所有的样式产品上花费他们的可支配收入。这样，现在这一代人的效用函数可以简化为：

$$U_A = (1-g)\ln\left[(n_A + n_B)c_A^\theta\right]^{1/\theta} + g\ln\Gamma_A$$
$$U_B = (1-g)\ln\left[(n_A + n_B)c_B^\theta\right]^{1/\theta} + g\ln\Gamma_B \qquad (4.4.18)$$

其中 c_j 是国家 j 的人们对每个样式产品的单位资本消费。由于工资是在第一时期得到的，而消费在每个消费者生命的第二时期发生。这样对于国家 A 中的一个消费者有：

$$c_A = (W_{A,-1}/P_A)(n_A + n_B) \qquad (4.4.19a)$$

而对于国家 B 中的一个消费者有：

$$c_{\mathrm{B}} = (w_{\mathrm{B},-1}/P_{\mathrm{B}})/(n_{\mathrm{A}} + n_{\mathrm{B}}) \tag{4.4.19b}$$

其中，$w_{\mathrm{A},-1}$ 和 $w_{\mathrm{B},-1}$ 为先于消费的 -1 时期的名义工资。

最后，必须保证市场是均衡的，即为每个样式产品的供给等于它的需求：

$$X = (2-\sigma)c_{\mathrm{A}} + \sigma c_{\mathrm{B}} \tag{4.4.20}$$

只要贸易与货币体制是特定的，两国的通货膨胀率可以作为政府政策的函数来决定。这样就可能按照贸易与货币供给表示 c_{A} 和 c_{B}，并且推出间接效用函数 $U_{\mathrm{A}}(m_{\mathrm{A}}, m_{\mathrm{B}})$ 和 $U_{\mathrm{B}}(m_{\mathrm{A}}, m_{\mathrm{B}})$。政府的问题将是：

$$\max_{\{m_{\mathrm{A}t}\}_{t=0}} \sum_{t=0}^{\infty} \delta^{t} U_{\mathrm{A},t}(m_{\mathrm{A},t}, m_{\mathrm{B},t})$$

$$\max_{\{m_{\mathrm{B}t}\}_{t=0}} \sum_{t=0}^{\infty} \delta^{t} U_{\mathrm{B},t}(m_{\mathrm{A},t}, m_{\mathrm{B},t}) \tag{4.4.21}$$

其中 δ 是一个折现因子。这是一个无限的重复博弈，可以证实它将存在多重均衡。我们将集中在最简单的子博弈完美均衡，假设给定对外政策决策，那么在这一均衡中，两国政府将在每个时期重复它们最佳的一种尝试策略。接下来，政策制定者的目标函数将是本国代表消费者的福利，而用来表示一国人口的参数将被用来说明禀赋，或用来表示国家的大小。对于总的分析，而不是单个的分析，所有的结论将相同。

2. 国家进行贸易与货币的条件下的模型

如果在两个国家各自的本国交易以各自的贸易与货币来进行，那么国际贸易要有一个外汇交易市场相配合。假定一国生产的商品必须用该国的贸易与货币来购买，那么外汇市场的均衡条件可以由下式给出：

$$\sigma p_{\mathrm{A}} n_{\mathrm{A}} c_{\mathrm{B}} = (2-\sigma)e p_{\mathrm{B}} n_{\mathrm{B}} c_{\mathrm{A}} \tag{4.4.22}$$

B 国消费者对 A 国产品的总支出，一定要等于 A 国消费者对 B 国产品的总支出，方程(4.4.22)可以决定名义汇率。通货膨胀率是两国本国外汇市场的均衡条件所决定的。由瓦尔拉斯法则，这些条件由商品市场和外汇市场的均衡所包含，而通货膨胀可以从方程(4.4.20)和(4.4.22)推出。另一种选择就是，它们可以直接地从观察每个国家内以本国贸易与货币进行的所有贸易与货币交易来得到。这样有：

$$\sigma w_{\mathrm{B}} = \sigma w_{\mathrm{B},-1} + M_{\mathrm{B}}$$
$$(2-\sigma)w_{\mathrm{A}} = (2-\sigma)_{w_{\mathrm{A},-1}} + M_{\mathrm{A}} \tag{4.4.23}$$

或者：

$$w_B/w_{B,-1} = \sigma/(\sigma - m_B)$$
$$w_A/w_{A,-1} = \sigma/(\sigma - m_A) \tag{4.4.24}$$

另外,有 $ew_B = w_A$,

$$\frac{e}{e_{-1}} = \frac{w_A/w_{A,-1}}{w_B/w_{B,-1}} \tag{4.4.25}$$

在每个国家,通货膨胀率取决于本国劳动力的百分比,这些劳动力的工资是由新发行的贸易与货币支付的,并且,交换率倾向于调平两国通货膨胀率之差。

将(4.4.24)和(4.4.17)代入(4.4.19),我们可以得到 A 国和 B 国消费者分别对私人产品的每个样式产品的单位收入的消费:

$$c_A = \frac{a\theta(2 - \sigma - \Gamma_A)}{\beta(1-\theta)(2-\sigma)(2-\Gamma_A-\Gamma_B)} \tag{4.4.26}$$

$$c_A = \frac{a\theta(2 - \sigma - \Gamma_B)}{\beta(1-\theta)\sigma(2-\Gamma_A-\Gamma_B)} \tag{4.4.27}$$

在这里有两点需要注意,一是一国贸易与货币的存在为保证本国购买力不能靠多增加发行贸易与货币来提高;总的实际消费仅是由该国的劳动力禀赋,而不是政策变量所决定的。在每个国家定义 C_A 和 C_B 以劳动力为单位的总的私人消费:

$$C_A = (2-\sigma)c_A[(p_A/w_A)n_A + (p_B/w_B)n_B]$$
$$C_B = \sigma c_B[(p_A/w_A)n_A + (p_B/w_B)n_B] \tag{4.4.28}$$

那么,从上面方程有:

$$C_A + \Gamma_A = 2 - \sigma$$
$$C_B + \Gamma_B = 2 - \sigma \tag{4.4.29}$$

二是在这个模型中通胀率不是扭曲性的,因为它不能影响任何决策;给定劳动供给,贸易与货币就是经济中的唯一资产。因此,只要汇率将一国与另一国的通胀隔离,那么贸易与货币的发行量与在消费者生活中的第二时期所征收的一次性总转移税收额是相同的。

从上面,考虑到在每个国家的公共产品等于实际贸易与货币的注入,那么现在这代人的间接效用函数可以表示为:

$$U_A = K_A + [(1-g)(1-\theta)/\theta] \cdot \ln(2-m_A-m_B) + (1-g) \cdot \ln(2-\sigma-m_A) + g\ln(m_A)$$
$$U_B = K_B + [(1-g)(1-\theta)/\theta] \cdot \ln(2-m_A-m_B) + (1-g) \cdot \ln(\sigma-m_B) + g\ln(m_B) \tag{4.4.30}$$

其中,

$$K_A = [(1-g)(1-\theta)/\theta] \cdot \ln(1-\theta)/\alpha + (1-g) \cdot \ln[\theta/\beta(2-\sigma)]$$
$$K_B = [(1-g)(1-\theta)/\theta] \cdot \ln(1-\theta)/\alpha + (1-g) \cdot \ln[\theta/\beta\sigma]$$

每个国家的政府以外贸易与货币给定的条件下,来让其贸易与货币供给使该国居民现在的效用最大化。这一问题的阶段条件是:

$$\frac{(1-g)(1-\theta)}{\theta(2-m_A-m_B)} = \frac{g}{m_B} - \frac{1-g}{\sigma-m_B}$$

$$\frac{(1-g)(1-\theta)}{\theta(2-m_A-m_B)} = \frac{g}{m_A} - \frac{1-g}{2-\sigma-m_A} \tag{4.4.31}$$

即使它的形式十分简单,政府的博弈也没有一个简单的封闭形式的解。但是,可以指出均衡政策的三个特征:一是只要 $\theta < 1$,那么不协调政策就存在无效率配置。这可以直接从在两个国家间,公共产品供应创造的外部性来得出:每个国家供给比社会最佳需要的公共产品更多,这是由于它忽视了从私人产品的生产中撤出资源对外国的负面影响。二是间接效用函数(4.4.29)不相同。如果 u 是各国用作公共产品生产的资源的份额,那么(4.4.31)意味着:

$$[g/u_B - (1-g)/(1-u_B)](2-\sigma) = \sigma[g/u_A - (1-g)/(1-u_A)] \tag{4.4.32}$$

方括号中的项是 u 的减函数。因此,当 σ 比$(2-\sigma)$小时,u_B 一定比 u_A 大:较小国家总是将它的禀赋比大国更大比例地用在公共产品上。这个结果是比较直观的,因为私人样式产品的数目取决于用于私人生产世界资源的绝对数量。如果倾家荡产行为是大国做的,那么从这些生产中,撤出相同比例的资源将导致样式产品数目减少得更多。这样对大国政府而言,公共产品供给的限制更多。这意味着在均衡时,较小国家的通胀率更高,这样,它的贸易与货币将贬值。三是公共产品总的供给在大国将更多。为看到这点,将(4.4.32)写作

$$m_A/m_B = [(g-u_A)/(g-u_B)]/[(1-u_A)/(1-u_B)] \tag{4.4.33}$$

如果 u_B 比 u_A 大,而 $g < 1$,那么这一方程右边的项大于1。

下面考虑当两个国家用一个共同贸易与货币时,在每个时期 $e=1$,当汇率固定时,这意味着两国的通胀率相等,对外汇市场的限制现在是没意义的,并且贸易与货币制度对每个国家的政策加以约束。当然,所有的行为者仍然由他们的预算约束限制,但是没有必要弄清楚其国际贸易与货币账户。从一个政策的角度看,这是一个共同贸易与货币和固定汇率间的基本区别。

考虑到本国和国际贸易用一个公共贸易与货币,那么共同的通货膨胀可以从贸易与货币均衡直接地推出来:

$$2w = 2w_{-1} + m_A + m_B \tag{4.4.34}$$

或者

$$w/w_{-1} = 2/(2-m_A-m_B) \tag{4.4.35}$$

通货膨胀现在相对于世界资源而言,它依靠总的贸易与货币注入。

每个私人样式产品的单位资本消费由下式给出:

$$c_A = c_B = \alpha\theta/2\beta(1-\theta) = x/2 \tag{4.4.36}$$

个人的私人消费在两国是相等的，与禀赋的分配是独立的。每代人的效用为：

$$U_A = K_A + (1-g)\ln[(2-\sigma)/2] + [(1-g)/\theta]\ln(2-m_A-m_B) + g\ln(m_A)$$
$$U_B = K_B + (1-g)\ln(\sigma/2) + [(1-g)/\theta]\ln(2-m_A-m_B) + g\ln(m_B)$$
$$\tag{4.4.37}$$

假定现在成立一个国际中央银行，它负责两个国家的贸易与货币决策。国际中央银行决定在国家 A 和 B 的贸易与货币注入，以使效用的加权和最大化：

$$\max_{m_A,m_B}(2-\gamma)U_A(m_A,m_B) + \gamma U_B(m_A,m_B) \tag{4.4.38}$$

约束条件为：

$$m_A \leqslant 2-\sigma$$
$$m_B \leqslant \sigma$$

这里的效用由方程(4.4.37)给出。银行问题的一阶条件为：

$$m_A = \min[2-\sigma,(2-\gamma)g\theta/(1-(1-\theta)g)]$$
$$m_B = \min[\sigma,\gamma g\theta/(1-(1-\theta)g)] \tag{4.4.39}$$

值得注意的是，如果只是对 $\gamma=1$ 情况，假定合作严格地使总的效用最大化的协议，那么小国的收益将比大国要多，实际上，后者更倾向于放弃联盟。

参数 γ 表示两个国家影响国际中央银行政策的相对权力。如果 γ 等于1，那么两国的权重相同，与它们的大小无关，并且相同供给的公共产品在各处融资。如果权重是与大小成比例的($\gamma=\sigma$)，那么两国公共产品的量分别占总资源的份额相同。相对的贸易与货币注入等于两个经济体的相对权力：

$$m_B/m_A = \gamma/(2-\gamma) \tag{4.4.40}$$

这是重要的，因为该均衡的一个特征是潜在的国际财富的再分配。每个经济体的总消费，现在是受印发的贸易与货币影响，并且一国更高单位资本的贸易与货币注入将有效地增加它在世界资源中所占的份额。利用前面的方程得出两国总的私人和公共消费为：

$$C_A + \Gamma_A = (2-\sigma) + (2-\sigma)(\sigma/2)(U_A-U_B) \tag{4.4.41}$$
$$C_B + \Gamma_B = \sigma + (2-\sigma)(\sigma/2)(U_B-U_A) \tag{4.4.42}$$

用一个共同贸易与货币，不管这些贸易与货币花费在什么地方，贸易与货币的发行将在各处产生通货膨胀。但是，贸易与货币是花费在本国的公共产品供应上，以用来补偿可支配收入的减少。如果贸易与货币按单位资本的注入相等，那么这两个不同的效应将相互抵消；否则，更高的单位资本贸易与货币的注入，将使它们增加的公共产品消费多于它们减少的本国私人可支配收入。从一个不同的角度来看，当一国得到更多的单位资本的贸易与货币供给，那么该国的消费将多于它自己拥有的资源,并且要为贸易赤字融资。实际上,前面方程表明$(2-\sigma)(\sigma/2)(u_A-u_B)$项与国家A用劳动力表示的贸易赤字相同,同理适于国家B。因为在两个经济体中,贸易与货币的注入是由它们各自对国际中央银行的相对影响来决定的,所以我们可以有这样一个结论:如果一国的权力不等于它在世界禀赋中的份额($\gamma=\sigma$),那么联盟中的任何贸易与货币政策决策都将涉及两个成员国的利益转移。

三、对国家加入贸易与货币联盟的分析

现在,假定每个国家自由地决定是加入共同贸易与货币协定,还是保持自己对贸易与货币政策的控制。采用贸易与货币联盟就要求两国都可从中受益。下面,我们看两个问题。一是两国可以接受效用的权重与各自经济大小成比例吗? 二是两国的需求将与它们的禀赋分配相适应吗?

回答第一个问题要求对$\gamma=\sigma$时每个国家在共同贸易与货币下所得到的效用与用本国贸易与货币在纳什均衡时所得到的效用相比较。这种比较由于牵涉到两种不同的贸易与货币体制而变得复杂,这要有两个不同的间接效用函数。不消说,同于贸易与货币供给是战略替代的,由前面模型准备中的讨论,可以使得我们预期:只有在$\gamma=\sigma$,且σ不是太小的时候,一个贸易与货币联盟将是可持续的。可以用下面的命题进行更精确的说明:

命题 4.4.1 在本节研究的模型中,存在一个最小的$\bar{\sigma}$,对所有的$\sigma<\bar{\sigma}$,有小国将在总福利中要求一个比它的相对大小更大的权重。也就是任取一个$\sigma<\bar{\sigma}$,对于所有的合作均衡,如果它们存在,那么将有$\gamma>\sigma$。

命题 4.4.2 的充分条件是:

$$\lim_{\sigma\to 0}[U_B^*(\sigma,m_B^*,m_A^*)-U_B^{**}(\sigma,m_B^{**},m_A^{**})]>0 \tag{4.4.43}$$

其中,U_B^*是国家贸易与货币的分散政策下用本国贸易与货币实现的效用(这里的选择变量由一个星号表示);U_B^{**}是在一个共同贸易与货币下,且一个共同中央银行设定$\gamma=\sigma$时实现的效用(这里的选择变量由两个星号表示)。当σ趋于0时,一阶条件有:

$$m_B^*=g\sigma$$
$$m_A^*=g\theta(2-\sigma)/[1-g(1-\theta)] \tag{4.4.44}$$

将这一结果代入前面方程可推出一个共同贸易与货币下实现的效用,我们可以得到:

$$(U_B^*-U_B^{**})=[(1-g)+g\ln g(1-g)\ln(1-\varphi)-g\ln\varphi] \tag{4.4.45}$$

其中$\varphi=g\theta/[1-g(1-\theta)]$。当$z=g$时,$(1-g)\ln(1-z)+g\ln z$有最大值,并且,这极限值一定是正的,只要任取$\theta\neq 1$。

当一国很小，它在合作协议中一定需要更大比例的权重；如果不是这种情况，那么较大经济体的控制将导致外部性问题的一个很不平衡的解：小国将以付出协调成本，没有得到足够的收益而退出。这一结果是很强的，因为小国喜欢恢复到纳什均衡，所以大国不能以威胁的方式来强迫与小国合作。因此，即使考虑到复合博弈中的惩罚机制，这个结论依然成立。如果我们考察在两个均衡中的公共产品的供应，那么这个结论的来源是清楚的。至于在国家贸易与货币下的分散决策，我们已经表明较小国家的来源是清楚的，而且较小国家的单位资本的公共产品供给一定是较大的。在共同贸易与货币区中，中央银行设定 $\gamma = \sigma$，两国的公共产品供给是相等的。这样合作所要求的 $\gamma = \sigma$ 的约束，对小国来说是不相称的。

由于我们没有一个关于国家贸易与货币均衡的封闭形式的解，我们不能推出一个两国要求的作为 σ 函数的最小效用权重的分析表达式。但是，可以用参数变化的数字模拟来做一尝试，从一典型情况的模拟结果，发现国家贸易与货币与共同贸易与货币经济各自要求的最小权重分别对应的值的排列情况。一方面，正像我们所预期的，当一个国家相对较小时，它在参加联盟时需要更大比例的权力。另一方面，甚至在协议中拥有比它占世界资源比例更少的权力的大国，也会愿意参加联盟。这只不过是同一问题的另一个方面：到一定的点，大国可以减少它的影响，但仍然可以通过对联盟伙伴的约束获得比自己仅控制本国政策的收益要多。在任何可接受的权力中，小国用于公共产品生产的资源量比它在浮动汇率的情况下要少。当有更多的人在私人部门工作，更多样式的私人产品将被生产出来，而这将使所有的消费者都受益。这一结论对所有 θ 和 g 小于 1 的情况都成立，但是模拟中曲线的形状对参数的精确值是敏感的。θ 值越接近于 1，公共产品供应的外部性越不重要，而中央银行的政策接近于国家贸易与货币的纳什均衡；当大国变得更少调整时，小国对联盟影响的需求也要减少。因此，曲线在 θ 较大时将变平，而当 θ 值趋近于 1 时，曲线将接近 45°线。对于 g 变化的影响，g 越大，那么私人交易的权重将越小，而外部性的重要性也越小：在使用国家贸易与货币的情况下，协调政策接近于分散的选择。但是 g 越大，达到公共产品合意量的权重越大，而合作的成本也将随之提高，由于两种力量彼此相反，最终的影响在理论上将在两方中任一方向上，但是它将很小。这已经被数字模拟所证明。

将两国要求参加贸易与货币联盟的最小权力，与在浮动汇率下两国同意协调政策的权力相比较是有意义的。对于共同贸易与货币，如果比比例 γ 大，意味着一个增加的红利，而这将减缓小国的要求。这与对不同国家贸易与货币的情况不同。在这里，贸易与货币政策本身不能引起国际转移，并且在总福利函数中，一国的权重不影响世界的资源配置。在 $\gamma = \sigma$ 时，可以接受的最小的 σ 对两种情况一定是相同的，这是由于在这一点没有转移发生，并且两种体制是相同的。但是，在任何可以接受的权力分配中，小国造成相对的偏离的意愿，在国家贸易与货币的情况下一定强于贸易与货币联盟的情况。

最后的问题是，是否一个贸易与货币联盟可以得到支持，也就是说贸易与货币联盟是否可以同时满足两国的要求。由于效用函数已知，所以一个人知道存在对所有的禀赋分配的效用权重，以使一个合作解比纳什均衡是帕累托最优的。但是在这里，一个人在从国家贸易与货币到贸易与货币联盟条件下是面对一个纳什均衡，内在地有利益转移，但是，他不能事前保证联盟将总是持续的。对代表性参数值的数字模拟结果显示除了 g 值外，对于其他所有的参数值，联盟是持续的。这里的 g 值为效用中公共产品的相对权重，它在两个国家间可以不同，并且大国中的可以大些。在这些情况下，大国的公共产品太多以致愿意通过转移供应一些给小国。

到现在，我们的分析可以扩展到在多于两个国家的世界中，贸易与货币联盟是否持续。由于政策决策可以集中，在这个模型中，任何国家集团可以由一个共同贸易与货币联结，并且其行为可以像一个大的国家的行为，对其他的世界实行弹性汇率。其他的世界对这个联盟中国家的任何样式产品都喜欢。因此，只有在同盟内所引发的贸易与货币的总量与外部无关，不是分配的内部问题。一般的，国家的"子群"关于它的"补集"所要求的最小权力，可作为占世界资源相对份额的一个函数。特别的是，它也描述一国与任意数目的伙伴加入一个联盟所需的最小权力，这是作为它的禀赋相对于协定中所有国家总的大小的函数。当国家的数目多时，每个单一的经济体倾向于总体要小，因为它属于同盟，而没有对它的政策有实质的影响是不合适的，每个国家将要求更大比例的权力，因此，对控制要求从总体上将很难。一个简单的例子就是，考虑三个国家大小相等的情况，对于通常的参数值，即使它们中的每一个有 33% 的世界禀赋，当然这值的精确值为 100/3，而各国要求总权力的 35% 参加联盟，这是一个明显不可能的安排。在静态博弈中，同盟不可能持续。

综上所述，如果一个协定的参加者，不能对共同决策有实质性的影响，那么它参加这一协定的实际价值也许不大。实际上，当选择性变量是战略性替代的时候，合作中的弱方将喜欢一个不合作解，即使由它的对手来控制协调的情况下，这是无效率的。在国际政策协定中，这一结论建议一个充分小的国家在协定中也许要有比它的相对规模有更大的影响。我们就是通过一个简单的贸易与货币联盟模型来分析这一思想的。在这个模型中，联盟中的国家有放弃联盟和返回到用国家独立贸易与货币政策的权力，模型中的贸易与货币供给是战略替代的,以上的思想被证实:在共同政策上,小国要求并且获得相对其规模而言更大比例的权重。

我们要加上三点观察的东西,这也是值得进一步研究的。一是小国可能被贿赂或被威胁而加入联盟,这样小国所得到的权力将比上面所说的要少。二是这里没有内生地推导对单一贸易与货币的需求;如果这样做,那么也许要影响现在研究的在共同决策中的权力分配问题。例如,如果共同贸易与货币意味着解决一些成员的国际贸易与货币当局的可信性问题,那么联盟存在的一个恰当的理由将是需要这些国家或地区放弃它们的影响,当然这要涉及它们自主经济的损失问题。三是对于多于两个国家或地区的情况,这一分析将提出每个成员的权重在共同福利函数和投票博弈中的联系问题。两个伙伴成员间的协定原则不能按照投票的份额措辞,但是在与多个成员联系的情况中,投票成为一个自然的框架。这些也许对前面的讨论会构成一个重要的扩展。

第五章　东亚共同体的中国政策选择

中国的东亚共同体政策如何选择呢？根据我们的研究可以考虑以下的选择。

第一节　中国-东盟自由贸易区

一、中国-东盟自由贸易区的形成与发展[①]

东盟自 1967 年成立以来已走过了 40 多年的发展历程,被视为发展中国家间最成功的区域性合作组织之一。自成立以来东盟各国的经济取得了令人瞩目的成就。1992 年东盟自由贸易区计划出台以来,各国经济合作更是取得了较快的进展。

在 2002 年 11 月,东盟与中国签署了全面经济合作框架协议,并在 2010 年建立了一个由东盟 10 国与中国组成的自由贸易区。框架协议表明了这 11 国领导人的远见,看到了一个市场将带来的巨大商机。中国与东盟国家地理位置相近,双方在资源构成、产业结构和工农业产品等方面各具特色,互补性很强,发展经贸合作具有得天独厚的地缘优势。中国-东盟自由贸易区的建成,创造了一个拥有 18 亿消费者、近 2 万亿美元国内生产总值、1.2 万亿美元贸易总量的经济区。按人口算,这将是世界上最大的自由贸易区;从经济规模上看,这将是仅次于欧盟和北美自由贸易区的全球第三大自由贸易区,是由中国和东盟 10 国共创的世界第三大自由贸易区,是由发展中国家组成的最大的自由贸易区。

中国-东盟自由贸易区是经济全球化与全球区域合作集团化趋势的浪潮所迫,也是中国经济高速增长以后与国际经济紧密融合的客观要求,更是中国入世以后兑现各种承诺,发展双边关系的必然选择。中国-东盟自由贸易区是属于发展中国家区域经济一体化组织的又一实践,它的建立没有现成的理论和现

[①]　陈岩和钟春艳(2009)对此进行了探讨,我们看到中国-东盟自由贸易区取得了比较令人瞩目的成绩,现在正处在一个新的发展时期。

实依据,只能通过自身的摸索,探寻一条适合自身的发展道路。因此,对于中国-东盟自由贸易区的研究更具有重大的意义。

1.中国与东盟的关系进展

东南亚国家联盟,简称东盟(ASEAN)。它的前身是由马来亚(现马来西亚)、菲律宾和泰国于1961年7月31日在曼谷成立的东南亚联盟。1967年8月7—8日,印度尼西亚、泰国、新加坡、菲律宾四国外长和马来西亚副总理在曼谷举行会议,发表了《曼谷宣言》,正式宣告东南亚国家联盟成立。8月28—29日,马、泰、菲三国在吉隆坡举行部长级会议,决定由东南亚国家联盟取代东南亚联盟。它的成员国包括新加坡、文莱、印度尼西亚、马来西亚、菲律宾、泰国、老挝、缅甸、越南和柬埔寨等10个国家。

东盟成立以来已经成了东盟地区以经济合作为基础的政治、经济、安全一体化的合作组织,为亚太地区的政治、经济、安全事务发挥着越来越大的作用。它大力加强区域经济发展,现在东盟内部贸易已占外贸总额的20%,区内投资的增长也十分明显,它的目标是在2010年建成"投资区",在2020年实现投资自由化。在政治方面,它强调保持中立和平衡的原则,并在独立自主的基础上实行加强与大国合作协调的政策。同时,每年召开一次部长级会议,商讨促进建立信任机制,发展预防性外交机制和解决冲突的途径,为亚太各国增进信任、缓和紧张、消除潜在热点、保持地区稳定等发挥积极作用。

东盟地处印度洋至太平洋的咽喉地带,在与中国接壤和隔海相望的20个国家中,东盟就占了7个,由于其独特的地理位置,东盟是中国的重要安全屏障,是中国周边外交的重要环节。也由于地理位置相近,东盟和中国可以在农业、信息产业、人力资源开发、相互投资和湄公河流域开发这五大重点领域上合作发展。另外,东盟是由发展中国家组成的,而发展中国家一直是中国外交的立足点,它们在人权、宗教、领土完整和政治上给予中国极大的支持,因此东盟是中国倚重的重要国际力量之一。

20世纪70年代以来,随着地区国际关系的变化,中国与东盟的关系开始有了改善。经过双方将近10年的努力,中国与东盟开始进行官方往来。中国与东盟的关系真正突飞猛进是在20世纪90年代初。在这段时间里,中国与印度尼西亚恢复了外交关系,并分别与新加坡和文莱建立了外交关系。另外,中国与越南在经历了十多年的相互对抗后,也实现了关系正常化。1994年7月23日,东盟秘书长与时任中国外交部长钱其琛在曼谷互换文书,从此东盟和中国的外交关系正式确立。这样一来,自东盟成立后,中国首次与所有的东盟国家建立了正常的外交关系,双方关系也进入了最佳时期。

1997年,在东盟成立30周年之际,时任中国国家主席江泽民在出席中国-

东盟领导人非正式会晤时,发表了题为《建立面向 21 世纪的睦邻互信伙伴关系》的重要讲话,又一次为双方关系的全面、深入发展指明了方向。会晤结束后,双方发表了《中华人民共和国与东盟国家首脑会晤联合声明》,表明双方关系开始走向成熟期。

2003 年 10 月 8 日,第七次中国-东盟领导人会议签署了《东南亚友好合作条约》《全面经济合作框架协议》的补充议定书,以及签署信息通信谅解备忘录。中国和东盟签署了"面向和平与繁荣的战略伙伴关系"联合宣言。此次会议的成果表明,中国同东盟关系进入了经济、政治、安全全面合作的新阶段。

2004 年,时任国务院总理温家宝出席第八次中国-东盟领导人会议,提出了加强双方合作的十点新倡议。会议期间,双方签署了《中国与东盟全面经济合作框架协议货物贸易协议》和《中国与东盟争端解决机制协议》,标志着中国-东盟自由贸易区进入了实质性建设阶段。

2005 年 7 月,中国-东盟自由贸易区《货物贸易协议》开始实施,双方 7000 余种商品开始全面降税,贸易额持续增长。2005 年 12 月,在第九次中国-东盟领导人会议上,根据温家宝的倡议,会议决定在原五大重点合作领域的基础上,将交通、能源、文化、旅游和公共卫生列为双方新的五大重点合作领域。此外,东盟宣布中国正式成为其东部增长区的发展伙伴。随着互利合作的不断深化,中国-东盟自由贸易区的建设稳步推进。

2007 年 1 月 14 日,中国与东盟在菲律宾宿务签署了中国-东盟自由贸易区《服务贸易协议》。协议的签署为中国-东盟如期全面建成自贸区奠定了更为坚实的基础。

2. 中国-东盟自由贸易区的形成

1997 年 12 月,中国和东盟国家领导人在首次中国-东盟领导人非正式会议上确定了建立睦邻互信伙伴关系的方针。

为扩大双方的经贸交往,1999 年,在菲律宾马尼拉召开的第三次中国-东盟领导人会议上,时任国务院总理朱镕基提出,中国愿加强与东盟自由贸易区的联系,这一提议得到东盟国家的积极回应。2000 年 11 月,朱镕基在新加坡举行的第四次中国-东盟领导人会议上首次提出建立中国-东盟自由贸易区的构想,并建议在中国-东盟经济贸易合作联合委员会的框架下成立中国-东盟经济合作专家组,就中国与东盟建立自由贸易关系的可行性进行研究。

2001 年 3 月,中国-东盟经济合作专家组在中国-东盟经济贸易合作联合委员会框架下正式成立。专家组围绕中国加入世界贸易组织的影响及中国与东盟建立自由贸易关系这两个议题进行了充分的研究,认为中国-东盟建立自由贸易区对中国和东盟是双赢的决定,建议中国和东盟用 10 年时间建立自由贸易区。这一建议经过中国-东盟高官会和经济部长会议的认可后,于 2001 年 11 月在文莱举行的第五次中国-东盟领导人会议上正式宣布。2002 年 11 月,第六次中国-东盟领导人会议在柬埔寨首都金边举行,朱镕基和东盟 10 国领导人签署了《中国与东盟全面经济合作框架协议》,决定到 2010 年建成中国-东盟自由贸易区。

中国-东盟自由贸易区形成的原因:

(1)对于东盟,中国市场具有巨大的潜力。1997 年的金融危机使得东盟经济的脆弱性和缺点暴露无遗,并且证明了东盟对美日两国市场的依赖是非常严重的,但是 2000 年后,这两大市场都发生了巨大的变化。美国市场上,2001 年的"9·11"恐怖袭击事件使本来就放慢增速的美国经济受到进一步打击,国内市场需求开始萎缩,对各国的进口量也大幅锐减,这对以依赖美国为主要出口市场的东盟各国经济也大受影响,新加坡的 GDP 增长在金融风暴后首次出现负增长。日本市场上,曾经为东盟经济起飞做出贡献的日本经济近 10 年来长期陷于不景气。所以说,东盟现正面临着两大主要出口市场萎缩和世界经济增长速度缓慢等考验。

与世界经济增长的放缓相反,中国经济近年来却在高速增长。当今世界经济的发展潮流是全球化和区域化。有针对性地、积极地参与区域经济合作组织,既顺应了世界经济发展的潮流,也有利于国家自身的发展。所以成立中国-东盟自由贸易区促进中国与东盟之间的贸易和投资,甚至建立共同市场,给东盟带来的利益是巨大的:第一,自由贸易区的成立会提高东盟成员国应对经济全球化挑战的能力;第二,自由贸易区的成立在一定程度上可以缓解东盟的国际地位日渐转弱的颓势,使东盟继续保持其重要经济区的地位;第三,中国经济发展迅速,综合国力日益提高,在国际上的地位已获得普遍的认可,建立自由贸易区,是与中国保持良好、持续的经贸往来最好的途径,借助中国市场的巨大潜力,有助于东盟摆脱对日、美市场的依赖;第四,东盟企业可以比别的国家更快、更好地抢占中国的市场份额。

(2)对于中国,建立自由贸易区是其应对经济全球化的必由之路。中国已经加入了 WTO,这意味着它会更多地参与到国际竞争中去。如果要在经济全球化的浪潮中,在与多方竞争的环境下,有效地维护国家安全和经济利益,保持国民经济持续、稳定的发展,就必须重视和加强区域间的广泛合作,尤其是经济合作。中国-东盟自由贸易区的建立对于双方来说,不仅可以进一步巩固和加深中国与东盟之间已经存在的传统友好关系,促进亚太地区的和平与稳定,也有利于中国和东盟各自的经济发展;有利于双方贸易往来的加强;有利于经济合作规模的扩大;有利于提高本区域内经济的综合竞争能力,以共同应对世界经济全球化和区域经济一体化的挑战。

（3）中国-东盟自由贸易区的形成有深刻的历史地理原因。中国与东盟地缘相邻，文化相通，自古以来就有密切的交往。在与中国接壤和隔海的 20 个国家中，东盟就有 7 个。贸易安排一般首先在相邻国家间开展，当今世界上绝大多数的自由贸易安排就是在相邻国家间形成的。因此，中国与东盟发展经贸关系有着得天独厚的地缘优势。近年来，在双方的共同努力下，中国与东盟的关系取得了迅速改善和全面发展。

3. 中国-东盟自由贸易区的发展进程

1995—2002 年，中国与东盟双边贸易额年均增长 15%。

2003 年，中国与东盟双边贸易额达到了历史性的 782 亿美元。比上一年增长了 42.9%。

2004 年 1 月 1 日，中国-东盟自由贸易区早期收获计划实施，下调农产品的关税，到 2006 年，约 600 项农产品的关税降为零。

2004 年底，双边签署了《货物贸易协议》和《争端解决机制协议》，标志着自由贸易区建设进入实质性执行阶段。

2005 年 4 月，时任国家主席胡锦涛访问文莱、印度尼西亚和菲律宾时提出，到 2010 年，中国和东盟双边贸易额将达到 2000 亿美元。

2005 年 7 月 20 日，中国-东盟自由贸易区《货物贸易协议》降税计划开始实施，中国和东盟的 7000 种产品在大幅降低关税、免配额以及其他市场准入条件进一步改善的情况下，更加顺畅地进入对方市场，这有利于东盟国家的产品扩大对中国市场出口，也有助于中国企业以更低的成本从东盟进口原材料、零部件和设备。

当时估计到 2010 年，中国-东盟自由贸易区建成后，东盟对中国的出口增长 48%，中国对东盟的出口增长 55%，对东盟和中国国内生产总值的增长贡献分别达到 0.9%（约合 54 亿美元）和 0.3%（约合 22 亿美元），将为中国和东盟商界创造无穷商机和广阔前景，如表 5.1.1 所示。

表 5.1.1　中国-东盟自由贸易区部分关税消减情况

年份	关税税率	覆盖关税条目	参与的国家
2000	东盟区域内部平均关税 0～5%	全部	东盟所有成员
2000	对所有东盟成员 0～5%	85% 以上	新加坡、印度尼西亚、马来西亚、菲律宾、文莱、泰国（以下简称东盟老成员）
2001	平均关税 14% 左右	全部	中国
2001	对所有东盟成员 0～5%	90%	东盟老成员

续表

年份	关税税率	覆盖关税条目	参与的国家
2002	对所有东盟成员 0~5%	全部	东盟老成员
2005	对所有 WTO 成员平均关税 11%左右	全部	中国
2006	对所有东盟成员 0~5%	82%以上	越南
2008	对所有东盟成员 0~5%	82%以上	老挝、缅甸
2010	对所有东盟成员 0~5%	82%以上	柬埔寨
2011	5%以下		中国-东盟自由贸易区所有成员
2015	对所有东盟成员零关税	全部	东盟老成员
2018	对所有东盟成员零关税	全部	所有东盟成员
2020	5%以下		中国、新加坡、印度尼西亚、马来西亚、菲律宾、越南、泰国

中国与东盟自建立对话伙伴关系以来,双边贸易大幅增长。如表 5.1.2 所示:

表 5.1.2　中国东盟双边贸易(1991—2008)　　　　单位:亿美元

年份	中国出口		中国进口		贸易总额	贸易差额
	金额	占中国总出口(%)	金额	占中国总进口(%)		
1991	44.6	6.2	39.4	6.2	84.0	5.2
1992	46.7	5.5	44.1	5.5	90.8	2.6
1993	53.4	5.8	63.0	6.1	116.4	−9.6
1994	71.6	5.9	71.7	6.2	143.3	−0.1
1995	104.7	7.0	99.0	7.5	203.7	5.7
1996	103.1	6.8	108.5	7.8	211.6	−5.4
1997	127.0	7.0	124.6	8.8	251.6	2.4
1998	110.3	6.0	120.7	9.0	231.0	−10.4
1999	121.7	6.2	148.7	9.0	270.4	−27.0
2000	173.4	7.0	221.8	10.0	395.2	−48.4
2001	183.9	6.9	232.3	9.5	416.2	−48.4
2002	235.7	7.2	312.0	10.6	547.7	−76.3
2003	309.3	7.1	473.3	11.5	782.5	−164.0
2004	429.0	7.2	629.8	11.2	1058.8	−200.8
2005	553.7	7.3	750.9	11.4	1303.7	−196.3
2006	713.1	7.4	895.3	11.3	1608.4	−182.2
2007	941.8	7.7	1083.7	11.3	2025.5	−141.9
2008	452.8	8.3	502.7	10.8	955.5	−49.9

资料来源:原始数据采自《中国对外经济贸易统计年鉴》及商务部网站。

注:2008 年的数据仅含 1—5 月的。

从双边货物贸易来看,2007 年双边货物贸易超过了 2000 亿美元,提前 3 年实现了温家宝提出的到 2010 年双边贸易达到 2000 亿美元的目标。如果从 1991 年算起,到 2007 年中国-东盟双边贸易增长了 23 倍。双边自由贸易区计划下双边货物贸易协议的落实,对双边贸易的发展起到了很大的推动作用,因为经过几年的减税努力,双边货物贸易关税水平已大大降低,2007 年中国从东盟进口产品的平均关税已经下降到 5.8%。从表 5.1.2 可以看出,中国-东盟双边贸易在快速增长的同时,双边贸易中中国进出口中所占份额也在不断增加。根据中国商务部的统计,2007 年东盟继续是中国第四大贸易伙伴、第三大进口来源和第四大出口市场。同一时期与中国的贸易在东盟对外贸易中的地位也经历了相似的变化。

二、中国-东盟自由贸易区的发展过程中所存在的问题

1. 中国和东盟国家的经济缺乏足够的互补性

中国和东盟国家的经济相似,缺乏足够的互补性,存在竞争。由于中国与东盟大多数国家都拥有较为丰富的劳动力资源和自然资源,双方在经济发展水平、产业结构和在国际分工中的地位基本处于同一层次。因而目前双方的贸易还处于低水平状态,多数产品仍为初级产品,科技含量低,因而在产品的出口上存在着竞争。中国和东盟大多数国家的出口都以资源、劳动密集型产品为主,并都以美、日、欧为主要出口市场,同时进口都以资本、技术密集型产品为主,因此,双方在第三国市场上竞争明显,不利于形成贸易创造效应。

2. 东盟成员国经济发展水平的差异大

中国-东盟自由贸易区各成员的经济发展水平差距较大,东盟的 10 个成员国中,新加坡、马来西亚等属于新兴的工业化国家,而缅甸、柬埔寨和老挝等国却是世界上最不发达的国家,成员国之间存在着巨大的经济差距。2007 年,新加坡的人均 GDP 达到 34152 美元,居世界排名第 21 位;而柬埔寨、老挝的人均 GDP 却只有 600 多美元,缅甸更是只有人均 239 美元。盟内最富裕的国家与最不发达的国家之间差距为 143 倍,远远高于欧盟内部 16 倍和北美自由贸易区内部 30 倍的差距水平。东盟国家内部经济发展的不平衡极大地限制了各成员国相互协调经济政策的余地,也对中国-东盟自由贸易区统一的进展起到一定的阻碍作用。

3. 东盟内部缺少核心的经济力量

东盟内部缺少核心的经济力量和协调机制,主导权纷争激烈。区域经济合作离不开核心经济力量的协调和引导。目前,中国的经济实力还不够强大,从

人均 GDP 等指标来看,相对东盟内部经济发达的国家如新加坡等国还有一定的差距,暂时承受不起"引擎"的角色,而东盟内部又缺少一个足够强大、能够担负起稳定区域经济发展和协调区域政策的国家,使得东盟缺乏自主发展的动力。另外,东盟国家担心中国的优势商品会直接损害其国内的产业,同时受某些国家"中国威胁论"的影响,东盟成员国对中国怀有一种敏感的戒备心态。因此,领导权的不确定性导致中国-东盟自由贸易区的内部资源暂时不能得到最有效的利用。

4.中国对东盟的持续贸易逆差

在中国与东盟的贸易往来中,中国一直存在着贸易逆差现象,如表 5.1.3 所示。

表 5.1.3　1994—2007 年中国与东盟进出口贸易的变化　　　单位:亿美元

年份	出口金额	进口金额	进出口金额	贸易逆差金额
1994	63.79	68.30	132.09	4.51
1995	104.74	98.95	203.69	−5.79
1996	103.10	108.49	211.59	5.39
1997	127.00	124.56	251.56	−2.44
1998	110.35	126.09	236.44	15.74
1999	122.75	149.27	272.02	26.52
2000	173.41	221.81	359.22	48.40
2001	183.85	232.29	416.14	48.44
2002	235.68	311.95	547.63	76.27
2003	309.3	473.3	782.6	164
2004	429.0	629.8	1058.8	200.8
2005	553.7	750.0	1303.7	196.3
2006	713.1	895.3	1608.4	182.2
2007	941.79	1083.69	2025.48	141.90

资料来源:中华人民共和国海关统计。

虽然在 2004 年签署《货物贸易协议》以后,中国与东盟的贸易逆差在逐年下降——2004 年为 200.8 亿美元,2005 年为 196.3 亿美元,2006 年为 182.2 亿美元,2007 年为 141.9 亿美元,但与 1994 年到 1997 年每年中国对东盟的贸易逆差均不超过 10 亿美元的情况相比,逆差在总体上呈不断增长的趋势。

5.中国企业忽视中国-东盟自由贸易区

相互投资是 2003 年东盟与中国"10＋1"领导人会议联合宣言强调深化中国与东盟五大重点合作的领域之一。

多年来,东盟资本对中国进行了大量的直接投资。仅 1999—2006 年,东盟

10 国在华投资项目累计 14287 个,合同外资金额 383.017 亿美元(1999—2005 年),实际投入外资金额 247.958 亿美元。2006 年,东盟 10 国在华投资新设立企业 2186 家,比 2005 年下降 0.66%;实际使用外资金额 33.5113 亿美元,比 2005 年增长 7.93%。而截至 2007 年年底,东盟各国对华投资达到 470 亿美元,东盟已成为中国最重要的投资目的地之一。东盟各国对华投资居前三位的国家分别为新加坡、马来西亚和泰国。其中,新加坡的投资为 300 多亿美元,占东盟对华投资总额的 70%。

　　然而,与东盟资本对中国进行大量直接投资相比,中国对东盟的投资规模相对较小。2001—2005 年,中国对东盟的直接投资累计仅为 15 亿美元,而在 2003 年年底,东盟国家对中国的直接投资总额就达到 323.7 亿美元。到 2004 年,东盟国家在华累计协议投资金额为 698.97 亿美元,实际利用金额 348.38 亿美元;而同期中方在东盟实际投资金额只有 10.11 亿美元,仅为对方的 3%。从世界范围看,东盟是世界投资的热点地区。2004 年,东盟的直接投资额为 256 亿美元,同比增长约 39%,高于全球投资增长水平。但中国和东盟的投资合作目前仍处于较低层次。以中国在东盟到 2004 年为止的实际投资 10.11 亿美元计算,其占东盟外国直接投资流入的不到 1%,并且投资在东盟各国的分布极不均衡。中国对东盟的投资主要集中在泰国、印度尼西亚、柬埔寨、新加坡和越南五国,占投资总额的 85%。

6. 金融危机对中国-东盟自由贸易区的冲击

　　由美国次贷危机所引发的全球金融海啸波及世界各国并向实体经济蔓延,以美国、欧盟、日本为代表的世界主要经济体的经济已进入全面衰退,在未来相当一段时期里,世界经济形势不容乐观。中国和多数东盟国家的外向型经济占很大比重,对出口的依赖性都较大,对外贸易的依存度很高,中国达 60% 以上[①],新加坡为 433%、泰国为 132%、菲律宾为 83%、印度尼西亚为 54%、越南为 160%,且泛北部湾地区各国的出口市场主要集中在美国和日本和欧盟,占 80% 以上。

　　从中国经济来看,这场危机对中国的直接冲击和影响是有限的、可控的。但作为一个外贸依存度高达 60% 的开放大国,金融危机对中国发展产生的不利影响直接表现为出口增长放缓。中国是世界第三贸易大国,出口的快速增长一直是拉动中国经济增长的重要动力。以 2007 年为例,中国进出口总额达到 21738 亿美元,出口占中国国内生产总值的比重为 37.5%,拉动经济增长 1.5%~2%。欧盟、美国、日本等主要经济体是中国的主要贸易伙伴,金融危机的发生势必减少它们的需求,从而不可避免地影响中国的出口,进而影响中国

---

① 数据来源:广西新闻网-广西日报 2009 年 1 月 15 日新闻。

经济增长。这一点目前已在中国经济运行中有所体现。受外部需求减弱、人民币升值等因素影响,2008 年以来中国纺织、服装等劳动密集型行业出口增速明显放缓,长三角、珠三角地区不少外向型中小企业面临困境。

从东盟经济来看,2008 年,由于受粮食和石油涨价、美元贬值、金融危机等影响,东盟经济结束了几年保持快速增长的态势,各国经济增长普遍放缓。2008 年,印度尼西亚经济仍增长 6.2%,但下半年明显放缓。根据越南统计总局前不久公布的数据显示,2008 年,越南 GDP 增长 6.23%,明显低于前几年7%~8%的增速。马来西亚国家银行日前公布报告显示,2008 年上半年,马来西亚经济取得了 6.7%的增长率,同比有所上升,但第三季度经济增速已经从上季度的 6.3%滑落至 4.7%。菲律宾 2008 年 1—9 月 GDP 同比增长 4.6%。据泰国国家社会与经济发展委员会公布的消息,2008 年第三季度泰国经济增长率为 4%,低于第一季度的 6.1%和第二季度的 5.3%,1—9 月泰国经济增长率为5.1%。新加坡贸易和工业部 2009 年 1 月 2 日的声明称,该国 2008 年第四季度GDP 与上一季度相比负增长了 12.5%,连续第三个季度出现环比负增长,与上年同期相比则增长了 2.6%。该报告显示,2008 年第四季度新加坡制造业指数同比下滑 9.0%,包括交通运输和仓储在内的服务业活动指数则同比增长了1.1%。东盟其他国家的经济增长也有先降后升或升降不定的特点。

从中国-东盟双方贸易来看,2008 年,中国与东盟贸易额达 2311 亿美元[①],较上年增长 14%。其中,中国向东盟出口 1141 亿美元,较上年增长 21%;中国从东盟进口 1170 亿美元,较上年增长 8%。中国贸易逆差 28 亿美元,较上年的140 亿美元逆差大幅下降,中国对东盟 10 国中逆差的国家有三个,即马来西亚、菲律宾和泰国,中国与其他七国均为顺差。

2008 年,中国与东盟国家贸易按数额排序为:马来西亚(534.7 亿美元)、新加坡(524.4 亿美元)、泰国(412.5 亿美元)、印度尼西亚(315.2 亿美元)、菲律宾(285.8 亿美元)、越南(194.6 亿美元)、缅甸(26.3 亿美元)、柬埔寨(11.3 亿美元)、老挝(4.2 亿美元)和文莱(2.2 亿美元)。

2008 年,中国与东盟国家贸易按增速排序为:老挝(57.5%)、越南(28.8%)、缅甸(26.4%)、印度尼西亚(25.7%)、柬埔寨(21.3%)、泰国(18.9%)、马来西亚(15.2%)、新加坡(10.5%)、菲律宾(-6.7%)和文莱(-39.1%)。

2008 年,中国与东盟贸易增速(14%)低于中国对外贸易增速(17.8%),并呈逐月增速减缓走势,其中 12 月份中国与东盟贸易额较上年同期下降了

---

① 数据来源:新浪财经 2009 年 2 月 19 日访问中国-东盟商务理事会中方常务副秘书长许宁宁。

21.3％；2009年1月份，中国对外贸易额同比下降29％，而中国与东盟贸易额则下降了36.6％。贸易额下降主要受世界金融危机，尤其是全球电子市场不景气的影响，而在中国与东盟贸易中，第一大类产品就是电子产品。

尽管双方贸易受世界金融危机影响较大，但已经建设数年的中国-东盟自贸区让中国和东盟多了份应对危机的力量。2009年，中国关税总水平为9.8％，而对东盟的平均关税则下降到2.8％。中国-东盟相互开放市场，为双方企业的合作提供了便利，有利于企业产品出口对方市场，或可进口零关税的产品用于生产进而降低生产成本，提高产品竞争力，获得更大的市场发展空间，从而将逐步改变中国与东盟贸易过分依赖电子产品的现状。

三、对中国-东盟自由贸易区的政策建议

1. 加强互补产业部门的合作

在一些产业部门，中国与东盟的经济技术合作具有广阔的发展前景。科技合作是中国与东盟合作中互补性最强的环节。东盟一些新兴的工业化国家如新加坡、文莱等国正处在工业化发展的关键阶段，科技力量的提高是其工业化提升，进而促进经济发展的重要因素，中国的综合科学技术水平相对于东盟国家具有一定的优势，将其注入对方的发展进程中，必将获得双赢的成效，因而，双方在科技方面的合作前景是非常光明的。在农业、能源、交通、通讯、金融、旅游等领域，均有着广泛的合作空间。双方企业应通过承包工程、投资参股、技术合作等多种形式，以项目合作为基础，加强在农业、制造业、基础设施建设、资源开发和加工等领域的合作。同时，政府应鼓励双方加强在项目合作过程中的实用技术转让和人员培训，以提高双方贸易的依存度。

2. 加强政治和安全领域的合作

加强政治和安全领域的合作是自由贸易区建设所需要的政治保障和重要动力。近年来，中国与东盟国家的南海争端骤然升级。先是菲律宾议会通过了2009年度"菲律宾群岛领海基线议案"，将中国拥有的两组岛屿——南沙群岛和黄岩岛划为菲属岛屿。接着，2009年3月，时任马来西亚总理登上我国的弹丸礁"宣示主权"。

2009年3月6日，中国外交部发言人秦刚就巴达维登上弹丸礁一事表示："中方对南沙群岛及其附近海域拥有无可争辩的主权。中方愿通过协商妥善解决有关争议。我们希望有关各方切实遵守《南海各方行为宣言》，不要采取可能使争议复杂化、扩大化的行动，共同维护南海地区的和平与稳定。"

解决南海领土争端是一项综合工程，需要多管齐下加以解决。加强中国与东盟有关各国的经济合作、军事交流、民间外交，都有利于南海问题的和平解决。

3.解决中国持续贸易逆差的问题

关于中国持续贸易逆差的问题,首先中国要加强自主创新能力、提高产品竞争力。在与东盟企业竞争与合作的过程中,中国企业要依靠科技进步加快改造传统产业和开辟新的科技产业,全面提升中国企业在国际市场上的竞争力,重点扶持一批企业向东盟扩展。其次,针对中国对东盟原材料、能源等初级产品需求的比重越来越高,应运用产业政策对大量资源消耗型产品和能源消耗型产品进行调整,减少这类商品的生产和出口地位。同时,提升服务贸易在贸易总量中的比重。2007年1月14日,中国与东盟10国在菲律宾宿务签署了中国-东盟自贸区《服务贸易协议》,为推动中国国内与制造业相关的服务业到东盟国家发展提供了契机。中国的企业可根据自身的规模以及东盟各国的不同特点,灵活地开展与东盟10国的服务贸易。

4.建设中国-东盟共同体

中国-东盟自由贸易区是中国在参加国际多边贸易体系的同时,加强与周边邻国的区域经济合作的一项重要举措。与东盟国家密切的经济关系有利于加快对外经济关系多样化变化的步伐。自由贸易区的建立将大大加强中国与印支国家的经济联系,有利于我国西部地区大开发,不仅将巩固和加强中国与东盟之间业已存在的友好合作关系,也将进一步促进中国和东盟各自的经济发展,扩大双方的贸易和合作规模,提高本地区的整体竞争能力。自由贸易区的建立也有利于亚洲,尤其是东亚地区的和平与稳定,创建一个真正能发挥经济发展先导作用的区域组织,为各国的经济发展和建设提供一个有序、稳定的环境。仅建立中国-东盟自由贸易区还是不够的,应该考虑在中国-东盟自由贸易区的基础上,建立中国-东盟共同体,这样中国和东盟将更好地分享经济全球化和区域经济一体化带来的利益,共同迎接挑战,为亚洲和世界经济的稳定和发展做出积极的贡献。

第二节　中韩自由贸易区

一、中韩贸易的现状与问题[①]

自1992年中韩两国正式建交以来,两国政府不断进行着政治、文化和经济

---

①　陈岩和伍建委(2009)对此进行了探讨。值得指出的是,2013年秋,中国和韩国达成了中韩自由贸易区谈判内容范围的共识。这是一个新的进展,但还比较保守。

的交流,尤其是在经贸方面一直开展着密切的合作,双边贸易以惊人的速度持续发展。截至 2008 年,韩国是中国第六大贸易伙伴国,中国则自 2004 年起始终保持着韩国第一大贸易伙伴国和第一大出口国的地位,双边经贸合作相当密切。但与此同时,双边贸易上也存在着摩擦,中国贸易逆差不断扩大,双边经贸关系也相当紧张。

1. 中韩贸易的发展状况

自 1992 年以来,中韩双边贸易发展迅速。据中国海关统计,1992 年中韩双边贸易额仅为 50.28 亿美元,2007 年中韩双边贸易额达到 1598.5 亿美元,是 1992 年贸易额的 31.8 倍,比 2006 年增长了 19.1%。2008 年,即使在由于国际金融危机导致全球经济环境恶化的背景下,中韩两国经济合作依然紧密,双边贸易额仍达到了 1861.1 亿美元,同比增长 16.2%。表 5.2.1 是 1995—2007 年中韩双边贸易额、增长率及在两国出口中所占的比重。

表 5.2.1　1995—2007 年中韩双边贸易额　　　　　　　单位:亿美元

年份	双边贸易额		中国对韩国的出口			韩国对中国的出口		
	贸易额	增长率	出口额	增长率	比重	出口额	增长率	比重
1995	169.8	—	66.9	—	4.50%	102.9	—	8.23%
1996	199.8	17.67%	75.0	12.14%	4.97%	124.8	21.26%	9.62%
1997	240.5	20.34%	91.2	21.55%	4.99%	149.3	19.61%	10.97%
1998	212.7	−11.56%	62.5	−31.42%	3.40%	150.1	0.57%	11.35%
1999	250.3	17.72%	78.1	24.89%	4.01%	172.3	14.73%	11.99%
2000	345.0	37.81%	112.9	44.63%	4.53%	232.1	34.72%	13.47%
2001	359.1	4.09%	125.2	10.88%	4.70%	233.9	0.78%	15.55%
2002	441.0	22.81%	155.3	24.07%	4.77%	285.7	22.14%	17.58%
2003	632.2	43.35%	200.9	29.36%	4.58%	431.3	50.97%	22.25%
2004	900.5	42.43%	278.1	38.40%	4.69%	622.3	44.30%	24.52%
2005	1119.3	24.30%	351.1	26.23%	4.61%	768.2	23.44%	27.01%
2006	1342.5	19.94%	445.0	26.82%	4.59%	897.2	16.80%	27.57%
2007	1598.5	19.07%	561.0	26.00%	4.61%	1037.5	15.63%	27.93%

数据来源:由国家统计局数据整理计算得出。

从表 5.2.1 中我们可以看到,中韩双边贸易的发展速度相当迅速,从 1996 年到 2007 年这 12 年的时间里,双边贸易额的平均增长率为 21.5%。分别分析两国各自的情况:首先是韩国,其对中国出口的平均增长率为 22.1%,远远高于韩国对外贸易的平均增长率 11%。再来看出口比重,韩国对中国的出口占韩国总出口的比重从 1995 年的 8.23％提高到 2007 年的 27.93％,占韩国出口的很大一部分,这说明韩国对中国的经贸发展速度远远大于韩国本身的经济发展速度,如今中国是韩国的第一大出口国和贸易伙伴国。再从中国来分析,中国对韩国的出口额年平均增长率为 21.1％,对韩国的出口占中国该年总出口的比重基本保持在 4.5％到 5％,表面看上去比重不算大,这是因为这十几年的时间里中国整体经济同样以惊人的速度发展着,中国的总出口额的增长率同样以这样的速度增长,所以对韩国出口在中国总出口中所占比重保持基本平衡的话,也意味着中国对韩国的出口也正在迅速增长。

　　2.中韩贸易的结构变化

　　在 20 世纪 90 年代初期,由于中国经济远远落后于韩国,韩国在许多行业的竞争优势都比中国明显,中韩双边贸易不断迅速发展的同时,中韩贸易结构也在慢慢地产生着变化。表 5.2.2 是各类产品在韩国对中国双边贸易中的比重,采用 SITC rev 3 分类,是为了更好地区别初级产品和工业制成品,这样能更好地反映中韩贸易结构在这十几年来产生的变化。

表 5.2.2　各类产品在韩国对中国双边贸易中的比重　　　　　　　　单位:％

年份	SITC 0—4(初级产品)						SITC 5—9(工业制成品)					
	1992	1996	2000	2004	2006	2007	1992	1996	2000	2004	2006	2007
出口	9.2	12.7	13.7	6.8	5.4	5.1	90.8	87.2	86.3	93.2	94.6	94.9
进口	48.3	28.2	26	21.9	23.6	25.4	51.7	71.8	74	78.1	76.4	74.6

数据来源:由国家统计局数据整理计算得出。

　　从表 5.2.2 中我们可以发现,中韩贸易的主要商品是工业制成品,并且所占比重逐年上升,初级产品的比重比较小,并且有逐年下降的趋势。先从初级产品来看,中国出口到韩国的初级产品比重很小,尤其是近几年,只占 5％左右,究其原因是因为中国的初级产品占有绝对性的竞争优势,韩国在初级产品上具有相当高的关税壁垒和非关税壁垒,尤其是农产品,以防止中国农产品大量涌入韩国,对本国农业造成巨大的冲击。相对而言,韩国对中国出口的农产品的比重就远远大于中国,大约在 25％左右,因为中国的农业具有较大的竞争力,即使韩国农产品大量输入中国,对中国的农业造成的竞争是比较小的。所以中国在农产品上的关税壁垒和非关税壁垒,相对于韩国而言都是比较小的。再来看工业制成品,中国出口的工业制成品大约占出口总额的 90％以上,尤其是近几年,几乎达到了 95％。这说明中国在工业制成品上的竞争力在逐年提高,但与此同时,韩国在这些行业上也具有很大的竞争力,并且竞争优势大于中国,在对中国的工业制成品上的贸易壁垒也比较小。所以,中国对韩国的出口商品中工业制成品占了如此巨大的比重。同时,韩国对中国出口的工业制成品所占比重也从 1992 年的 51.7％ 提高到了 2007 年的 74.6％，在中国对韩国出口的工业制成品比重保持增长的前提下，韩国对中国出口的工业制成品的比重也保持着高速增长，这说明中韩之间的产业内贸易活跃，中韩贸易结构由原来简单的产业间贸易逐渐向产业内贸易转变。

3. 中韩贸易发展的问题

随着中韩两国的贸易关系日益密切，两国之间的贸易摩擦也无法避免，贸易中显现的问题也日益突出。2000 年 6 月 1 日，中韩出现了贸易战，韩国把冷冻大蒜和新蒜的关税从 30％ 提高到了 315％，几乎增加了 10 倍，以防止中国 1500 万美元的大蒜进口对韩国本国蒜民造成损害。为此，中国则对韩国 5 亿美元的手提、无线电话和聚乙烯实行了暂停进口措施。经过两国多次协商虽然最终得以解决，但是这期间已经对两国的经济造成了巨大的损失。2005 年 9 月，韩国在中国泡菜中检测到了寄生虫卵，当即宣布禁止进口和销售中国泡菜。作为回应，中国同样在韩国的食品中检测到了寄生虫卵，同样禁止进口韩国的相关食品。这次虽然不像 2000 年的大蒜风波变为两国之间贸易战那样，但是同样给两国的经济造成了很大的损失，而且在中韩经贸合作的道路上又多了一次摩擦。

那么中韩之间发生一次又一次贸易摩擦的原因有哪些呢？主要原因是两国在本国的劣势产业上实行高关税，并且同时会伴随着重重的非关税贸易壁垒，尤其是韩国在对中国出口到韩国的农产品，设置了许多的绿色壁垒。而且中国在中韩贸易中逆差过大，2007 年中国对韩国的贸易逆差达到了 464 亿美元，而中国对韩国出口总额只有 561 亿美元。根据表 5.2.1 可以计算得出，中韩贸易逆差呈逐年增加的趋势，1995 到 2007 年的贸易逆差平均增长率为 26％。

二、中韩贸易的互补性和竞争性分析

1. 中韩贸易的互补性分析

(1) 自然资源互补。中国是一个资源大国，矿产资源非常丰富，迄今为止共发现矿产 171 种。根据探明的储量，中国有 25 种矿产资源总量居世界前三位，其中稀土、石膏、钒、钛、钽、钨、膨润土、石墨、芒硝、重晶石、菱镁矿、锑等 12 种矿产居世界第一位。而韩国自然资源贫乏，除了在无烟石、重晶石、石灰石等少数的资源上有优势，总体上来说是个资源贫乏的国家，并且每年都需要进口大量的工业原料。随着韩国经济的发展，对工业原料的需求也会持续上升，而中国在许多资源上能够补给韩国，所以说中韩在自然资源上存在很大的互补性。

(2) 人力资源互补。中国是一个人力资源大国，截至 2008 年中国人口达到

13.3亿,总人力资本9.16亿(15～59周岁),并且拥有大量的熟练工人和技术人才,劳动力几乎处于无限供给的状态。而韩国人力资源相对缺乏,并且劳动力成本远远大于中国。在高级人才方面,虽然中国近十几年来重视教育,培养出很多优秀的人才,但是相对来说仍旧缺乏,而韩国经济已经比较发达,机制也比较完善,储备了大量的高级管理人才和技术人才,双方在人力资源上存在着较大的互补性。

(3)资金和技术互补。自改革开放以来,虽然中国经济持续高速发展,但是相比其他发达国家,社会和经济的发展水平依然有很大的差距。在资金和技术方面,由于多方面的综合因素影响,资金出现短缺,技术也较为落后。为了保持中国经济高速持续发展,中国需要不断吸引大量外资,鼓励外商企业在华投资。而韩国经济经过三十多年的发展,已经相当发达,工业化水平也较高,拥有大量的资金和高端的技术。为了吸引外资,中国近十几年来对有外资性质的企业实行优惠的税收政策,这大大提高了外商在华投资的收益率,同时由于外资企业在本国的收益率下降,因此外商在华投资的积极性相当高,其中韩国的外资企业就是重要的组成部分。据统计,2006年,中国的外商直接投资为694.68亿美元,其中来自韩国的外商直接投资有38.9亿美元,占外商总投资的5.6%,收益率远高于其在其他国家和区域的平均收益率。韩国企业投资的领域主要是制造业,建筑业、服务业和饮食业也占了较大的比重,在韩国企业资金流入的同时,高端的技术也同时被引进。随着中国近几年经济的高速发展和对科技的重视,中国的科技竞争力也在不断上升,2008年为全球第17名,并且在航空航天、生物技术等领域具有绝对的优势。相比之下,韩国则在电子、汽车、重化工业和通讯等领域的技术居世界领先水平。预计未来几年内,中韩两国的投资会更加频繁、金额会更多、项目会更大,与此同时,两国技术上的互补也会体现得越来越明显。

(4)市场的互补。据统计,中国2007年的人口总数达到13.21亿,2007年国内生产总值GDP为249529.9亿元,人均GDP为18934元,折合约为2517.3美元,在中国经济比较发达的东部沿海地区,人均GDP约为全国人均GDP的2倍,因此中国是一个很大的市场,消费能力惊人。同期,韩国人口总数为4845.6万,国内生产总值为7684.58亿美元,人均GDP达到17900美元,跨入了世界发达国家的行列,消费水平也很高。对比两国人均GDP可以发现,中国的消费主要来自人口基数大,人均消费能力并不高;而韩国主要是因为个人的消费能力高,因此对消费品的要求也比较高。所以,两国消费者的产品需求存在着差异,因此中韩市场存在着互补性。

(5)贸易结构的互补。中国自1978年实行改革开放以来,经济保持高速的发展,生产力得到了很大的提高,人民的生活质量也得到了很大的改善。但总体来讲,中国还处在经济转型期,社会生产力和科技水平还远远落后于发达国家,而且东西部经济发展不平衡,贫富收入差距较大。相比之下,韩国自19世纪60年代至今,50多年来经济始终保持高速发展,经济发展成熟,生产力水平远远高于中国,而且科技水平位于世界前列,中韩两国经济结构存在较大的互补性。韩国国土面积小,自然资源短缺,很少有能够自给的工业原料,而且人口密度大,人口老龄化严重,人力资源供给不足,但是经济发展程度较高,国际贸易量大。而中国地大物博,自然资源非常丰富,人口众多,劳动力充足,但是处在经济转型期,产业结构不完善,基本处在低端领域,而且贸易量巨大,出口额与进口额都处在世界前列。

下面用中韩两国2004年到2007年的显示性比较优势指数来分析说明中韩两国贸易结构的互补性。

显示性比较优势指数是美国经济学家贝拉·巴拉萨(Balassa)在1965年测算部分国际贸易比较优势时提出来的一种方法,可以反映一个国家或地区在某一产业上的比较优势。这种方法通过比较该国该产业出口和总出口的比重与世界该产业出口和总出口的比重,得出该国该产业的出口水平是否领先世界平均水平,从而得出该国在该产业是否具有比较优势,其公式为:

$$RCA_{ij} = \frac{X_{ij} / X_{it}}{X_{wj} / X_{wt}} \tag{5.2.1}$$

其中,RCA_{ij} 表示 i 国第 j 类商品的显示比较优势指数;X_{ij} 表示 i 国第 j 类某产品的出口值;X_{it} 表示 i 国某产品的出口总值;X_{wj} 表示世界第 j 类某产品的出口值;X_{wt} 代表世界某产品的出口总值。这种显性比较优势的计算方法是用某国第 i 类商品在世界出口市场上的份额与该国所有商品在世界市场上份额的比例来衡量第 i 类商品的显性比较优势。某类产品在国际市场上的竞争力随着 RCA 指数的上升而增强,如果 RCA 指数大于 2.5,说明该国在该类产品上具有极强的竞争力;当 RCA 指数大于 1 时,说明该国在该类产品上有较强的竞争力;如果 RCA 指数大于 1.25,则说明该国在该类产品上具有明显的比较优势;如果 RCA 指数小于 0.8,则说明该国在该类产品上处于比较劣势。

此处采用国际贸易标准进行商品分类,版本为 SITC rev 3。其中 SITC 0—4 是初级产品,分别是食品和活动物、饮料和烟草、非食用原料、矿物燃料、润滑油和相关原料、动植物油、脂及蜡。SITC 5—9 是制成品。其中,SITC 5、SITC 7 分别是化学制品及化工产品和机械与运输设备,属于资本密集型产品;SITC 6、SITC 8 是按原料分类的制成品和杂项制成品,属于劳动密集型产品;至于 SITC rev 3 分类中的 SITC 9 属于未分类产品,由于其产品的复杂性,在此不予讨论。

表 5.2.3 中韩两国 *RCA* 指数比较

SITC	2004		2005		2006		2007	
	中国	韩国	中国	韩国	中国	韩国	中国	韩国
0 食品和活动物	0.602	0.239	0.575	0.239	0.546	0.170	0.497	0.159
1 饮料和烟草	0.240	0.297	0.194	0.257	0.164	0.283	0.148	0.270
2 非食用原料	0.315	0.411	0.310	0.353	0.244	0.350	0.213	0.366
3 矿物燃料、润滑油和相关原料	0.238	0.530	0.188	0.504	0.135	0.543	0.131	0.606
4 动植物油、脂及蜡	0.061	0.030	0.094	0.020	0.104	0.023	0.057	0.021
5 化学制品及化工产品	0.415	1.116	0.440	1.025	0.445	1.083	0.464	1.080
6 按原料分类的制成品	1.202	1.351	1.216	1.160	1.281	1.162	1.243	1.101
7 机械与运输设备	1.148	2.096	1.148	1.780	1.251	1.797	1.271	1.784
8 杂项制成品	2.225	0.643	2.212	0.694	2.232	0.851	2.205	0.898

从表 5.2.3 中我们可以看到中国 SITC 6、SITC 7 的 *RCA* 指数从 2004 年到 2007 年都是大于 1 的,SITC 8 的 *RCA* 指数连续四年大于 2,接近 2.5,所以中国在 SITC 6、SITC 7 上具有较明显的比较优势,在 SITC 8 上具有极明显的比较优势。韩国则是 SITC 5、SITC 6 的 *RCA* 指数连续大于 1,2004 年 SITC 7 的 *RCA* 指数大于 2,因此韩国在 SITC 5、SITC 6 上具有较明显的比较优势,在 SITC 7 上具有极强的比较优势。对比中韩两国的 *RCA* 指数我们可以得出在初级产品上中韩两国的竞争力都比较弱,而在制成品上,中国在劳动密集型制成品上有很强的竞争力,在资本密集型制成品上竞争力较弱,韩国则恰恰相反。

显示性比较优势指数的特点是不直接分析比较优势或贸易结构形式的决定因素,而是从商品进出口贸易的结果间接地测定比较优势。它在经验分析中可以摆脱苛刻的各种理论假设的制约,因而较适合于现实的国际贸易结构分析。然而显示性比较优势指数也有它的局限性:当一个产品在产业内盛行时,以显示性比较优势指数所衡量的该经济体和产业的比较优势不具有客观性,更不能用来预测一个贸易发展的模式。另外,*RCA* 指数忽视了进口的作用。

2. 中韩贸易的竞争性分析

从上面的互补性分析中,我们可以发现中韩贸易结构在 2004—2007 年仍然具有比较大的互补性,但是由于中国经济不断发展,中国在原本韩国的优势行业上的竞争力也不断增加,所以中韩贸易结构也存在着很大程度上的竞争性。下面我们用竞争指数来分析 2004—2007 年中国贸易的竞争力,如表 5.2.4 所示。

$$TC_i = (X_i - M_i)/(X_i + M_i) \tag{5.2.2}$$

其中，X_i 表示某国在第 i 类产品中的出口额，M_i 表示该国在第 i 类产品中的进口额。贸易竞争指数的取值落在 -1 和 1 之间。如果 $TC_i = -1$，说明该国的此种商品只有进口没有出口；如果 $TC_i = 1$，则说明该国此种商品只有出口没有进口。TC_i 值接近 0 时，说明比较优势接近平均水平；大于 0 说明比较优势大。TC_i 值越接近 1，其比较优势越大，竞争力也越强；反之，说明比较优势越小，竞争力也越弱。

表 5.2.4　2004—2007 年中韩两国各产业的竞争指数

SITC	2004		2005		2006		2007	
	中国	韩国	中国	韩国	中国	韩国	中国	韩国
0 食品和活动物	0.347	−0.583	0.411	−0.603	0.440	−0.657	0.456	−0.676
1 饮料和烟草	0.689	−0.060	0.602	−0.018	0.534	0.014	0.499	−0.051
2 非食用原料	−0.809	−0.689	−0.807	−0.688	−0.827	−0.712	−0.856	−0.704
3 矿物燃料、润滑油和相关原料	−0.536	−0.654	−0.568	−0.622	−0.667	−0.611	−0.680	−0.593
4 动植物油、脂及蜡	−0.932	−0.917	−0.853	−0.940	−0.827	−0.926	−0.920	−0.931
5 化学制品及化工产品	−0.426	0.056	−0.370	0.062	−0.323	0.071	−0.281	0.074
6 按原料分类的制成品	0.153	0.090	0.228	0.067	0.336	0.048	0.363	0.001
7 机械与运输设备	0.030	0.360	0.096	0.355	0.122	0.350	0.167	0.337
8 杂项制成品	0.514	−0.147	0.523	−0.072	0.539	−0.001	0.545	0.079

从表 5.2.4 中我们能够得到，中国在 SITC 0、SITC 1、SITC 6、SITC 8 上具有较强的竞争力，而韩国恰恰在这几类上竞争力较弱；中国在 SITC 5、SITC 7 上竞争力较弱，而韩国在这两类上有较强的竞争力；在 SITC 2、SITC 3、SITC 4 上中韩竞争指数相差不大，竞争力接近。所以总体来说中韩两国竞争关系较弱，互补性较强。

上面分析了中韩经济的互补性和竞争性。总体而言，中韩之间贸易的互补性体现得相当明显，与此同时两国的竞争关系虽然有加强，但是竞争性仍旧相对较弱，所以中韩之间经济的互补性大于竞争性，为建立中韩自由贸易区提供了客观的数据支撑。

三、中韩自由贸易区的引力模型和贸易效应分析

1. 中韩自由贸易区的引力模型

引力模型最早是 1962 年由 Tinbergen 引入国际贸易领域的。他认为，两国

（或地区）的双边贸易流量的规模与它们各自的经济总量成正比，而与它们之间的距离成反比。其中，出口国的经济总量反映了潜在的供给能力，进口国的经济总量反映了潜在的需求能力，双方的距离（运输成本）则构成了两国之间贸易的阻力因素。该模型的原始形式可以表示为：

$$T_{ij} = AG_iG_j/D_{ij} \qquad (5.2.3)$$

其中，T_{ij} 代表双边的贸易额，G_i 代表 i 国的国民收入，G_j 代表 j 国的国民收入，D_{ij} 代表 i 国和 j 国之间的距离。该模型被广泛地运用于国际贸易领域，尤其是能很好地进行自由贸易区的效应分析。

　　模型变量的选取：①总体国内生产总值 GDP；②人均 GDP，用人均 GDP 代替人口，是因为人均 GDP 除了在一定程度上反映出人口变量的影响外，还反映了一个国家的经济发展程度、代表性需求和要素禀赋比例，在很大程度上反映了一个国家的经济发展水平；③距离，距离体现了贸易成本和交易的方便程度，本书中的距离是指两个国家首都的最短距离；④虚拟变量的选择，因为中国已加入 WTO，中国的贸易国大多数是 WTO 成员国，所以选取 WTO 作为虚拟变量意义不大，此外，若选取东盟作为虚拟变量的话，在距离解释变量上一定体现了这一解释变量，而 APEC 的很多成员是中国的主要贸易伙伴国，与中国的贸易关系密切，而且其范围覆盖太平洋地区，范围广，具有代表性。所以选取 APEC 作为虚拟变量，代表自由贸易协议。引力模型表达式如下：

$$\ln T_{ij} = \beta_0 + \beta_1 \ln Y_iY_j + \beta_2 \ln(Y_i/P_i)(Y_j/P_j) + \beta_3 \ln D_{ij} + \beta_4 APEC + u$$
$$(5.2.4)$$

其中，T_{ij} 代表 i 国和 j 国的双边贸易额，Y_i 代表 i 国的国民生产总值，Y_j 代表 j 国的国民生产总值，Y_i/P_i 代表 i 国的人均生产总值，Y_j/P_j 代表 j 国的人均生产总值，D_{ij} 代表 i 国和 j 国首都之间的距离，$APEC$ 代表虚拟变量，表示是否属于 APEC 成员国，β_0 表示残差，u 代表随机误差项。

　　选取 2000、2003 和 2006 年中国内地和澳大利亚、巴基斯坦、比利时、德国、俄罗斯联邦、法国、菲律宾、芬兰、韩国、荷兰、加拿大、马来西亚、美国、墨西哥、南非、日本、沙特阿拉伯、泰国、西班牙、新加坡、新西兰、伊朗、意大利、印度、印度尼西亚、英国、越南、智利、巴西和中国香港这 30 个国家和地区的双边贸易额为样本数据。因为这些国家和地区不仅是中国内地的主要贸易伙伴，它们和中国内地的双边贸易额占到了中国内地贸易额的绝大部分，而且这些国家和地区在经济规模、收入水平和社会制度方面具有代表性和差异性，所以选择这些国家和地区作为样本数据能够反映整体特征。

表 5.2.5 利用 EVIEWS 6.0 软件最小二乘法作出的多元回归模型

Dependent Variable：LNT

Method：Least Squares

Date：02/17/10   Time：15：00

Sample：189

Included Observations：89

Variable	Coefficient	Std. Error	t-Statistic	Prob.
C	7.629584	1.042257	7.320250	0.0000
LNY1Y2	0.547028	0.051631	10.59505	0.0000
LNX1X2	0.215081	0.049242	4.367803	0.0000
LND	−0.841019	0.092611	−9.081248	0.0000
APEC	0.621633	0.123518	5.032748	0.0000
R-squared	0.811985	Mean dependent variable		13.99592
Adjusted R-squared	0.803032	S. D. dependent variable		1.234143
S. E. of regression	0.547726	Akaike info criterion		1.688458
Sum squared residuals	25.20035	Schwarz criterion		1.828269
Log likelihood	−70.13638	Hannan-Quinn criterion		1.744812
F-statistic	90.69305	Durbin-Watson statistic		2.255706
Prob(F-statistic)	0.000000			

$$\ln T_{ij} = 7.63 + 0.55 \ln Y_i Y_j + 0.21 \ln(Y_i/P_i)(Y_j/P_j) - 0.84 \ln D_{ij}$$
$$+ 0.62 APEC \tag{5.2.5}$$
$$(7.32) \qquad (10.60) \qquad\qquad (4.37)$$
$$(-9.08)$$

检验：T 检验,变量显著性；F 检验,方程显著性；$DW = 2.26$,变量无自相关。

则得出引力模型的回归方程。

方程中, $\beta_1 = 0.55, \beta_2 = 0.21$,我们能够得出,随着中韩两国经济的发展、国民生产总值的增加,中韩双边贸易额会相应增加。$\beta_4 = 0.62$ 表示的是经济政策这一虚拟变量,随着中韩经贸合作的不断加强,如果成立中韩自由贸易区,这一虚拟变量的影响将远远大于 $APEC$,所以成立中韩自由贸易区,对促进中韩双边贸易有着积极的作用。

2.对中韩贸易潜力测试

对出口贸易潜力的估算是运用引力模型模拟"理论"或"自然"状态下的潜在出口额,然后将一国的实际出口水平与模拟值进行比较。若实际值低于模拟

值,就称之为"贸易不足",相反则属于"贸易过度"。根据模拟值和实际值的比例大小,两国的贸易潜力可以分为三种类型:

一是潜力再造型贸易伙伴。当实际双边贸易额与预测双边贸易额的比值大于或等于1.2,说明两国贸易已达到饱和状态,贸易扩大潜力比较小。与这种贸易伙伴进一步发展贸易关系的主要思路是在保持现有积极因素的同时,发展培育其他促进贸易发展的因素,并及时调整外贸政策,其中最重要的是调整贸易结构,提高贸易产品的附加值,改善贸易条件。

二是潜力开拓型贸易伙伴。当实际双边贸易额与预测双边贸易额的比值在1.2到0.8之间时,说明贸易伙伴之间发展双边贸易的潜力尚未充分发挥,还有一定的扩大双边贸易的空间。与这种贸易伙伴进一步发展贸易关系的主要思路除继续借鉴与第一类贸易伙伴关系做法的同时,还要继续开拓两国的贸易合作空间,寻找合作领域,寻找促进贸易发展的因素。

三是潜力巨大型贸易伙伴。当实际双边贸易额与预测双边贸易额的比值小于或等于0.8时,按照模型分析,与这种贸易伙伴扩大双边贸易规模的潜力巨大。我国与这类贸易伙伴之间一般存在较严重的贸易壁垒,与之进一步发展贸易关系的主要思路在于尽快排除贸易发展的障碍,减少贸易壁垒,加强合作,并探求进行制度性经济合作的可能性。

根据引力模型可以得到2006年中韩双边贸易额的模拟值是 $T_{ij}=1856.9$ 亿美元,而2006年中韩双边贸易额的实际值为1342.5亿美元。表5.2.6是2006年中韩双边贸易额的模拟值和实际值的比较。

表5.2.6　2006年中韩双边贸易额的模拟值和实际值　　　单位:亿美元

国家	GDP	人均GDP	双边贸易额模拟值	双边贸易额实际值	比值
中国	26681	2010	1856.9	1342.5	0.72
韩国	8880	17690			

从表5.2.5中我们得到2006年中韩双边贸易额的实际值和2006年的预测值之比为0.72,小于0.8,中韩的贸易伙伴关系属于潜力巨大型贸易伙伴。结合实际情况,中国和韩国之间的贸易并没有完全发挥出两国的贸易潜力。中韩之间的关税水平较高,各种各样的非关税贸易壁垒,尤其是韩国对中国农产品设立的绿色壁垒阻碍两国贸易的自由化进程。中韩两国应当推进贸易自由化,减少贸易壁垒,加强经济合作,促进两国经济发展,为两国人民创造更多的福利。

四、中韩自由贸易区的静态效应

此章节结合关税同盟理论,分析中韩自由贸易区的静态效应,即短期效应。

关税同盟理论的假定条件包括:①两国各自的国内市场是完全竞争的,要素在国内是完全流动的,但在国际间完全不流动;②价格能准确反映产品的机会成本,资源配置只受价格机制调节;③两国间贸易不存在运输成本,从量关税是限制贸易的唯一障碍;④每个成员国在加入关税同盟前的贸易都保持进出口平衡;⑤要素充分就业。中韩自由贸易区的静态效应分析是研究在上述假定条件下,X、Y两国决定组成关税同盟,取消两国之间的关税壁垒,对世界市场其他非成员国(用W国表示)实行基本统一的关税,对两国的生产、消费和国民经济会产生什么样的影响。

　　中韩建立自由贸易区后,取消关税壁垒,在韩国的劣势产业,尤其是农业上,由于中国的农产品物美价廉,大量涌入韩国,虽然会对韩国的农业产生一定的冲击,但是对韩国的消费者带来的福利将远远大于生产者的损失,同时对中国国内的生产者来说会有巨大的商机,产生的生产者剩余远远大于中国国内消费者的损失,而且中国商品在韩国打开市场,有助于占领世界市场份额。同样,韩国的优势产业涌入中国,会给中国的消费者带来巨大的消费者剩余,增加中国消费者的福利,而且促进了韩国在该产业的继续发展,提高了韩国在这些行业中的市场竞争力。

　　表5.2.7采用GSIM一般均衡模型,分析中韩自由贸易区对两国不同产业的影响。数据参考李荣林和鲁晓东的中日韩自由贸易区贸易流量的福利效应分析。

表5.2.7　　中韩自由贸易区对各个产业的福利效应　　　　单位:亿美元

SITC	中国				韩国			
	消费者剩余	生产者剩余	关税收入	净福利	消费者剩余	生产者剩余	关税收入	净福利
1	5.839	115.42	−5.903	115.356	45.613	−15.9	−54.96	−25.247
2	0.089	9.701	−0.076	9.714	9.139	1.348	−9.867	0.62
3	0.061	9.701	−0.049	9.713	3.041	1.348	−2.078	2.311
4	0.225	2.694	−0.207	2.712	8.401	0.107	−7.041	1.467
5	4.638	−91.23	0	−86.592	−23.5	−56.43	−5.744	−85.674
6	833.67	698.35	−818	714.02	183.7	476.36	−132.6	527.46
7	58.75	675.8	−50.9	683.65	77.99	87.79	−64	101.78
总计	903.27	1420.44	−875.14	1448.57	304.39	494.62	−276.29	522.72

　　表5.2.7反映了在以上SITC分类八类的七类中,建立中韩自由贸易区对两国产生的福利效应。对中国产生的福利总效应达到1448.57亿美元,对韩国

产生的福利总效应也达到了522.72亿美元。所以,建立中韩自由贸易区对中韩两国的静态贸易效应将是非常大的。

四、中韩自由贸易区的动态效应

(1)规模经济效应。中韩建立自由贸易区后,两国之间取消关税壁垒,减少其他的非关税贸易壁垒,对两国的企业来说无疑市场都扩大了很多,尤其对韩国企业来说,打入中国这个大市场利润将是巨大的,同时,前景也非常可观。在这样的大市场下,企业的规模经济效果将鼓励大企业的组建和成长,同时在大市场下,不鼓励,甚至淘汰小企业,以提高中韩自由贸易区内部资源的利用效率。那么中韩自由贸易区到底会给中韩两国带来什么样的规模经济效应呢?

中韩两国的企业在市场扩大后,据统计,2006年中国国内生产总规模达到了18万亿元,其中社会消费品的零售总额达到6.7万亿元,社会生产资料销售额超过了16万亿元。预测到2020年左右,中国将成为除美国外的世界第二大市场。同时随着中韩两国的经济高速发展,两国人民的消费水平和档次将会有很大的提高,所以中韩自由贸易区建立后形成的新市场将是一个巨大的市场。在这样的大市场下,中韩两国企业充分利用贸易区内的优势资源,提高资源配置效率,降低生产成本曲线。由于中国的部分自然资源丰富、劳动力成本远远小于韩国国内,韩国企业将会降低生产成本曲线,扩大生产,形成一定的规模,产生巨大的规模效应。与此同时,中国企业将会充分利用韩国的资本和技术,帮助中国企业提高科学技术,提高竞争力,最终促进产业结构的升级。

(2)投资效应。自由贸易区的建立就长期而言会引起投资效应,在分析中韩自由贸易区的投资效应之前我们先来分析一下近十几年来的中韩两国企业的投资状况。表5.2.8是1995—2006年韩国企业在华的投资情况。

表 5.2.8　1995—2006 年韩国企业在华的投资情况

年份	项目数	合同金额(亿美元)	实际金额(亿美元)	实际投资占全部外资的比例(%)	韩资增速(%)	全部外资增速(%)
1995	—	—	1	2.8	43.8	11.1
1996	1603	42.8	13.6	3.3	30.6	11.2
1997	1753	21.8	21.4	4.7	57.7	8.5
1998	1307	16.4	18	4	−15.8	0.5
1999	1547	14.8	12.8	3.1	−29.3	−11.3
2000	2565	23.9	14.3	3.7	12.2	1

年份	项目数	合同金额 (亿美元)	实际金额 (亿美元)	实际投资占 全部外资的 比例(%)	韩资增速 (%)	全部外资 增速(%)
2001	2909	34.9	19.7	4.6	37.8	15.1
2002	4008	52.8	27.2	5.2	38.1	12.7
2003	4920	91.8	44.9	8.4	65	1.4
2004	5625	139.1	62.5	10.3	39.2	13.3
2005	6115	197.6	51.68	8.69	−17.3	−0.5
2006	4262	123.2	39	5.6	−24.5	15.2

数据来源:商务部、国家统计局数据整理计算得出。

从表 5.2.8 中可以看到,在 1995—2006 年这 12 年的时间里,韩资在华比例保持较快上升,尤其是 2003 年和 2004 年,韩资增长率达到了 65% 和 39.2%。这之间出现两次回落,第一次是因为 1997 年的亚洲金融危机,造成韩国本国经济衰退,从而在华投资减少;第二次是因为 2005 年以来,中国的劳工工资水平迅速上升以及电力供应困难等投资条件恶化。再者,韩企在华投资除了在金额上出现了变化之外,在投资对象、产业和地域上也发生了明显的变化。韩资对中小企业的投资增加,对传统的纤维、服装、皮革业的投资比重减少,对金属、机械设备、石油化工、家电即服务业的投资上升。同时,韩企的投资领域由原来的沿海一带向中西部扩展。

中国在韩投资虽然起步较晚,但是发展速度很快,并保持良好的势头。2002 年,中国对韩直接投资项目 1165 项,占韩国引进外资项目总数的 27.3%,不过投资金额较小,只有 0.76 亿美元,只占到了韩国引进外资总额的 0.5%。截至 2005 年,中国对韩国直接投资净额也达到 11.5 亿美元,是 2002 年的 15 倍。虽然 2006 年中国对韩国投资增速放缓,但是投资金额依旧很大,中韩企业互相投资依旧活跃。

中韩自由贸易区的建立,对中韩企业来说市场将扩大,上一节已有所提及。首先,据统计,2006 年中国国内生总规模达到了 18 万亿元,其中社会消费品的零售总额达到 6.7 万亿元,社会生产资料销售额超过了 16 万亿元。同时韩国的消费水平和消费档次也处于世界前列,所以中韩贸易区的建立将会形成一个巨大的市场。其次,由于中国经济的不断发展,大力改进各地区的基础设施,大部分地区的电力、通信、水利等基础设施都得到了很大的改善。再者,中国的劳工水平虽然较以前有所提高,但是相对于韩国及世界大多数国家而言,劳工平均工资仍然非常低,而且劳动力供给量很大。同时,在大多数沿海地区仍然对外资企业实行税收优惠政策,而且对在中西部投资的外资企业,中国将实行更优惠的政策,以促进地域经济发展。

(3)竞争效应。中韩自由贸易区的建立还会产生竞争效应。竞争效应理论认为如果一国没有其他国家企业的竞争,国内的主要工业部门,如高科技部门、重化工部门等都会有一定程度的垄断,这对于一个国家的产业发展是不利的。因为这些部门在保持长期稳定的情况下,将缺乏竞争的压力,进而缺乏技术进步的动力,导致最后在国际上竞争力很弱,从而拖累整个国家的经济。所以当中韩自由贸易区建立后,随着贸易壁垒的逐渐消除,韩国的许多企业将会涌入中国,给中国的一些传统企业带来很大的冲击,尤其是机械电子、通讯等产业。在如此巨大的冲击下,中国在这些产业上的企业必须要改进技术,扩大生产规模,提高企业竞争力,不然企业只能退出市场。同样,韩国的一些农业也将面临中国农产品的巨大竞争,迫使韩国农业提高生产效率,促进产业升级。这样中韩两国的企业在对方国优势产业的冲击下,在本国的劣势产业上不断创新,提高技术含量,不但提高了企业的竞争力,同时也促进了中韩两国产业结构的升级。

(4)产业内贸易效应。在前面分析中韩贸易结构的时候,我们发现中韩的产业内贸易非常活跃,在此将通过 1992—2006 年中韩的产业内贸易指数来说明中韩自由贸易区对中韩两国产生的产业内贸易效应。

首先产业内贸易指数的表达形式为:

$$ITT = \frac{(X_i + M_i) - |X_i - M_i|}{X_i + M_i} \tag{5.2.6}$$

其中,ITT 代表一国的产业内贸易指数,X_i 代表一定时期内的 i 产业的出口总值,M_i 代表一定时期内 i 产业的进口总值,$(X_i + M_i)$ 代表 i 产业的贸易总额,$|X_i - M_i|$ 代表 i 产业进口和出口差额的绝对值。ITT 的取值范围是 $0 \sim 1$。ITT 指数越接近于 0,代表产业贸易越不活跃;相反,ITT 指数越接近 1,产业内贸易越活跃。

因为产业内贸易研究的是一个产业,SITC 3 分类是根据初级产品和制成品分类的,所以在研究产业内贸易指数时,不使用 SITC 分类。表 5.2.9 根据 HS 编码分类,列出了 1992—2006 年中韩贸易在各产业中的产业内贸易指数。

表 5.2.9　1992—2006 年中韩两国各行业的产业内贸易指数

年份	农业	矿业	化工	纺织	钢铁	机械电子	其他行业
1992	0.07	0.25	0.38	0.88	0.45	0.38	0.99
1993	0.06	0.79	0.37	0.85	0.26	0.33	0.59
1994	0.09	0.56	0.38	0.86	0.51	0.37	0.67
1995	0.22	0.65	0.44	0.79	0.94	0.46	0.74

年份	农业	矿业	化工	纺织	钢铁	机械电子	其他行业
1996	0.16	0.55	0.37	0.70	0.97	0.55	0.61
1997	0.13	0.88	0.32	0.73	0.95	0.60	0.58
1998	0.21	0.88	0.23	0.68	0.55	0.63	0.38
1999	0.16	0.71	0.27	0.81	0.57	0.61	0.49
2000	0.15	0.72	0.26	0.87	0.66	0.59	0.57
2001	0.14	0.82	0.29	0.98	0.55	0.63	0.70
2002	0.11	0.97	0.42	0.87	0.66	0.51	0.93
2003	0.11	0.88	0.31	0.85	0.65	0.44	0.94
2004	0.13	0.89	0.38	0.86	0.67	0.40	0.87
2005	0.10	0.86	0.35	0.88	0.69	0.46	0.91
2006	0.12	0.85	0.32	0.89	0.68	0.42	0.89
平均数	0.13	0.75	0.34	0.83	0.65	0.49	0.72

数据来源:由国家统计局数据整理计算得出。

由表 5.2.8 我们得出以下几条结论:①农业、化工的产业内贸易指数小,尤其是农业,在 12 年里平均产业内指数为 0.13,并且有逐年下降的趋势,化工行业平均产业内贸易指数为 0.34,也呈现逐年下降的趋势。因为农业是韩国处于绝对贸易劣势的产业,对中国的出口很少,所以产业内贸易指数比较低;化工行业则一直以来是韩国的优势产业,所以对中国的出口远远大于从中国的进口,所以产业内贸易指数基本维持在 0.3 左右。②机械电子、钢铁和其他行业的产业内贸易指数的平均值分别是 0.49、0.65 和 0.72,说明中韩两国在这几个行业的竞争力差距比农业和化工业要小,但仍然有差距。③矿业、纺织业和其他行业的产业内贸易指数达到了 0.81 和 0.83,产业内贸易相当活跃。说明两国在这两个行业具有竞争优势,并且有很高的互补性,在两国近十几年的贸易中做到了互利互惠。

随着中国经济的发展,中国在许多产业上的生产技术和生产效率都会大大提升,从而在这些产业上的竞争力都会比以前大大增强。但是相对于韩国而言,中国在许多产业上的竞争力还落后很多,要想具有同韩国同样的国际竞争力还需要很长的时间。也就是说韩国在产业上游掌握较高的生产技术和科技水平,中国则处于产业下游,生产技术和科技水平都不如韩国。但是由于中国生产率提高的速度将远远快于韩国,所以会有相当长的一段时间里,中韩之间的产业内贸易将会非常活跃。若建立中韩自由贸易区后,中韩之间的关税壁垒逐渐消除,中韩之间的产业内贸易就会更加活跃,在产业内贸易的双边贸易额中所占的比例也会不断攀升。

五、对建立中韩贸易区的政策选择

通过以上的数据分析、指数计算和模型建立分析，我们得出以下几条结论：

（1）通过对中韩两国要素禀赋的了解，加上分析计算两国在各个产业上的 RCA 指数和竞争指数可知，初级产品上中韩两国的竞争力都比较弱，而在制成品上，中国在劳动密集型制成品上有很强的竞争力，在资本密集型制成品上竞争力较弱，韩国则恰恰相反。所以中韩经济的互补性大于竞争性，这为中韩自由贸易区的建立创造了前提。

（2）通过对中国贸易量引力模型的建立、分析和检验，得出影响中国双边贸易额的变量有两国的 GDP 总值、人均 GDP 和两国距离和贸易政策。中韩的贸易潜力是属于潜力巨大型的，所以建立中韩自由贸易区对中韩的双边贸易额将会有很大的提高。

（3）通过对中韩自由贸易区的静态效应、动态效应和产业内贸易效应分析，发现中韩自由贸易区的建立不但能在短期内给两国带来福利，而且从长期来说促进了中韩之间的投资，加强了中韩企业的竞争，促进了中韩企业的产业升级。同时，建立中韩自贸区将会产生巨大的产业内贸易效应，为两国经济带来巨大的发展空间。

我们注意到，中韩自贸区官产学联合研究于 2006 年 11 月由两国政府宣布启动，到现在双方已举行了 5 次会议。第一次会议于 2007 年 3 月 22 日至 23 日在中国北京举行。第二次会议于 2007 年 7 月 3 日至 4 日在韩国首尔举行，双方讨论了部分工业部门以及原产地规则和贸易救济措施等问题。第三次会议于 2007 年 10 月 24 日至 26 日在中国山东威海举行，双方就货物贸易的部分工业部门和农林渔业、服务贸易以及投资等相关问题深入交换了意见。第四次会议于 2008 年 2 月 18 日至 20 日在韩国济州举行，双方就农林渔业、制造业、竞争政策、知识产权、政府采购、动植物检验检疫（SPS）、海关程序、原产地规则和经济合作等进行了讨论。第五次会议于 2008 年 6 月 11 日至 13 日在北京举行，双方就联合研究报告中的农林渔业、韩弃用两项"特保条款"和总体结论建议等进行了讨论。我们认为这种研究时间有些过长了，可能已经"吃掉"了一定的中韩自由贸易福利。现在需要的是切实的行动，第一步要在关税上实现中韩自由贸易区的要求，而后再逐步在非关税壁垒等方面实现自由贸易区的要求，有些特殊的产业、产品问题等可以搁置。总之，我们认为现在中韩两国应该积极推进中韩自由贸易区建设，不要浪费中韩自由贸易区的潜在福利。

第三节　中日自由贸易区

一、中日经贸现状[①]

1. 中日双边贸易情况

中日建交之时的 1972 年和中国实行改革开放政策前夕的 1978 年,中日贸易额分别为 11 亿美元和 66 亿美元,20 多年后的 2000 年,两国的贸易额也才 700 多亿美元。进入新世纪后,中日贸易强劲发展,贸易量急剧扩张。2006 年,两国的贸易额突破 2000 亿美元,达到了 2073.6 亿美元,为 2000 年的 2.4 倍。1972—2000 年的 28 年里,中日贸易量每年以 10 亿或数 10 亿美元的增幅递增;2001—2006 年,两国贸易量每年以百亿或数百亿美元的增幅递增,如此高的双边贸易增长幅度在国际上也是罕见的。现在日本是中国的第二大贸易伙伴国,中日双边贸易占中国外贸总额的 11.8%。到了 2006 年年底,中国一直仅次于美国,是日本的第二大贸易伙伴国,中日贸易占日本外贸总额的 17.2%,仅比日美贸易额少 0.2%。2007 年,中日贸易保持较快增长势头,进出口总额为 2360.2 亿美元,同比增长 13.9%。其中中国对日本出口为 1020.7 亿美元,同比增长了 11.4%;中国从日本进口为 1339.5 亿美元,同比增长了 15.8%。中方逆差 318.8 亿美元,参见表 5.3.1。

表 5.3.1　20 世纪 90 年代以来中日贸易额的发展变化　　　　单位:亿美元

年份	中国对日本出口	中国从日本进口	进出口总额
1990	90.1	75.9	166
1995	284.7	290.1	574.8
1996	308.9	291.8	600.7
1998	296.6	282.7	579.3
2001	449.6	428.0	877.6
2002	484.3	534.6	1018.9
2003	594.1	741.5	1335.6
2005	1090.1	803.2	1893.3
2006	916.4	1157.2	2073.6
2007	1020.7	1339.5	2360.2
2008	1161.4	1506.5	2667.9

资料来源:根据中国海关统计整理。

[①]　陈岩和冯盈盈(2009)对此进行了探讨,值得指出的是,直到现在仍然在僵持的"岛争"极大地损伤了中日关系。

2.日本对华投资情况

1979 年以来,日本对华投资有较大的发展。从投资规模看,截至 2002 年年底,来自日本的直接投资项目达 25147 个,合同外资金额达 495.32 亿美元,比重为 5.98%,实际使用金额为 321.4 亿美元,比重为 8.11%。根据中华人民共和国商务部数据,2004 年,日本对华投资项目数累计超过 3454 个,实际投入 54.52 亿美元。2005 年,日本对华投资项目数为 3269 个,减少 5.4%;合同金额 119.2 亿美元,增长 30.1%。实际投入金额 65.3 亿美元,增长 19.78%,而同期我国外资整体则减少 0.5%。合同金额和实际投入金额分创历史新高。截至 2005 年年底,日本对华投资累计项目数为 35124 个,合同外资金额 785.2 亿美元,实际投入金额 544.3 亿美元。日本为我国第三大外资来源。2006 年,日本对华投资比 2005 年明显减少;2007 年全年又比 2006 年有所下降。近两年日本对华投资的减少存在着政治、经济、安全等方面的复杂因素,但日本对中国大陆的投资在亚洲地区除了我国的香港和台湾之外位于第二位,日资的利用对我国经济大发展起了重要作用。

日本对华投资拉动贸易增长的效果十分明显,主要表现在投资促进了中日贸易量的增加和贸易结构的改善。日本企业创立初期,往往要进口大量的机械设备和中间产品,带动了中国进口的增长。同时,由于日资企业加工贸易型的居多,且日本在华投资企业的产品基本返销本国或向第三国出口,在很大程度上带动了中国出口的增长。在华日资企业为促进中国经济发展也做出了应有的贡献。据测算,在华日资企业直接和间接吸纳就业人数 920 万人,2004 年日资企业缴纳税收约 490 亿元。日本投资者也从中国的经济发展中获得了相应的回报。与此同时,中国企业对日本的直接投资也在不断升温,据统计,仅 2002 年中国企业在日本投资近 20 个项目,金额达 1 亿多美元。

表 5.3.2　日、美、欧对华直接投资额比较　　　金额:百万美元

国家	累计直接投资额		年均直接投资额					
			1990—1995		1996—1999		2000—2003	
	协议额	实际额	协议额	实际额	协议额	实际额	协议额	实际额
日本	57230	40748	3071	1376	3468	3595	5588	4127
美国	86190	43619	4053	1488	6088	3699	8458	4610
欧洲四国	48136	28583	2542	707	3994	3085	3836	2845

资料来源:根据《中国对外经济贸易年鉴》各年版数据。

注释:①累计协议直接投资额为 1979—2003 年间的总额,累计实际投资额为 1985—2003 年间的总额。②欧洲四国为英、法、德、意。

三、中日自由贸易区的福利效应

1. 中日自由贸易区的模型说明

模型的假定条件为：①从成员国的进口和从非成员国的进口是一种不完全替代关系；②从成员国和非成员国的进口与其国内的生产也是一种不完全替代关系；③关税减让的贸易效应不对收入和汇率产生影响；④出口的供给弹性无穷大，关税变化带来的效应完全反映在进口价格上；⑤该国进口 n 种商品，每种商品与一个贸易伙伴国相对应。则可设定一个不变替代弹性的效用函数：

$$U = \sum_{j=1}^{n} x_j^{\partial} \tag{5.3.1}$$

其中，U 表示效用函数，x_j 表示 j 国进口的商品消费量，∂ 是参数，$0 < \partial < 1$，这是假定各种进口商品的边际效用为正并不断下降。

又假定两种进口商品之间的替代弹性为常数，用 ε 表示，且 $\varepsilon = 1/(1-\partial)$，可以从下面的最大化效用函数推导出相应的进口需求：

$$\max_{x_j} (\sum_{j=1}^{n} x_j^{\partial})^{\frac{1}{\partial}} \tag{5.3.2}$$

$$\text{s. t.} \qquad \sum_{j=i}^{n} P_j x_j = E \tag{5.3.3}$$

其中，s. t. 表示约束条件，P_j 是商品 j 的国内价格，E 是进口商品的总支出。对上式取对数，则利用拉格朗日方法可以推导出第 j 种的进口需求 x_j：

$$x_j = \frac{E \cdot P_j^{-\varepsilon}}{\sum_{j=1}^{n} P_j^{1-\varepsilon}} \tag{5.3.4}$$

由于前面假定关税变化的效应完全传递给价格，则贸易创造效应就可以表示为：

$$TC_a = [\varepsilon + (1-\varepsilon)S_a] M_a [\Delta t_a / (1 + t_a)] \tag{5.3.5}$$

其中，下标 a 表示进口国，t_a 是进口国的最初关税，Δt_a 是根据优惠贸易安排进行的关税减让，S_a 表示从 a 国进口的份额，M_a 表示 a 国从区内的进口。

根据等式(5.3.4)，

$$S_a = P_a^{1-\varepsilon} / (\sum P_j^{1-a}) \tag{5.3.6}$$

由于前面设定的效用函数的替代弹性为常数，这里假定国内生产的产品和进口品的替代弹性均为 2.2[1]。

---

① 胡俊芳：《中日韩自由贸易区贸易效果的实证分析》，复旦大学出版社 2005 年版。

东亚共同体通论

2.数据来源和计算结果

根据中国海关网站公布的数据,2008 年中国的关税总水平的实际值为 9.8%,中日双边贸易额达到 2667.9 亿美元,其中中国对日出口 1161.4 亿美元,自日进口 1506.5 亿美元。根据 APEC 秘书处的报告,2008 年日本的关税总水平为 2.8%。中国 2008 年的世界进口总额是 11331 亿美元,而同期日本的世界进口总额是 7620 亿美元。

根据公式(5.3.6),分别代入两国的关税水平和 2008 年的贸易额,可以计算出两国组建自由贸易区(即最终关税降至 0)的贸易创造效应。结果得出中国的贸易创造额为 1504 亿美元,日本为 518.39 亿美元。则中日两国自由贸易区的净福利为刚刚所得的贸易创造额减去关税损失。中国的关税损失为中国出口到日本的贸易额乘以出口关税税率,把数据代入可得出中国关税损失是 1138.172 亿美元,则中国的贸易净福利是 365.828 亿美元。同理,日本的贸易净福利是 96.57 亿美元。

3.福利计算结果解析

由上面可以看到,中日两国的贸易创造效应均为正,这与瓦伊纳的关税同盟理论中的贸易创造效应是相吻合的,而且,由于目前中日在一体化之前的关税保护程度相对较高,贸易量也较大,中日在一体化中获得的贸易创造效应可能是巨大的。这种贸易创造效应是由于用低税国的低成本替代低效国高成本产品而获得的。它由两部分组成:一是生产效应,即在区域内实行自由贸易区后,区域内生产效率较高国家的低价格产品会大量涌入生产效率较低的国家,低效国国内的生产者的供给量减少,原来因高关税保护而存在的高成本生产减少,从而使得该国的资源使用效率得到了提高;二是消费效应,即由于高效国低价格产品的涌入,低效国的国内价格下降,其消费者也因此得到了消费者剩余。

三、建立中日自由贸易区的相关因素分析

1.建立中日自由贸易区的有利因素

(1)中日经贸的快速发展。自 20 世纪 80 年代初以来,中日双边贸易一直保持着高速发展的状态。1993—2003 年,日本连续 11 年成为中国最大的贸易伙伴。2004 年,尽管日本从中国的第一大贸易伙伴下降为第三大贸易伙伴,但根据中国海关统计,中日双边贸易额仍然高达 1678.9 亿美元,同比增长了 25.7%,占中国对外贸易总额的 14.5%。2006 年 1—6 月,中日双边贸易额为 992.39 亿美元,同比增长了 10.4%。中日双方相互成了重要的贸易伙伴。

20 世纪 90 年代以来,日本对华投资也保持了良好的发展势头。据中方统

计,到 2003 年年底,日本在华投资企业达 28401 家,占外商在华投资企业总数的 6.10%;累计合同投资额 575 亿美元,占在华合同外商直接投资总额的 6.10%;实际投资额 414 亿美元,占在华实际外商投资总额的 8.25%。日本已成为中国第二大投资来源国,而中国则是仅次于美国的日本第二大对外投资对象国。

中日经贸关系迅速发展使两国形成了越来越紧密的相互依存、共同发展的关系。其中,中日经贸关系迅速升温不仅推动了中国经济新一轮的高速增长,更直接地推动了日本经济的复苏。2003 年以来,日本经济之所以能摆脱 20 世纪 90 年代以来长期停滞的局面,在很大程度上就是由于被称为"中国特需"的对华出口的迅速增加。对华直接投资也一样,它不仅解决了中国资金、技术和管理方面的不足,促进了中国固定资产投资、对外贸易乃至 GDP 的迅速增加,而且也带动了日本出口的扩大,促进了日本经济改革和产业结构的调整。[1]

(2)中日两国经济上的互补性促成了两国的合作和发展,主要包括:

1)劳动力资源。从劳动力资源来看,中国不仅是世界上人口最多的国家,而且是世界上人力资源最丰富的国家,并且由于中国属于发展中国家,经济起步较晚,劳动力成本相对较低。而日本虽然人口密度较大,但由于经济高度发展,生产量和出口量很大,以及人口老龄化,劳动力资源不足,中国廉价的劳动力恰恰可以弥补日本不足且高成本的劳动力。

2)自然资源。在自然资源方面,中国地大物博,农业资源和矿物资源十分丰富,石油、煤炭等多种资源含量位列世界前茅。而日本一向被称为资源匮乏的国家,除鱼类、森林和水力资源较丰富以外,只有少量的矿物资源,因此对能源的依赖程度较高。这种互补性可以使中国替代其他国家成为日本的主要原料供给国。长期下去,将会有更广阔的合作前景。

3)知识技术。日本作为经济大国,技术设备先进,而中国在这方面则明显落后于日本。从 1991 年至 2005 年,中国与日本签订的技术引进合同共 12452 项,合同金额高达 301.76 亿美元,占中国技术引进合同总额的 17.75%。从日本引进的技术以及中国企业在此基础上的消化、吸收和创新,使中国的钢铁、汽车、农业生产等传统产业,电子及通信设备制造等高新技术产业,能源和环保产业等得到了快速发展,竞争力得到了加强。

4)产业结构。从产业结构来看,中日两国生产力发展水平和经济实力发展水平比较悬殊,在产业发展上有着很大的传递性。日本是工业高度发达的现代化国家,其经济已经进入后工业阶段,资本密集型和高新技术产业发达;中国是

---

① 刘昌黎:《尽快启动中日自由贸易区进程》,东北财经大学出版社 2006 年版。

正在实现工业化的发展中国家,劳动密集型产业和制造业比较发达。两国在资本、产业技术上有很大的优势互补性和传递性,有着广阔的合作前景。

（3）地理上的接近和文化价值的相容性为中日FTA提供了人文环境。就地理方面而言,中日两国有着得天独厚的贸易优势,可以说是"近邻中的近邻"。相临近的地缘优势是建立中日自由贸易区的基础,也有利于两国之间,乃至整个东亚地区的合作与发展。就历史、文化方面而言,中国与日本有着十分悠久的历史、文化联系,经济交流和人员往来频繁。虽然亚洲金融危机后,以日韩等国为代表的亚洲价值观、亚洲模式的影响不像以往那样突出,但东亚国家的文化价值观念体系具有许多共同点是不争的事实,这为中日两国的合作奠定了一定的社会环境基础。[①]

2.建立中日自由贸易区的制约因素

（1）历史遗留问题所造成的政治障碍。从政治角度分析,中日两国合作存在着比较大的障碍。首先是领土领海主权问题。由于各种历史因素影响,中日两国一直存在着尚未解决的领土争端问题。例如中日钓鱼岛问题和东海争端。同时,台湾海峡是较为敏感的问题。其次是历史态度问题。二战后日本朝野上下有人未能正确地对待历史,一直在掩饰其在二战期间所犯下的罪行。多次出版歪曲历史的教科书、修改和平宪法、参拜靖国神社等丑行,极大伤害了中国人民的感情,由此增加了协调两国谈判的难度。

（2）中日经济发展不平衡。从经济发展阶段来看,中国属于发展中国家,日本属于经济发达国家,中日两国明显存在着一定的经济差距。经济发展不平衡可以是加强区域合作的动力来源,但巨大的经济差异也会给两国之间的政策协调带来一定的难度。从经济体制来看,日本似乎拥有成熟程度比较高的市场经济,而中国还处于市场化经济转轨的过程中,这必然会增加区域经济合作的交易成本。再者,两国之间缺乏经济合作与一体化的正式磋商与协调机制,导致了本地区经济政策协调方面的困难和生产要素流动性不足,导致区域一体化进程缓慢。

（3）农业等其他敏感产业所带来的影响。建立自由贸易区必然会对有关各方的弱势产业产生较大的冲击。因为按照WTO的有关规定,区域性自由贸易协定必须包括有关国家的所有产业部门,而不能只包括部分产业的自由贸易协定。这就意味着任何一个区域经济一体化组织的成员国必须向其他成员国进

---

① 陈柳钦:"建立中日韩自由贸易区的路径选择",《郑州航空工业管理学院学报》2008年第6期。

行完全的市场开发,除了自然资源和生态保护等特殊领域的部分产品之外。①
农业对于日本是一个相当敏感的领域,其耕地资源十分有限,农业部门的劳动
生产率也很低,是一个农产品高度依赖进口的国家。而中国劳动力成本低廉,
农产品价格相对便宜。一旦日本对中国的农产品市场开放,将给日本国内农产
品生产带来强烈的冲击,因此日本一直将中国的农产品拒之门外。而中国也面
临日本的高新技术的挑战,开放的市场环境会使得原本就处于发展阶段的中国
高科技企业处于更严峻的境地。

(4)美国等其他外部因素的影响。首先,美国始终密切关注着亚洲地区的
政治、军事、经济等事务的发展变化,坚决反对和阻挠任何把美国排除在外的区
域经济组织,防止他国主导该地区经济的合作与发展,从而确保美国在世界各
国经济中的地位和利益。其次,日本政府现阶段对中日自由贸易区的合作并不
积极。一是害怕经济日益发展的中国在东亚地区的地位超过日本;二是认为一
旦同中国建立自由贸易区,获取的利益不大,日本经济中最薄弱的农业和纺织
业将会遭受到来自中国农产品的冲击,对本国不利。

四、建立中日自由贸易区的政策选择

1. 面向未来,消除中日关系的政治障碍

虽然近几年来,中日经济发展迅猛,双方都获得了一定的经济利益,但是在
政治上无疑有一定的分歧和障碍。历史问题是中日关系的政治基础。中日双
方要建立信赖关系,就必须正视这一问题。双方必须要坚持以史为鉴,面向未
来,妥善解决各种历史问题和其他政治分歧。只有遵循这一原则,中日两国才
能和平共处、互利互惠、共同发展。政治上有了友好和信赖的气氛之后,双方才
能就彼此共同关心的问题达成协议。因此中日两国领导人要加强对话与合作,
扩大两国在各领域的互利合作,不断巩固和加强两国的政治基础、经济基础和
社会基础,这样中日关系才能不断地改善,进一步加快中日 FTA 的进程。

2. 借鉴世界上主要自由贸易区的经验

目前,世界上比较典型的自由贸易区模式主要有三种,即欧盟、北美自由贸
易区以及东盟。欧盟是从组建欧共体开始,逐渐扩大和深化而形成的。它在建
立统一大市场,实行贸易与货币交换、商品流通、人员流动、服务贸易等四大自
由的基础上,组建了区内中央银行,发行统一贸易与货币的"欧元"。超越主权
国家而行使管理权力的组织机构已经组建,区内自由贸易已达到区域一体化的
最高水平,已发展成为由 15 个国家组成的经济和政治高度一体化的联盟。显

---

① 廉晓梅:"论中日韩自由贸易区建立的制约因素",《现代日本经济》2004 年第 6 期。

然,东亚情况不同于欧洲。东亚地区的政治、经济、文化各方面都不同于欧洲,存在着明显的差异。因此,这种模式不适合中日 FTA。

北美自由贸易区协定内容极为广泛。协定决定,自生效之日起 15 年内三国逐步消除它们之间的贸易壁垒,实现商品和劳务的自由流通,从而形成世界上比较大的自由贸易集团。它能成功运作在于:第一,创立了新的自由贸易模式。它通过发达国家与发展中国家在区域内垂直分工,从而达到了规模经济,解决了发达国家资金相对过剩的问题,解决了市场问题,发达国家与发展中国家互利互惠,共同发展。第二,照顾了发展中国的利益,实行有差别的消除贸易壁垒政策。第三,北美自由贸易区还增加了劳务合作、知识产权保护、环境保护和促进相互投资等目标,使合作有了更丰富的内容和更大的弹性,为美、加、墨三国的经济合作创造了更高层次的条件。[①]

北美自由贸易区的实践表明,经济发展水平差异较大的国家也可以建立自由贸易区,并从中收益。因此,中日自由贸易区可以从北美自由贸易区中借鉴经验,建立适合中日两国国情和利益的自由贸易区。

东盟自由贸易区建设始于 1992 年,原计划用 15 年时间建成。后来时间表一再提前,提前到 10 年。自由贸易区的建设主要通过落实"共同有效优惠关税计划"进行。6 个老成员国承诺到 2000 年把 85% 的共同优惠关税降到 0~5%,到 2001 年把降税范围比例扩大到 90%,到 2002 年再扩大到 100%。新成员中,越南到 2003 年、老挝与缅甸到 2005 年实现目标。东盟自由贸易区的建设既包括关税减让,也包括非关税壁垒削减。为了削减非关税壁垒,东盟签订和实施了"流转商品便利化框架协议"、"相互承认安排框架协议"等。显然,东盟的一些经验值得中日韩自由贸易区建设借鉴。[②]

3. 关于技术经济合作方面的领域及措施

经济发展程度存在悬殊差距的国家达成自由贸易区协定,必须高度重视经济技术合作问题。经济技术合作不仅有助于促进各成员的经济发展和相互间建立更紧密的经济关系,而且也是吸引一些发展程度相对落后的国家加入自由贸易区建设的重要因素。例如,在日本和新加坡与墨西哥建立自由贸易区谈判的过程中,由于日本坚持把部分农产品和水产品排除在贸易区之外,致使有关谈判困难重重。但由于日本提出了领域广泛的经济技术合作计划,并愿意为此提供规模巨大的支持,新加坡和墨西哥在权衡利弊之后接受了日本把部分农产

---

① 周庆行、金陶陶:"建立中日韩自由贸易区的可行性研究",《重庆科技学院学报》2008 年第 10 期。

② 卢新德、邵志勤:"论中日韩自由贸易区的建设",《当代亚太》2002 年第 12 期。

品作为特殊敏感产品,实施特殊保护的立场,并最终达成了日本-新加坡-墨西哥经济合作协定。①

因此,在借鉴其他自由贸易协定的经验中,应当重视经济技术合作领域,加快中日FTA的进程。中日两国应该在金融、投资保护、知识产权、国际劳务、科技、旅游、能源及环境保护、地区开发等方面加强合作与协调,确立起具体有效的合作机制,为两国建立自由贸易区注入新动力,更进一步地促进中日FTA。

4. 协调两国的产业政策

由于中日两国在经济上既互补又相互竞争,政府不应该对本国受到威胁的产业实行严格的保护措施,而应当加强两国产业部门的协调。例如日本应该逐步开放其农产品行业。严格的贸易保护主义不仅与自由贸易的原则相违背,还会阻碍自由贸易的发展,不利于资源的合理配置和产业结构的调整。日本以资本密集型产业为主,自由贸易区的建立将会导致制造业往劳动力更便宜的中国转移,出现所谓的"产业空心化"。近年来,由于日本对中国制造业的投资,导致了本国"产业空心化",失业率增加。如果因为担心"产业空心化"会对本国不利而采取相应的保护措施将会妨碍区域内的自由贸易。因此,两国应当适时地调整自己的产业政策,建立共生共存型产业结构。②

5. 以"10+3"为平台并遵循WTO原则寻找路径

首先,"10+3"指的是中日韩三国与东盟10国的合作,中日韩三国都向东盟提出了建立自由贸易区。而在这个框架下,基本已经确立了以领导人会议为核心、部长级会议为重要组成部分的合作机制。因此在这个平台下,中日两国可以好好利用这个机会,加强交流与合作,进一步促进中日自由贸易区的建成。其次,中日自由贸易区的建立必须要在WTO的框架下进行。WTO为世界贸易制定了一系列的协议、规则等法律文件,确立了国际贸易的通行规则。WTO的目标就是促进国际贸易自由化,推动全球贸易。因此,中日自由贸易区要以WTO为准则,遵循贸易规则,正确处理各种贸易争端,这样才能取得可喜的成效。

中国在寻求与日本的区域合作中,应从中国的战略利益出发,从优先领域的经济合作谈起,尽可能地为中日贸易全面自由化提供坚实的基础和丰富的经验,力争在不久的将来,促成中日自由贸易区。中日自由贸易区的建立将是一个充满机遇和挑战的过程,虽然前方有许多障碍,但是区域经济一体化的潮流

---

① 廉晓梅:"建立中日韩自由贸易区的现实基础与模式选择",《东北亚论坛》2005年第14期。

② 徐丽斌:"中日韩自由贸易区建立之我见",《国际经贸》2008年第534期。

不可逆转。相信只要两国本着互利互惠的原则加强互信和共赢,积极推动两国之间的政治及经贸关系的健康发展,妥善处理好彼此存在的矛盾与分歧,中日自由贸易区必将成功建成。这将使中日两国的经济得到前所未有的繁荣,并推动东亚经济一体化的进程,也更有利于东亚地区的稳定与繁荣。

第四节 中日韩自由贸易区

一、中日韩经济贸易关系状况[①]

1.中日经济贸易关系

从中日两国建立经贸关系以来,贸易额从1978年的接近50亿美元增加到2008年的2667.8亿美元(见表5.4.1),增长了52.4倍。根据国家商务部统计,2008年中国对日本出口1161.34亿美元,同比增长13.80%;中国从日本进口1506.51亿美元,同比增长12.50%。中国是日本第二大出口市场和第一大进口来源地。日方统计表明,中国已成为日本最大的贸易伙伴。据中国商务部统计,2008年中日贸易占中国对外总贸易额的10.4%,日本居欧盟、美国之后,为中国的第三大贸易伙伴。而日本是中国的第四大出口市场和第一大进口来源地。

表5.4.1 2001—2008年中日贸易的发展变化　　　　单位:亿美元

年份	出口		进口		进出口	
	金额	增长	金额	增长	金额	增长
2001	416.50	28.51%	415.10	22.96%	831.60	25.74%
2002	484.37	7.80%	534.68	25.00%	1019.05	16.40%
2003	594.20	22.67%	741.50	38.68%	1335.70	30.68%
2004	735.14	23.70%	943.72	27.30%	1678.86	25.50%
2005	839.92	14.30%	1004.52	6.40%	1844.44	10.35%
2006	916.39	9.10%	1157.17	15.20%	2073.56	12.15%
2007	1020.71	11.40%	1339.51	15.80%	2360.22	13.6%
2008	1161.34	13.80%	1506.51	12.50%	2667.85	13.15%

资料来源:据中华人民共和国商务部数据整理得到。

---

① 陈岩和何剑(2009)对此做了探讨。值得指出的是,中日韩在2013年进行了自由贸易区的第一次谈判,尽管没达成什么协定,但是能谈就是一个进展。

除了贸易外,日本对华投资也是双方经济关系的重要内容。日本的对外直接投资总额中,投资中国的比例在 2004 年增至 19％,2007 年比 2006 年又增长了 1.9％。2008 年,投资项目达 1438 个,实际投资金额达 36.52 亿美元(资料来源:中国商务部外资司)。对于日本来说,中国依然是亚洲第一重要的对外直接投资选择,根据日本国际协力银行近年来进行的调查,日本企业最看好的投资市场和最理想的投资回报中,中国都居于首位。随着中国进一步开放,与中国发展全方位的、更紧密的经济联系是缓解日本国内经济困难的有效途径,因此越来越多的日本各界人士认识到与中国经济联系的重要性。

2. 中韩贸易关系

1992 年,中国与韩国正式建立外交关系,将两国尚处于消极状态的对外贸易和经济合作推上了一个新的时期。从此以后,中韩两国间的对外贸易和经济合作在两国政府及民间团体的积极推动和不断努力下,取得了巨大的成果。中韩双边贸易发展迅速,贸易额从 1992 年的 50 亿美元迅速攀升至 2008 年的 1860 亿美元,增加了 36 倍。韩国是中国第六大贸易伙伴、第四大出口市场和第三大进口来源地。

表 5.4.2　2001—2008 年中国对韩国贸易情况　　　　单位:亿美元

年份	进出口		出口		进口	
	金额	增长	金额	增长	金额	增长
2001	125.20	10.90％	233.90	0.80％	359.10	5.85％
2002	154.97	23.80％	285.74	22.20％	440.71	26.62％
2003	201.00	29.70％	431.30	66.70％	632.30	48.20％
2004	278.18	38.40％	622.50	44.30％	900.68	41.35％
2005	351.09	26.20％	768.22	23.40％	1119.31	24.80％
2006	445.26	26.82％	897.79	16.87％	1343.05	21.85％
2007	561.41	26.10％	1037.57	15.60％	1598.98	20.85％
2008	739.51	31.00％	1121.62	8.100％	1861.13	16.39％

资料来源:据中华人民共和国商务部数据整理得到。

在中韩贸易关系迅速发展的同时,中韩之间投资增长快速而且投资规模也不断扩大。商务部的《国别贸易投资环境报告》显示,截至 2008 年年底,中国对韩投资共将达 9.66 亿美元。2008 年,韩国对华投资项目为 2226 个,实际直接投资为 31.35 亿美元。

3. 日韩贸易关系

日韩两国虽然在整体经济实力上还有很大的差距,但在贸易、资本、技术等方面具有较强的互补性。日韩贸易总体规模比不上中韩、中日规模,甚至有些年份还有缩小的趋势,这主要是受 1997 年东亚金融危机的影响,但这并没有影响日韩经济关系的发展。2002 年以后两国贸易又显著地增加,而且 2002 年以后日本一直保持着韩国第三大出口市场和第一大进口来源地的地位。而韩国自 2000 年以来一直保持着日本第三大出口市场和第三大进口来源地的地位。2007 年,日本对韩国出口增长到了 541.99 亿美元,约占日本出口总额的 7.6%。

表 5.4.3　2001—2007 年韩国对日本的贸易状况　　　　　单位:亿美元

年份	出口		进口		进出口	
	金额	增长	金额	增长	金额	增长
2000	204.70	29.00%	318.30	31.80%	523.00	30.80%
2001	165.10	−19.30%	266.30	−16.30%	431.40	−17.51%
2002	151.40	−9.00%	298.60	12.10%	450.00	4.30%
2003	172.80	14.10%	363.10	21.60%	535.90	19.10%
2004	217.40	25.60%	461.40	27.10%	678.80	26.70%
2005	245.36	12.86%	468.88	1.62%	714.24	5.22%
2006	273.44	11.44%	503.20	7.32%	776.64	8.74%
2007	272.52	−0.03%	541.99	7.71%	814.51	4.88%

资料来源:日本贸易振兴机构。

从 20 世纪 60 年代到 80 年代,日本一直是韩国最主要的投资来源国,韩国吸引的外国直接投资中有约一半来自日本。进入 90 年代以后,日本对韩国的投资仍处于增长趋势,且从绝对数来看增长较快。2003 年 1 月《日韩投资协定》的生效促进了两国间的投资自由化,为相互投资合作做出了更积极的努力。2000—2007 年,日本对韩国累计投资 121.03 亿美元,占日本对外投资的 9.1%。

随着三国经贸联系的加深,近年来,中国、日本、韩国开始重视并积极参与东亚区域经济合作,三国相互间贸易比重不断上升,三国之间的贸易投资日益相互依存,促进了彼此的经济增长。但是,同欧盟、北美自由贸易区、东盟等区域贸易集团相比,三国间的区域内贸易比重还处于较低的水平,显示了三国合作发展的潜力巨大。

二、中日韩自由贸易区的可行性分析

1. 中日韩三国经济的互补性分析

（1）生产要素的互补性。中国地大物博，农业资源和矿物资源十分丰富。

表 5.4.4　中国自然资源统计

土地总面积 （公顷）	能源资源总量 （亿吨标准煤）	水资源总量 （亿立方米）	水能储量 （亿千瓦时）	原煤储量 （亿吨）	钨、锡、钛、 稀土等储量
950650010.41	1048809.7	28142.4	413095	50592.2	世界第一

资料来源：中国自然资源数据库。

　　日本一向被称作资源贫乏的国家，除鱼类、森林资源较丰富以外，只有少量的矿物资源，如石灰石、铅、铜矿、煤、硅石、铬铁矿、锌、金砂和锰等。作为一个岛国，日本的土地资源不够丰富，农业用地即耕地资源更显得比较贫乏。日本共有耕地 49896.7 平方千米，加上多年生作物用地 5861.4 平方千米，一共也只有 55758.1 平方千米。韩国位于亚洲大陆东北、朝鲜半岛的南半部，三面分别被黄海、朝鲜海峡和日本海所环抱。面积 9.96 万平方千米，半岛海岸线全长约 17000 千米，多是丘陵和平原，全国约 70% 是山区。韩国的矿产资源较少，已发现的矿物有 280 多种，其中有经济价值的只有 50 多种，有开采利用价值的矿物有铁、无烟煤、铅、锌、钨等，但储藏量不大，主要工业原料均依赖进口。相对于日本和韩国自然资源的短缺而言，中国地域辽阔、资源丰富，所以三国在自然资源上能够互补。还有就是三国间劳动力资源的互补。中国有大量富裕的劳动力，且成本较低；而日本和韩国虽然人口密度较大，但由于经济发展程度较高，因此生产量和出口量很大，而且人口老龄化，劳动力资源不足，劳动力成本高。

　　（2）产业结构的互补性。日本以技术和资本密集型产业为主，并正在大力发展高新技术产业。韩国以资本密集型产业为主，技术密集型产业也有一定发展，而劳动密集型产业正在减少。中国是正在实现工业化的发展中国家，以劳动密集型产业为主。日本是最大的资本输出国，也是高新技术的主要来源；韩国既是日本资本和高新技术的"吸收器"，又充当了向中国提供部分资金、中等技术和部分中间产品供应者的角色；中国则一方面大力吸收日本、韩国的资金和技术，另一方面向它们提供大量的天然资源和初级产品。这种互补性可以从中日韩三国在各类产品上的贸易竞争指数上看出，如表 5.4.5 所示。

表 5.4.5　中日韩三国贸易竞争指数

	中国	日本	韩国
0 食品和活动物	0.47	−0.91	−0.57
1 饮料和烟草	0.43	−0.85	−0.33
2 非食用原料	−0.68	−0.85	−0.70
3 矿物燃料、润滑油和相关原料	−0.39	−0.96	−0.66
4 动植物油、脂及蜡	−0.89	−0.78	−0.88
5 化学制品及化工产品	−0.44	−0.13	−0.01
6 按原料分类的制成品	0.04	0.21	0.17
7 机械与运输设备	−0.04	0.50	0.30
8 杂项制成品	0.63	0.20	0.12
9 未分类的其他商品	−0.41	0.44	−0.29

资料来源：ITC International Statistics。转引自王素芹："中日韩自由贸易区可行性条件及制约因素分析",《河南社会科学》2006 年 7 月。

中日韩这种产业结构的差异给各国之间带来了很大的相互需求,容易在产业部门之间形成国际分工。产业结构的互补不可避免地包含了垂直分工的因素,但各国的优势比较明显,自由贸易不仅可以充分发挥本国的优势,而且也将带动垂直分工向水平分工转移。

2. 中日韩建立自由贸易区的福利分析

中日韩三边经贸关系的发展非常迅速,相互间已经成为最重要的经贸伙伴。但三国贸易还存在巨大的发展空间。建立自由贸易区后,三国间将形成统一的内部市场,原先三国间存在的贸易壁垒将被扫除,阻碍商品自由流动的因素将会逐渐消除,从而获得参与区域贸易安排所产生的贸易创造效应。一方面,通过签订贸易投资协定,降低关税和非关税壁垒,实现贸易投资的便利化和自由化,降低复杂谈判磋商引发的交易费用,以及由于贸易保护引发的交易费用。从表 5.4.6 可以看出,中日韩三国取消关税后,区域内整体国民福利将增加 1407.89 亿美元,中国、日本、韩国各自国民福利的增加额分别为 470.19 亿美元、673.74 亿美元和 263.96 亿美元。显而易见,在三国缔结自由贸易区协议以后,日本将享有最大的贸易增加效应,但是三国中没有一个国家的出口贸易额会减少,说明三国建立自由贸易区将会形成一个共赢的局面。

表 5.4.6　中日韩自由贸易区对三国经济的福利影响

国家	GDP 增长率 （%）	出口增长率 （%）	进口增长率 （%）	国民福利 （亿美元）
中国	2.90	68.81	73.68	470.19
日本	0.48	29.96	41.23	673.74
韩国	3.05	61.05	61.63	263.96

资料来源:国务院发展研究中心调查研究报告《中日韩三国自由贸易区多方案计量分析》(2003.11)

签订贸易投资协定,可以建立执行协定和解决争端的有效程序。健全的监督执行和纠纷磋商机制,以及高效透明的纠纷审判程序,有助于化解矛盾,防止纠纷升级,避免损失扩大,从而降低由贸易摩擦引发的交易费用。

3.中日韩在地缘、历史、文化等方面的渊源

中日韩三国在地缘、历史、文化的关系上紧密相连,这是三国之间缔结自由贸易协定的基础。就地理而言,中日韩三国有着得天独厚的优势,近年来三国都在积极寻求适应本地区特点的多种合作途径。一是环海经济合作区,如"环日本海经济圈"和"环黄渤海经济圈";二是沿海国际经济开发区;三是城市间的合作,三国已有了许多"姐妹城市",开展了多领域和多形式的经济交流与合作。三国的经济学者也越来越关注中日韩 FTA 的研究,并经常就建立经济合作体制举行研讨会。三国的地缘优势是建立中日韩自由贸易区的基础,也将更有利于三国之间乃至整个东亚地区的合作与发展。中日韩三国自古是友好邻邦,文化、传统就非常接近,人文交流十分频繁,能彼此交融,在价值观上差异不大。这为三国间的合作减少了因文化、价值观差异所带来的障碍,在人力资源管理、政策理解等方面能更顺利地得到沟通。

4.具有合作的共同体制和机制基础

日本和韩国都是市场经济发达的国家,也是较早加入 WTO 的国家。中国虽然市场经济起步较晚,但是经过 30 多年的改革开放和经济持续稳定发展,市场经济体制正在初步完善。2001 年加入 WTO 意味着中国全方位的对外开放,中国已经融入了世界经济的一部分,为世界和中日韩三国的经贸合作创造了无限的商机并且为东亚地区的经济合作创造了良好的环境和合作领域。中国已经按照 WTO 的规则要求积极调整有关经济法规政策,即原来的贸易政策和法规向国际接轨,使外商投资与贸易及其生产经营更有利于市场规律和国际惯例。中国做出的市场开放承诺使市场准入程度有大幅度扩大,拓宽了投资与贸易领域;关税壁垒及非关税壁垒的大幅度取消降低了外商投资成本和贸易成本,而这一切有利于离中国最近的日本和韩国对中国的投资与贸易。通过对近

几年中日韩经贸关系的实践分析表明,中国加入 WTO 后,受实惠最多的应该是离中国最近的日本和韩国。由于三国都是市场经济国家和 WTO 成员国,有利于经贸合作更高层次的发展,也便于解决可能产生的贸易纠纷。

5.促进东亚经济一体化来抵御外部冲击

一方面,建立中日韩自由贸易区是推动东亚区域经济一体化的关键环节。20 世纪 90 年代中期以来,东北亚区域经济合作取得了一些重要的新进展,但总体说来并没有取得根本性的突破。东亚经济合作离不开中日韩三国的积极参与,这是由中日韩三国的经济实力及其在东亚区域经济中的地位决定的。中日韩自由贸易区的建立,有助于区域市场的融合与统一,而且还会带动整个东北亚区域合作与东亚经济圈的形成。可以说,中日韩三国间的制度性合作不仅有利于三国的经济发展和繁荣,也有利于整个东亚的经济发展和繁荣,三国之间区域经济的一体化必将使东亚地区的经济合作迈上的新台阶。另一方面,建立中日韩自由贸易区是应对区域一体化加快发展的必然要求。当今世界,在 WTO 作用越来越强、全球的自由贸易越发重要之际,区域经济合作开展得如火如荼。从欧洲共同体到北美自由贸易区,世界经济一体化使得区域性经济集团越来越多地取代国家经济成为国际经济中的主体。组织内各成员国之间彼此相互联系,协调发展。贸易自由化极大地促进了欧盟和北美贸易额占世界市场的比重。北美自由贸易区的"南下"、欧盟的"东扩"、中日韩自由贸易区的建立等,还可以提高本地区的整体经济实力和整体竞争力,抵御其他区域经济集团的冲击,应对地区主义趋势。

三、中日韩建立自由贸易区的主要障碍

1.经济因素

经济发展的不平衡性。中日韩相差悬殊的经济发展水平一直阻碍着东亚经济合作,因为发展水平差距过大的国家之间采取贸易投资自由化的政策往往会对有关国家的产业产生较大的冲击,因而各国必然对区域经济一体化抱有非常谨慎的态度。中国虽然近年来经济增长速度很快,但经济发展水平阶段与日韩相比存在很大的差距。日本曾是排名世界第二、亚洲第一的经济大国,2008 年其 GDP 总额约为 48018 亿美元,人均 34510 美元排在世界第 5 位。韩国作为新兴工业化国家,经过 20 世纪 60 至 90 年代前半期 30 多年的经济高速发展,成为当今世界第十一大经济体,2008 年其 GDP 总额为 9920 亿美元,人均 19624 美元排在世界第 34 位。中国则是一个正在崛起的发展中大国,经济总量虽位列世界第三、亚洲第二,但人均水平较低,仅为 2460 美元,远远落后于日韩,排在世界第 104 位。从北美自由贸易区的一体化实践看,经济发展的不平

衡也可以是加强区域合作的动力来源,但巨大的经济发展水平差异,会给三国间的政策协调带来一定的难度,因为经济发展水平的差异会导致市场容量、市场结构与消费结构的差异。这种经济水平的差异会成为中日韩自由贸易区建立的障碍。

2. 贸易保护问题

据中国海关统计,从 1978 年开始中国对日贸易除去少数年度之外基本均为逆差。2002—2007 年,贸易逆差达 1130.4 亿美元。但由于统计方法的不同,根据日本振兴贸易机构的统计,2002—2007 年,日本对中国的贸易逆差达 1329.2 亿美元。而且日本以贸易逆差为借口,对我国的农产品、毛巾等产品的进口设限;韩方为保护国内市场,也采取了多种关税、非关税的限制措施,使中国对韩国贸易连年严重逆差,并有逐年增加之势。2000 年,中韩贸易逆差达 119.2 亿美元,超过当年中国对韩国出口总额(112.9 亿美元);2008 年,中韩贸易逆差更是高达 382.11 亿美元。一般来讲,在双边贸易中出现一时不平衡在所难免,但逆差持续激增,又得不到有效的改善,则不利于双边贸易的健康发展。

3. 政治因素

政治体制差异。中日韩各国政治制度、意识形态迥异,国情相差悬殊,日本和韩国是第二次世界大战结束后在美国的推动下建立西方式的资本主义民主体制,中国是"一国两制"。在各国政治体制各不相同而且缺乏认同和兼容性的情况下,中日韩的区域经济合作在很大程度上受到制约。国际经济合作,必然有赖于组织成员间的制度设计和权威规则的确立,需要各成员从根本上确保这种合作在其领土范围内有效和切实的实施。从法系来看,中日韩国家中既有完全的英美法系,又有典型的大陆法系,还有中华法系等其他法系。从法律实践情况来看,既有日本和韩国等法律比较健全和完善的国家,也有立法正在不断规范和完善的中国。法律制度的较大差异在很大程度上会阻碍中日韩区域经济合作进程。

4. 历史遗留问题

历史遗留问题是影响中日韩自由贸易区发展的另一约束条件。中日韩三国地理相邻,有着悠久的交往历史,冷战结束后三国关系得以进一步改善。但不可否认的是,影响三国建立政治互信的因素仍然存在,有的甚至还有发展的趋势。一是领土领海主权问题,包括中日钓鱼岛问题和日韩独岛问题。因为关系到国家主权,所以在中日韩贸易合作问题上这将是不得不考虑的重要政治因素。二是历史态度问题。二战后以来日本朝野一些人并未能正确对待历史,时常出现为日本军国主义侵略史翻案的言论和行为,这不仅伤害了中韩人民的民族感情,也增加了对日本的不信任感。三是美国的态度问题。美国虽然是个美洲国家,但其强大的实力,使其对世界上的任何事务都想插手。由于美国在亚洲有重大的经济利益和安全战略利益存在,对在亚太地区建立任何把美国排除在外的组织都是很有戒心的。上述问题的存在,将不可避免地影响到三国的政治互信,最终都将制约日本与中韩两国关系的进一步提升,进而对经济合作造成阻碍。"政冷"如若持续,"经热"终将难以为继。

四、中日韩自由贸易区政策建议

1. 从总体上克服障碍来推进中日韩自由贸易区的建设

以中日韩三国为主的东北亚地区经济规模占据了东亚整体经济规模的90％左右,东北亚经济规模的迅速扩大正使其逐步成为继北美自由贸易区和欧盟之后的全球第三大经济力量。但是,中日韩三国间还没有缔结自由贸易协定,在这样的国际形势下,为了提高国际竞争力,中日韩有必要建立一种区域经济一体化组织。中日韩自由贸易协定的缔结,有利于三国间经济的协调发展,发挥各自的优势项目,同时可以使中日韩自由贸易区成为世界经济格局中强有力的一极。中日韩三国不仅地理上是近邻,语言文化相近,经济上还有很强的互补性。日本经济经受了长时期衰退和低迷的考验,正逐步回升,如今日本仍保持着世界领先的尖端技术和制造业地位,拥有资金、技术等优势;韩国已经从金融危机的阴影中复苏,并通过政府主导的经济结构调整,有效恢复经济增长,是新兴的工业国家,也具有一定的资金及技术优势。而中国与日韩相比是一个资源大国,拥有劳动力和市场的巨大优势,而且中国长时间保持着高速的经济增长,正在逐步地与国际经济全面接轨,在世界经济中扮演着不可或缺的重要角色。这种经济结构使三国之间存在着很强的依赖关系。若中日韩建成自由贸易区,将是一个拥有近15亿消费者、10万亿美元左右 GDP,及由世界人口最多的发展中国家和发达国家共同建立起来的自由贸易区。这一地区就可以在激烈的国际竞争中处于更加有利的地位。随着贸易创造效应和贸易转移效应的实现,将会给三国带来巨大的利益,同时也将为亚洲乃至世界的繁荣与稳定做出较大贡献。2006年以来,由美国次贷危机所引起的金融危机迅速向全球蔓延,并且已经影响到了实体经济。随着金融危机影响的日益加深,欧美等发达国家的经济陷入困境,消费市场更是十分低迷。中日韩三国都是外贸依存度相当高的国家,这次金融危机对三国的冲击是不言而喻的。而从以美国为首的发达国家抛出的振兴经济的计划中我们可以看到保护主义逐渐抬头,必将影响到三国的出口。中日韩三国的区域合作对开辟市场、转移危机、安全渡过金融危机有着重要意义。因此,在三国间建立良好的经济合作关系,促进区域内多国的经济发展不仅是可能的,而且是必然的。三国之间应该有效地利用这一优势,积极扩大双边或三边合作,在产业结构的不断调整和升级过程中形成一种友好的协作共进的关系。目前中日韩三方之间的贸易额已经有了一定的规模,虽然三方主要是彼此间的双边贸易,但同时也为以后的三边经济贸易合作积累了宝贵的经验。总之,无论是从地缘政治,还是从地缘经济来说,中日韩三国都有走向区域经济一体化的条件,推动三国经济合作的必要性越来越大。中日韩三国缔结自由贸易协定,将为亚洲各国的经济合作起到示范作用。三国有了凝聚的核心,必将有力地推动亚洲国家在更大范围的经济协调与合作。因此,中日韩要克服各种障碍,尽快推进中日韩自由贸易区的建设进程。

2. 从局部协作来推动中日韩自由贸易区

这是总体推动中日韩自由贸易区无进展下的选择。鉴于中日韩三国在产业结构上存在很大的差异,要使所有产业都进行合作,开展自由贸易,那是不现实的。如果先开展局部产业的合作,再以此推进中日韩在经贸、投资和产业等诸多领域的全面合作,提高合作层次,形成更加合理的产业分工和合作格局,那就会取得突破。从产业结构上讲,顺应世界产业转移的趋势,使各方产业结构更趋合理。从经济上讲,有利于产生产业集群优势,体现在以下四个方面:第一,成本优势。由于集群内企业布局集中形成了一个高效的专业化分工协作体系,从而使得企业的成本优势明显。第二,创新优势。由于学习效应和竞争效应的存在,产业集群能够使得原来基于资源禀赋的比较优势发展为基于区域创新能力的竞争优势,大大加快了企业技术创新的步伐。第三,市场优势。产业集群的市场优势在于它的产业规模,以及在产业规模的基础上建立起来的专业市场和开拓国内外市场的整体竞争力。第四,扩张优势。产业集群作为地区经济的增长极,其自身的规模扩张优势远优于单个企业。它可以在短时间内形成巨大的规模,拉动区域经济快速增长。从对建立 FTA 的利弊上讲,一般情况下,如果各方的经济发展状况相似,建立自由贸易区就会比较容易展开,不存在一方强迫另一方接受自己意志的现象,各方的谈判也就会变得容易,有利于中日韩 FTA 谈判迅速取得突破。由于东亚区域各经济体之间存在垂直分工基础,互补性较强,所以"水平-竞争"分工是三国值得考虑的产业结构合作方案。

通过产业内贸易逐步改变三国以传统产业为主的"垂直-互补"分工。在一些高附加值产品和规模经济效应明显的产业内,三国间可在产业链的不同生产环节和差异化的产品间开展分工合作。如日韩应在机械电子等方面积极推进产业内贸易,在这些领域上日韩可以利用各自的优势联合开发,并将其生产地点转移到中国来。日韩在这些领域需要向中国的制造业部门转让技术,本身则集中投资于尖端技术研究与共同开拓区域外的市场,提高本区域产品的竞争力。中国在这个过程中应当增加对高新技术产业的投入和加快利用高新技术改造传统产业,通过培育高技术人力资本以及加大科技兴贸力度,促进自身的产业结构高级化和合理化,真正加强自己的内在动力。对政府而言,可以利用非均衡协调手段促成和强化产业聚合力量,重点扶植主导产业部门以带动其他产业部门的发展,重点扶植瓶颈产业和薄弱产业以缓解结构性约束;加强国际经济合作,加强在合作基础上的研究、开发和生产,加快技术改造。就企业而言,应该提高产品的资本技术含量,大力优化对外贸易的商品结构,增加深加工、高附加值的工业制成品出口,使产品资本技术密集度的提升同产业内贸易的发展相辅相成。而在如钢铁、石油化工三方都有优势的产业领域中,可以先行达成进行试点的自由贸易协定。例如,欧盟先通过煤钢联营,然后不断扩大合作的领域和范围,最终实现经济一体化。我们希望中日韩自由贸易区为东亚共同体的东亚自由贸易区建设起到重要的推动作用,当然,除此之外还有其他路径可供选择。

第五节　东亚共同体的货币一体化政策

一、张斌的东亚货币一体化形式选择分析

张斌(2001)指出的货币同盟的形式从初级到高级,包括共同单一钉住、共同篮子钉住、货币局、美元化和共同货币。货币局和美元化是特殊的国家和地区实行的汇率和货币制度,显然不适合整个亚洲地区。因此,对于亚洲来说,剩下的选择只有共同钉住和共同货币。共同钉住又可分为共同单一钉住和共同篮子钉住。

(1)共同单一钉住。共同单一钉住是指有关国家把各自的货币共同地钉住一种货币,如美元或欧元,从而实现各国货币的相互固定,即汇率稳定。亚洲各国和地区(日本除外)在1997年之前普遍实行各自单一钉住美元的汇率体制。由于普遍钉住美元,各经济体货币之间的汇率相互自发地保持了一个比较稳定的汇率。这种体制在当时的经济环境下起到了一定的有利作用。但是,随着各经济体经济结构的变化和国际竞争力的变动,这种各自单独钉住美元的体制被认为过于僵化和缺乏灵活性,因而成为导致亚洲金融危机的原因之一。由于钉住美元,美元在1995—1997年大幅升值造成许多亚洲国家的出口商品在国际市场上失去竞争力,从而累计造成经常账户的巨额赤字。

这种各自单独钉住美元的体制还需要各经济体的中央银行经常保持足够的用于干预外汇市场并维持固定汇率的外汇储备。维持充足的外汇储备对于资金短缺的亚洲发展中国家来说,无疑是一个沉重的负担。对于一些亚洲小国来说,更是难以做到这一点。目前,私人资本的跨国流动正以惊人的速度增加,某些单个投机性基金的资金实力就足以"富可敌国"。这种各自单独钉住美元的汇率体制就为国际投机资本提供了一个很好的攻击目标。所以,在亚洲货币危机爆发后,亚洲许多缺乏外汇储备和严重依赖短期资本流入的发展中国家的钉住美元体制变得不堪一击,不得不放弃钉住美元而听任汇率自由浮动。

亚洲各国是否可以采取共同钉住美元的政策呢?这将取决于亚洲货币合作的进展。共同钉住美元与各自单独钉住美元没有本质的区别。共同钉住可以实现相互汇率的稳定。但是,维持固定汇率所需的外汇储备从哪里来?欧洲货币体系在共同维持对外浮动时,曾集中了各国外汇储备的一部分,用于干预外汇市场。亚洲是否也可以集中一部分外汇储备呢?由于亚洲货币一体化发展缓慢,尚未达到欧洲当时的水平,亚洲没有一种机构化的货币合作框架,目前要做到这一点是不可能的。因此,唯一的选择就是采取货币互换的形式,通过各中央银行在出现货币攻击时互相调剂外汇储备,来达到共同钉住美元和稳定汇率的目的。《清迈倡议》在一定程度上反映了亚洲各国目前正在努力通过货币互换的形式实行共同钉住美元的体制。《清迈倡议》初步确定,将要求亚洲各国从外汇储备中出资 100 亿美元。这个金额是初步的和较少的。根据情况的变化,亚洲货币互换安排在规模上应当扩大至 500 亿美元。同时,在以后的"10＋3"会议上,各国应当达成一个协议,在制度上要求亚洲各国把汇率波动维持在一个很小的幅度内,而不是像目前有些国家那样自由浮动。

亚洲各国是否可以共同地钉住其他某种货币,如日元或欧元甚至特别提款权?从亚洲各国的贸易方向和美元在国际货币体系中的地位来看,在目前或可预见的将来,都不存在这种选择的可能性。共同单一钉住仍然存在严重缺陷。如果美元对日元或欧元大幅波动,亚洲地区仍然存在巨大的汇率风险,仍有可能对许多国家的贸易和出口竞争能力带来不利影响。

(2)共同篮子钉住。共同篮子钉住是指各国把货币共同地钉住由一些货币组成的货币篮子,从而实现相互汇率稳定。与共同单一钉住相比,共同篮子钉住能够更好地实现汇率稳定,更多地节省外汇储备。共同篮子钉住的关键在于确定篮子中包括哪些货币。确定货币的种类一般是根据经济因素,如贸易方向、投资流量及其他经济因素。目前,亚洲的贸易方向主要是美国、日本、欧洲和相互贸易。长期资本也主要来源于这些国家和地区。因此,不难确定货币的种类。篮子中的货币应当包括:美元、日元、欧元和本地区其他重要货币,如人民币、新加坡元、港元、韩元、卢比等。至于每种货币在篮子中的权重,也可根据贸易方向和投资比重来确定。初步估计每种货币的权重为:美元60%、日元10%、欧元10%、人民币5%、新加坡元3%、港元3%、韩元3%、卢比3%、其他3%。当然,随着情况的变化,货币种类和权重都可以调整。在货币篮子中能否只选择本地区货币? 如果这样做,既不符合亚洲目前的贸易方向和投资流动,也不符合国际货币体系的现状,这样做还将蕴含极大的汇率风险。实施共同篮子钉住的关键仍然是亚洲各国的货币合作。由于亚洲地区的货币合作仍然比较松散,处于初级阶段,最重要的是不存在一个严谨的合作机构,所以,这种形式的货币同盟目前仍然难以实施。不过,如果东亚在"10＋3"的框架内逐步推动地区货币合作和货币一体化,共同篮子钉住不失为一种较好的货币同盟形式。

(3)共同货币。共同货币是指有关国家放弃本国货币并创设一种新的单一货币,如1999年欧洲经济货币同盟发行的欧元。亚洲如果创设共同货币,无疑可以借鉴欧洲货币一体化的经验。由于亚洲经济一体化的加深,经济相互依赖的加强,这种想法不是没有根据的。共同货币可以完全消除亚洲地区内部的汇率风险,节省大量的外汇储备,促进亚洲经济一体化,实现共同经济增长。这些利益的诱惑当然会令人为之心动。然而,东亚各国目前的经济发展水平差距太大,不能满足类似《马约》中所提出的经济趋同标准。货币统一意味着国家货币主权的放弃,意味着各国在一定程度上的政治一体化。这需要亚洲各国有很强的政治愿望。但是,目前亚洲各国在国际政治战略上相差太大,个别国家和地区还没有完全摆脱冷战的思维方式,日本对其在二战中的侵略行为仍没有深刻反省。这一切都证明东亚目前缺乏货币统一的政治基础。所以,目前很难讨论整个东亚的货币统一。如果将来消除了这些政治障碍,再加上东亚各国经济发展水平差距不断缩小,东亚的货币统一不是完全没有可能的。但是,这可能需要几十年的时间才能做到。所以,东亚共同货币仍然是一个遥远的目标。

虽然整个东亚实现统一货币在目前及可预见的将来是不可能的事情,但是,东亚地区内部的某些次区域仍然有可能实现小范围的统一货币,而且可能性很大。有可能实行共同货币的国家和地区主要有以下几个:

(1)东盟内部的核心国家,即原来的东盟五国:马来西亚、泰国、菲律宾、印度尼西亚、新加坡。东盟五国在经济发展水平、政府财政赤字、通货膨胀率等方面比较接近和相似,经济一体化进程正在加速。各国存在较强的政治意愿,并存在较为成熟的合作机制。所以,东盟核心国家在很多方面符合最优货币区的标准,在不太遥远的将来有可能实现较高层次的货币同盟。此外,由于文莱货币与新加坡元的特殊关系,文莱也有可能成为东盟内部首批实行共同货币的国家(文莱已经将其货币1∶1钉住新加坡元,各自的货币可以在对方国内流通)。至于东盟的新成员越南、老挝、柬埔寨和缅甸,它们与核心成员的差距较大。新成员经济发展落后,政治上强调主权和不干预内政,所以,目前不具备实行统一货币的条件。

(2)朝鲜半岛。在长达半个多世纪的民族分裂和隔绝之后,在2000年朝鲜和韩国的政治关系终于出现了重大转折。韩国时任总统金大中于2000年访问了朝鲜。双方的政治和人员往来日趋频繁,经济往来也在增多。双方都有较强的国家统一愿望。虽然南北双方经济差距较大,但是如果朝鲜半岛实现政治统一,就必然要求货币统一。这如同民主德国和联邦德国统一后,德国货币也实现了统一。至于如何实现政治统一和货币统一,还要视将来的发展趋势而定。

(3)日本和韩国。两国地理位置接近,近年来经济往来大幅上升,互为重要贸易伙伴。目前,双方正在讨论缔结投资协议和自由贸易区协议。两国在很多方面具备最优货币区的条件。当然,双方货币同盟仍然存在很多障碍。最大的障碍是双方之间长期存在的敌意。日本对韩国的殖民统治,韩国人民至今记忆犹新,双方都不会轻易放弃自己的货币主权而服从另一方。如果克服了政治障碍,两国在未来是可以结成某种形式的货币同盟的。然而,共同货币的可能性虽然有,但相对较小。

由于货币同盟有着极大的经济利益,在亚洲实行某种形式的货币同盟的愿望就是自然而然的事情。随着亚洲经济合作和经济一体化的加深,亚洲有可能实现某种形式的货币同盟。亚洲货币同盟在开始将是实行共同单一钉住,逐步过渡到共同篮子钉住,最终实现共同货币。亚洲共同货币有可能先在一些次区域实现,然后逐步扩大,最终包括整个东亚。亚洲货币同盟的实现取决于经济因素,更取决于政治因素。在克服了政治障碍之后,亚洲实行某种形式的货币同盟不是不可能的。在亚洲货币同盟的理想实现之前,亚洲各国必须通过加强货币合作来推动地区货币一体化,最终建立亚洲货币同盟。亚洲货币一体化需要有某种机构框架来推进。虽然经历过一次金融危机的亚洲各国对地区货币合作和货币一体化热情很高,但毕竟雷声大雨点小。整个亚洲在政治一体化和经济一体化的机制方面进展缓慢。亚洲是否需要经历第二次金融危机才能使各国真正意识到相互依存?这一点不得而知,但是,可以肯定的是,由于国际环境的迫切性,亚洲有可能在货币一体化的机制方面先行一步。目前,亚洲逐步形成的"东盟10＋3"合作框架对于实现某种形式的货币同盟将起到推动作用。

二、杨胜刚和黄文青的亚洲区域货币合作前景分析

在全球化背景下,作为货币体系基础架构的货币联盟演进路径具有多种可能性,目前至少有单一货币联盟、多重货币联盟以及主导货币区域化三种形式。未来亚洲共同货币属第二种演进路径,即多种货币联盟,其演进大体上可以分为三个层次:

一是建立区域内的危机解救机构,如亚洲货币基金组织。就目前亚洲区域现状来看,正是处于这一层次。该组织的建立可以借鉴国际货币基金组织的成功经验,综合亚洲金融结构的特点来进行设计。该组织的基本框架应该先易后难,经过有关国家、地区充分协商和讨论后实施。鉴于亚洲国家和地区经济联系相对密切,经济差异较小,可以首先在"东盟"范围内酝酿和实施,其他条件成熟的亚洲国家、地区可以随后逐步加入。作为区域性的金融市场的研究中心,该组织应发挥以下几个方面的功能:第一,对各成员国进行常规性监测,提出分析报告以及金融监管和政策方面的意见和建议。第二,研究制定成员国行为标准和规则,提高各成员国在金融运作方面的透明度和监管有效性。第三,建立融资机制,分散和化解区域金融风险,稳定金融市场。第四,发挥最后贷款人作用,对陷入金融危机和经济困难的成员国提供及时的紧急援助,以稳定其金融局势,避免出现全面的社会经济危机,防止引发区域性金融危机和经济动荡,缓解金融全球化的系统风险。

二是建立起类似的欧洲汇率机制的亚洲汇率联动机制。在这一层次的初始阶段,由于亚洲还难以摆脱美国经济的依赖和影响,各国汇率制度基本上都是钉住美元,与平均汇率联动。因此,在这个层次上可以使用美元作为外部名义驻锚实施亚洲汇率联动机制,即与美国经济贸易往来密切的国家用美元取代本国货币的流通,并根据本国货币与美国的汇率来确定与各成员国之间的汇率,各国有责任和义务将汇率维持在特定的汇率目标区内。随着亚洲区域经济一体化程度的不断提高,亚洲经济逐步走向独立,对美国的依赖将不断减少,这时各国可以根据其在区域内的贸易比重和经济实力状况选择一篮子货币,实行钉住一篮子货币,对外则统一浮动的固定汇率制度(McKinnon,2001)。在这一层次上的汇率合作机制可以从两国或多国开始,逐步扩展到次区域和全亚洲区域。

三是最终过渡到亚洲单一货币区。实证分析表明,由于各成员国之间缺乏内在的约束机制,因此,汇率合作机制很难维持,亚洲汇率联动机制须向亚洲单一货币区演进。关于亚洲单一货币区的构建,又可以分为以下三种:

第一,以日元为核心建立亚洲单一货币区。日本的经济规模居全球第二,

其通胀率一直维持在较低水平,日元也是区域内最国际化的货币。近年来,日本与东亚各国的经济关系越来越密切,在某些国家,其重要性已经超过了美国。但是,日本的某些缺陷使日元难以担当中心货币的角色。日元在国际贸易和金融交易中的比重较低,并且与美国相比,还缺乏一个成熟的、有一定深度和广度的国内金融市场,因此日元在国际金融交易中的地位较低。此外,日元汇率波动频繁,是发达国家中最不稳定的货币之一。近年来,日本国内资金严重过剩,存贷款利率持续超低,日元大幅贬值,国内经济发展极不稳定。一些亚洲国家也难以忘却日本推行"大东亚共荣圈"给本国人民带来的苦难,因此,日元要成为亚洲区域的支柱货币面临经济和政治上的双重障碍。

第二,以人民币为核心建立亚洲单一货币区。中国是亚洲地区经济增长最快的国家之一,其整体经济规模和巨大的国内市场使中国在东亚乃至全世界都有相当的影响力和发言权。东南亚金融危机中,中国始终保持人民币汇率稳定的政策抉择,使人民币在稳定国际货币体系中发挥了巨大作用,也为中国赢得了国际信誉。但是中国目前的经济实力,还难以胜任中心货币的角色。如目前人均 GDP 仍处于较低水平;虽然已接受国际货币基金组织第八条条款,资本项目管制仍很严格,中国严格管理的金融体系和金融市场也使人民币很难在短期内成为国际货币,人民币的国际化仍需时日。

第三,模仿欧元创立亚洲单一货币区,是指区域内几国共同创立内部驻锚,从记账单位货币开始,最终过渡到单一的可流通货币。由于日本 GDP 占东亚地区的 2/3,其实质和以日元为核心创立亚洲单一货币如出一辙。

欧洲货币联盟的成功经验告诉我们,货币联盟要有一个政治联盟作为后盾。与欧洲相比,未来建立亚洲单一货币的困难可能主要在政治方面。长期以来,东亚各国和地区一直存有分歧,如领土纠纷、文化传统、宗教信仰、价值观的差异等,因此他们更多的是把彼此视作竞争对手而不是潜在的合作伙伴。其次,单一货币的建立需要各国让渡一部分经济政策的自主权,服从一种共同的货币政策。然而,东亚国家并没有显示出愿意放弃部分货币政策的自主权以换取货币合作成功的决心。因此,如何在保持经济平稳发展的同时,加强亚洲各国政治方面的交流与合作是建立亚洲区域货币联盟要考虑的主要问题。虽然目前建立亚洲单一货币存在诸多障碍和困难,但如果亚洲各国能相互信任、互助合作,亚洲经济能够相对平稳发展,亚洲区域货币整合仍有巨大的空间。

三、亚洲开发银行的亚洲货币单位设想

2005 年 11 月,亚洲开发银行将推出一个设想。亚行行长的特别顾问河合正弘表示,他们正在研究如何编制货币"篮子",包括如何设定每种货币的权重。

货币"篮子"包括东盟10国和中国、日本及韩国。东盟10国包括文莱、柬埔寨、印度尼西亚、老挝、马来西亚、缅甸、菲律宾、新加坡、泰国和越南。他们不知道是否会最后把它叫作亚洲货币单位,但的确计划以"10＋3"的13国货币为基础推出一种新的货币单位。通过观察这一指数,他们希望能够分析"10＋3"的13国货币作为一个整体相对美元或者欧元的汇率变化趋势,以及这13种货币中的每一种相对于13种货币的均势是如何变化的。他们一直反对用"亚元"一词取代"亚洲货币单位"。亚洲货币单位充其量只是概念性的货币单位,如果各国认为亚洲货币单位有益,他们可以在将来的贸易中使用它进行支付,或者发行以亚洲货币单位计值的债券。先是说2006年3月份推出,后又说2006年6月份推出,但是到本书出版时(2015年)仍未推出。

四、我们的"亚元"行动方案和判断

我们的"亚元"行动方案(参见:陈岩,2007),是基于对亚洲货币一体化的评估基础上作出的,方案的宗旨是获取亚洲共同货币的福利和力量,实现亚洲的和平与繁荣,提高亚洲整体的世界地位。原则是负责、战略性、共赢、稳步而积极地推进。该方案的主要内容为:

第一,由东盟"10＋3"在东亚高峰会议等形式下提出"亚元"的行动方案,中国、日本和韩国应给予积极支持和推动。不支持则可能成为亚洲的弃儿。

第二,先成立亚洲中央银行或东盟中央银行,经营和协调亚洲中央银行的货币交换等,实行作为记账功能的"亚元",后逐渐按货币功能的演进顺序和亚洲市场与世界市场的反应,推出接近全功能的"亚元"。亚洲开发银行能否成为或改造为亚洲中央银行是值得考虑和进一步研究的。

第三,在可以执行稳定货币政策的亚洲中央银行的管理下,逐步实现统一的"亚元",取消其他亚洲国家和地区的货币。

以上步骤的时间要根据亚洲国家和地区的共识和行动意愿而定。值得指出的是,亚洲共同货币的福利静态收益接近亚洲收入的7％,动态收益和战略收益还要多,有助于实现亚洲未来收入接近世界收入的36％～50％的目标。这里的时间可以根据情况适当调整。我们这里没有考虑设立亚洲货币基金组织,而是直接考虑设立亚洲中央银行,这是由于亚洲货币基金组织确实与国际货币基金组织有重合的地方,并且在世界其他地区也没有这样的机构,更何况从亚洲货币一体化的未来来看,亚洲货币基金组织也是短期的,而货币互换功能可以先通过功能逐步完善的亚洲中央银行来完成。另外,美国也没有很好的理由反对亚洲设立亚洲中央银行,因为欧洲中央银行已经设立。我们这里不提倡亚洲货币单位加上亚洲钉住汇率体系的格式,因为欧洲的实践证明,那是一段弯路,

并且最后以危机结束了欧洲钉住汇率体系的命运。这样可以减少设立"亚元"的成本。在这里我们也规避了日元区或人民币区或"华元"区的问题,"亚元"是亚洲整体的,不是亚洲哪个成员国家或地区的,它是由优秀的、开放的亚洲公民专家团队来管理的。在这里我们选择东盟来提议,是考虑到一体化中的权力分配的政治经济学,当然,也并不一定要由东盟来提议,其他机构或者亚洲的公民也可以提议。实际上,我们在这里已经给出了提议。

对于"10+3"各成员而言,要特别注意"亚元"是亚洲共同利益的体现和未来货币之所在,是获取亚洲共同货币的福利和力量,有助于实现亚洲的和平与繁荣,提高亚洲整体的世界地位。"10+3"各成员,应该负责地、战略性地、共赢地、稳步而积极地推进"亚元"。

东盟可以在"亚元"的实施中起到积极的带头、倡议和一定程度上的领导作用。对于日本、中国、韩国应随东盟的倡议而积极地跟进,不要再局限于日元区、"华元"区等观念。

关于中国在"亚元"推进中的作用,陈雨露(2003)在对"亚元"与人民币国际化的分析中指出,在经济金融全球化的今天,除了美国这个超级大国可以实行真正的浮动汇率,不必太关注汇率变化也不必因汇率变化而调整货币政策,其他任何国家或地区均难以真正做到,这也是许多欧洲国家要形成欧元区的原因。欧元的诞生客观上对东亚形成了挤压,这也是日本要大力推进日元国际化的原因。目前,中国正处在改革的攻坚阶段,国有企业的改革尚未完成,国有银行的商业化改造也还未开始,社会保障制度也未健全,资本项目的可兑换还是可望而不可即的目标。人民币成为完全可兑换的货币还有很长一段路要走。当前,有人认为人民币不加快国际化的进程将会失去发展的空间。实际上,从英镑到美元再发展到美元、欧元和日元三足鼎立,均是以经济实力和经济制度的发达程度为基础的。人民币国际化的发展应是水到渠成的事,因为币种的竞争是以经济实力、经济制度为基础的,是一种此消彼长的关系,不存在有无发展空间的问题。而且在条件不成熟的情况下会欲速则不达,反而减缓了人民币国际化的进程。因为不按市场规律强行推进人民币国际化,很容易发生金融危机,影响今后人民币国际化的信誉。陈雨露认为,与强行推动人民币的国际化相比,目前充分利用和发展香港的国际金融市场,抵御日元国际化,为人民币的国际化争取时间是上策。20世纪90年代以来,日元国际化受挫就是由于20世纪80年代末日本泡沫经济破灭,加上日元对金融业限制太多,大量外资金融机构纷纷撤离东京,转到中国香港和新加坡,日本东京作为东亚国际金融中心地位相对下降,而中国香港和新加坡的国际金融中心地位相对上升。由于中国香港实行的是钉住美元的联系汇率制度,促进中国香港的国际金融中心地位提高,将会制约日元国际化的发展,为人民币的国际化赢得时间。

陈雨露关于目前中国要充分利用和发展香港的国际金融市场,抵御日元国际化,为人民币的国际化争取时间的这种观点,我认为值得商榷,因为这里高估了香港国际金融市场对人民币国际化的作用;此外将抵御日元国际化作为一个目标性的东西,对于人民币国际化而言,也是值得再考虑的。我倾向于将亚洲的统一货币与人民币的可兑换和国际化协同起来推进,"亚元"应作为中国货币发展的长期重要目标之一。

另外,陈雨露指出中国面对全球化在货币合作上的战略选择有三条路可走:第一条路是中国走边缘发展的战略,坚持在资本项目上保持一定的控制的基础上,尤其是对短期资本流动进行控制,充分利用外部市场、资金、技术等发展国内独立市场体系。第二条路是加快本国金融体系的改革,各项体制逐步与国际接轨,逐步推动资本项目开放。在各项体制与国际接轨之前,应保持资本项目的控制,汇率维持一定的弹性,在体制逐步完善后,再放开资本项目,实行浮动汇率。第三条路是中日两国摒弃前嫌,放下历史包袱,真诚合作,共同推进东亚的经济金融合作。首先,从定期的协商、信息交换,再逐步建立某种合作机制,为东亚共同货币打下基础,这将有助于东亚地区的汇率稳定。亚洲货币基金作为一种维护区域稳定的组织,在东亚各国的相互信任不足的情况下推出,时机显然不成熟,APEC框架下的合作易为美国所左右,目前"10+3"是为东亚各国所接受的合作协调机制,也是中日双方妥协的结果,在这一机制中,中日谁都难以主导,有利于双方合作,在此基础上再逐步推进合作的层次。目前,东亚各国已在"10+3"框架下建立货币互换协约。"10+3"成功的合作有利于推动能为东亚各国所接受的非政治的亚洲货币基金组织——这一组织既不设在日本也不设在中国,总裁既不是中国人也不是日本人,投票权不根据出资额等限制条件。从长远看,东亚需要一种共同货币以抗衡欧元、美元,维持东亚的稳定。日元作为"亚元"不为东亚各国所接受,人民币或"中华元"将来也难以为东亚各国所接受,但创造一种类似欧元的货币作为"亚元"还是可以为东亚各国所接受的。东亚走向共同货币的道路是漫长曲折的,欧元诞生的历程已表明,区域合作的成功在很大程度上取决于合作的坚定政治意愿。区域合作应从基础合作开始,而东亚的"10+3"机制能否成功运作也预示了东亚的区域合作能否成功。对中国来说,上述三种战略中,首选应为第三种方案;如果"10+3"不能成功,中国只能退而求其次,选择第二种发展战略。

我认为,这里关于中国面对全球化在货币合作上的战略选择有三条路可走,前两种道路都是中国相对"独立"发展的道路,这实际上比较难体现货币合作上的战略,是一种不合作的货币合作战略。第三种战略又对中日间的关系在

"亚元"建设过程中的作用给予了一定程度的高估,在"10＋3"中其微妙之处在于东盟的特殊的倡议、领导作用,而中、日、韩作为跟进成员。我认为,中国应采取与东亚共同体建设,特别是"亚元"协同推进的中国货币合作的国际化战略,协同的程度根据东亚共同体、"亚元"的进展而妥善把握。对于中国在东亚共同体推进中的作用,我认为应该是积极的推动者,并且这种推动作用将愈益增强。

参考文献

柴瑜.东亚经济合作的进展及其思考.世界经济,2004(3).

陈岩.东亚再崛起.北京:人民出版社,1999.

陈岩.国际一体化经济学.北京:商务印书馆,2001.

陈岩.通货膨胀.北京:经济管理出版社,2004.

陈岩.亚盟.北京:经济科学出版社,2010.

陈岩.亚元.北京:经济科学出版社,2007.

陈叶.中国-东盟自由贸易区的前景分析.经济研究导刊,2007(11).

陈雨露.东亚货币合作中的货币竞争问题.国际金融研究,2003(11).

成思危等.东亚金融危机的分析与启示.北京:民主与建设出版社,1999.

代丽华,徐凯.中国-东盟自由贸易区与中国企业走出去.金融经济,2007(18).

戴晓芙,郭定平.东亚发展模式与区域合作.上海:复旦大学出版社,2005.

丁斗.东亚地区的次区域经济合作.北京:北京大学出版社,2001.

渡边利夫等.中国制造业的崛起与东亚的回应.赵英等译.北京:经济管理出版
    社,2003.

冯煜,龚晓莺.中国-东盟自由贸易区双边贸易动态经济效应分析.北方经济,
    2008(16).

付骊元.新世纪的东亚:合作发展.经济科学,2002(4).

傅新.东亚发展模式变革与东北亚地区金融合作.昆明:云南人民出版社,2004.

何帆.多边贸易谈判的政治经济分析:一个综合的理论框架.公共管理学报,
    2004(1).

何帆.金融危机之后的东亚货币合作.国际经济评论,2001(1—2).

何帆,粟海东.东亚建立货币联盟的成本与收益分析.世界经济,2005(1).

何慧刚.最优货币区理论与东亚货币合作问题研究.北京:中国财政经济出版
    社,2005.

黄梅波.最优货币区理论与东亚货币合作可能性分析.世界经济,2001(10).

加里·杰里菲,唐纳德·怀曼.制造奇迹:拉美与东亚工业化的道路.俞新天等
    译.上海:上海远东出版社,1996.

贾根良,梁正等.东亚模式的新格局创新、制度多样性与东亚经济的演化.太原:山西人民出版社,2002.

康芒斯.制度经济学.于树生,译.北京:商务印书馆,1997.

孔庆亮.东亚金融动荡与中国经济.北京:中国经济出版社,1998.

李富有.区域贸易与货币合作:理论实践与亚洲的选择.北京:中国金融出版社,2004.

李明德,江时学等.现代化:拉美和东亚的发展模式.北京:社会科学文献出版社,2000.

李平,刘沛志,于茂荣等.东亚地区货币合作与协调.北京:中国财政经济出版社,2004.

李小圣.建设中国-东盟自由贸易区的障碍因素分析.天中学刊,2007(4).

李晓.东亚奇迹与"强政府".北京:经济科学出版社,1996.

李亚芬.东亚经济模式中的企业与政府.长春:东北师范大学出版社,1997.

刘昌黎.论东亚双边自由贸易的新局面及其背景和原因.世界经济与政治论坛,2002(6).

刘昌黎.论东亚双边自由贸易的新局面及其背景和原因.世界经济与政治论坛,2002(6).

刘洪钟.东亚跨国直接投资轨迹研究.沈阳:辽宁大学出版社,2001.

刘力臻.市场经济"现代体制"与"东亚模式".北京:商务印书馆,2000.

刘容欣.东亚经济国际竞争力比较研究.呼和浩特:内蒙古人民出版社,2003.

陆建人等.亚太经合组织与中国.北京:经济管理出版社,1997.

陆忠伟.新旧交替的东亚格局.北京:时事出版社,1993.

罗纳德·I.麦金农.美元本位下的汇率东亚高储蓄两难.王信,何为译.上海:上海人民出版社,2005.

罗荣渠,董正华.东亚现代化新模式与新经验.北京:北京大学出版社,1997.

马宏伟.东亚崛起与危机的制度分析.北京:中国金融出版社,2005.

尼尔森.演化经济学的前沿.wenku.baidu.com/view/174ae984ec3a87c24028c44c.html,2002.

潘国华,张锡镇.东亚地区合作与合作机制.北京:中央编译出版社,2002.

青木昌彦等.政府在东亚经济发展中的作用:比较制度分析.北京:中国经济出版社,1998.

戎殿新,谈世中等.劫后余波:东亚金融风暴的重新审视.北京:中国言实出版社,1998.

邵志勤.东亚经济的发展与调整.北京:世界知识出版社,2003.

沈红芳.东亚经济发展模式比较研究.厦门:厦门大学出版社,2002.

盛松成等.现代货币经济学.北京:中国金融出版社,1992.

世界银行.东亚的复苏与超越.朱文晖,王玉清译.北京:中国人民大学出版社,2001.

世界银行.东亚奇迹:经济增长与公共政策.北京:中国财政经济出版社,1994.

屠启宇.制度创新:货币一体化的国际政治经济学.北京:高等教育出版社,1999.

万志宏.东亚货币合作的经济基础研究.北京:中国商务出版社,2004.

汪斌.东亚工业化浪潮中的产业结构研究——兼论中国参与东亚国际分工和产业结构调整.杭州:杭州大学出版社,1997.

王春法.国家创新系统与东亚经济增长前景.北京:中国社会科学出版社,2002.

王航等.阻击风暴:东亚金融危机中的狙击与阻击.贵阳:贵州人民出版社,1998.

王庭东.欧元路径及其对亚洲货币合作的启示.世界经济,2002(4).

王庭东.亚洲货币合作的路径展望.亚太经济,2002(3).

王学真.东亚地区汇率波动的理论及实证研究.北京:中国财政经济出版社,2004.

小岛清.面向东亚经济圈的形成."东亚经济圈"国际研讨会,日本早稻田大学,2003.

小 R.霍夫亨兹,K.E.柯德尔.东亚之锋,黎鸣译.南京:江苏人民出版社,1995.

肖开伦.区域经济一体化与中国-东盟自由贸易区的建设.东南亚纵横,2003(5).

雄长江,国士平.亚洲单一货币的可行性与前景分析.国际金融研究,2000(9).

许崇正等.欧元货币一体化与国际资本市场研究.北京:中国财政经济出版社,2004.

许少强.东亚经济体的汇率变动.上海:上海财经大学出版社,2002.

薛芳.中国与东盟国家的贸易互补性研究.商场现代化,2007(9).

阎学通,金德湘等.东亚和平与安全.北京:时事出版社,2005.

杨胜刚,黄文青.全球货币制度的历史变迁与亚洲区域货币整合前景.财经理论与实践,2002(5).

姚仲枝.不对称竞争压力与人民币的亚洲战略.世界经济与政治,2004(7).

叶卫平.东亚经济圈与中国企业.北京:北京出版社,2001.

于同申.国际货币区域化与发展中国家的金融安全.北京:中国人民大学出版社,2004.

于粤.中国-东盟自由贸易区的建立对我国国际贸易的影响.今日科苑,2007(24).

于宗先,徐滇庆等.从危机走向复苏:东亚能否再度起飞.北京:社会科学文献出版社,2001.

余永定,何帆,李婧. 东亚金融合作:背景、最新进展与发展前景. 国际金融研究, 2002(2).

张斌. 东亚货币同盟:理想与现实. 当代亚太,2001(5).

张捷. 奇迹与危机东亚工业化的结构转型与制度变迁. 广州:广东教育出版社,1999.

张明,钟伟. 国际货币的逆效合作理论述评. 经济学动态,2001(4).

张岩贵. 日本与东亚地区的贸易、投资关系. 天津:天津人民出版社,2003.

张蕴岭. 如何认识中国在亚太地区面临的国际环境. 当代亚太,2003(6).

张蕴岭,周小兵等. 东亚合作的进程与前景. 北京:世界知识出版社,2003.

赵一红. 东亚模式中的政府主导作用分析. 北京:中国社会科学出版社,2004.

中村哲. 近代东亚经济的发展和世界市场. 吕永和译. 北京:商务印书馆,1994.

Aliber, R. Z. *The International Money Game* (5th ed.). New York: Basic Books, 1987.

Arrow, K. J. The Organization of Economic Activity: Issues Pertinent to the Choice of Market Versus Non-Market Allocation. *The Analysis and Evaluation of Public Expenditures: The PPB System.* Joint Economic Committee, Washington, D. C. 1969(1): 47-64.

Baek, S. G. and Song, C. Y. Is the Currency Union a Feasible Option in East Asia? *Korea Institute for International Economic Policy*, 2002.

Balassa, B. A. *The Theory of Economic Integration.* Homewood: Richard D. Irwin, 1961.

Banerjee, A. V. A Simple Model of Herd Behavior. *Quarterly Journal of Economics*, 1992, 107(3): 797-817.

Bank for International Settlements. Central Bank Survey of Foreign Exchange and Derivatives Market Activity. Basle, Switzerland, 1996a.

Bank for International Settlements. Implications for Central Banks of the Development of Electronic Money. Basle, Switzerland, 1996b.

Barzel, Y. A Theory of Rationing by Waiting. *Journal of Law and Economics*, 1974(1): 73-96.

Bayoumi, T. A Formal Model of Optimum Currency Areas. *CEPR Discussion Paper*, 1994(968).

Bayoumi, T. and Eichengreen B. Ever Closer to Heaven an Optimum Currency Area Index for European Countries. *European Economic Review*, 1996 (41).

东
亚
共
同
体
通
论

Bayoumi, T., Eichengreen, B., and Mauro, P. On Regional Monetary Arrangements for ASEAN. *Journal of the Japanese and International Economies*, 2000(14): 121-148.

Bayoumi, T., Eichengreen, B., and Mauro, P. The Suitability of ASEAN for a Regional Currency Arrangement. *The World Economy*, 2001(24): 933-954.

Beine, M. and Docquier, F. A Stochastic Simulation Model of an Optimum Currency Area. ULB Institutional Repository 2013/10461, ULB—Universite Libre de Bruxelles, 1998.

Benassy-Quere, A. Optimal Pegs for Asian Currencies. *Journal of the Japanese and International Economies*, 1999(13): 44-60.

Berg, A. and Pattillo, C. Are Currency Crises Predictable? A Test. *IMF Working Paper*, 1998(98): 154.

Bergsten, C. F. The Impact of the Euro on Exchange Rates and International Policy Cooperation. In: Masson, P. R., Krueger, T. H., and Turtelboom, B. G. (eds.) *EMU and the International Monetary System*. Washington: International Monetary Fund, 1997.

Bhagwati, J. The Capital Myth: The Difference Between Trade in Widgets and Dollars. *Foreign Affairs*, 1999(3): 7-12.

Bird, G. and Rajan, R. Is there a Case for an Asian Monetary Fund? *World Economics*, 2000, 1(2): 135-143.

Bradford, C. East Asia Models Myths and Lessons. In: Lewis, J. P. and Kallap, V. (eds.) *Development Strategies Reconsidered*. Washington, D. C.: ODC, 1988.

Brownbridge, M. and Kirkpatrick, C. Financial Sector Regulation: The Lessons of the Asian Crisis. *Development Policy Review*, 1999(17): 243-266.

Bundesbank. The Circulation of Deutsche Mark Abroad. *Monthly Report*, 1995(47): 65-71.

Calvo, G. and Mendoza, E. G. Rational Herd Behavior and the Globalization of Securities Markets. Mimeo, University of Maryland, 1999.

Casella, A. Arbitration in International Trade. NBER Working Paper 4136, National Bureau of Economic Research Inc., 1992.

Chang, R. and Velasco, A. Financial Crises in Emerging Markets. NBER Working Paper 6606, National Bureau of Economic Research Inc., 1998.

Chang, R. Bargaining a Monetary Union. *Journal of Economic Theory*, 1995, 66:89-112.

Cohen, B. J. L'Euro contre le Dollar: Un Défi pour Qui? *Politique Étrangère*, 1997(4): 583-595.

Cohen, B. J. *The Geography of Money*. Ithaca, New York: Cornell University Press, 1998.

Corden, W. M. Economies Scale and Customs Union Theory. *Journal of Political Economy*, 1972, 80: 465-475.

Corsetti, G. , Pesenti P. , and Roubini, N. What Caused the Asian Currency and Financial Crisis? Part I: A Macroeconomic Overview. NBER Working Paper 6833, National Bureau of Economic Research Inc. , 1998.

Courakis, A. and Tavlas, G. S. *Financial and Monetary Integration*. Cambridge: Cambridge University Press, 1993.

De Grauwe, P. *Economics of Monetary Integration*. Oxford University Press, 1992.

Diamond, D. W. and Dybvig, P. H. Bank Runs, Deposit Insurance, and Liquidity. *Journal of Political Economy*, 1983.

Diamond, P. A. , Helms, L. J. , and Mirrlees, J. A. Optimal Taxation in a Stochastic Economy: A Cobb-Douglas Example. *Journal of Public Economics*, 1980, 14(1): 1-29.

Dixit, A. and Norman, V. The Gains from Free Trade. The Warwick Economics Research Paper Series (TWERPS) 173, University of Warwick, Department of Economics, 1980.

Dixit, A. K. and Stiglitz, J. E. Monopolistic Competition and Optimum Product Diversity. *The American Economic Review*, 1997, 67(3): 297-308.

Dooley, M. P. A Model of Crises in Emerging Markets. International Finance Discussion Papers 630, Board of Governors of the Federal Reserve System (U. S.), 1998.

Dooley. Speculative Attacks on a Monetary Union? *International Journal of Finance & Economics*, 1998, 3(1):21-26.

Dorn, J. A. *The Future of Money in the Information Age*. Washington, D. C. : Cato Institute, 1997.

Dowd, K. and Greenaway, D. Currency Competition, Network Externalities and Switching Cost: Towards an Alternative View of Optimum Currency

东
亚
共
同
体
通
论

Areas. *The Economic Journal*, 1993, 103(420): 1180-1189.

Eichengreen, B. and Ghironi, F. Macroeconomic Tradeoffs in the United States and Europe: Fiscal Distortions and the International Monetary Regime. Boston College Working Papers in Economics 467, Boston College Department of Economics, 1999.

Eichengreen, B., Rose, A. K. and Wyplosz, C. Contagious Currency Crisis. *Center for Economic Policy Research Discussion Paper*, 1996(1453).

Esquivel, G. and Larrain, F. Explaining Currency Crisis. *Development Discussion Paper*. Cambridge, MA: Harvard Institute for International Development, 1998(666).

Ethier, W. J. Protection and the Optimal Tariff. *Journal of International Economic Integration*, 1989.

Fischer, S. On the Need for an International Lender of Last Resort. A paper presented for delivery at the joint luncheon of the American Economic Association and the American Finance Association. New York, 1999.

Fischer, S. The IMF and the Asian Crisis. Forum Funds Lecture at UCLA. Los Angeles, 1998.

Flood, R. P. and Garber, P. M. Collapsing Exchange Rate Regime: Some Linear Example. *Journal of International Economics*, 1984(17): 1-13.

Flood, R. P. and Marion, N. P. Perspectives on the Recent Currency Crisis Literature. NBER Working Paper 6380, 1998.

Flood, R. P. and Marion, N. P. Speculative Attacks: Fundamentals and Self-Fulfilling Prophecies. NBER Working Paper 5789, National Bureau of Economic Research Inc., 1996.

Flood, R. P. and Marion, N. P. The Size and Timing of Devaluations in Capital-Controlled Economies. *Journal of Development Economics*, 1997(54): 123-147.

Frankel, J. A. and Rose, A. K. Currency Crashes in Emerging Markets: An Empirical Treatment. *Journal of International Economics*, 1996(41): 351-366.

Frankel, J. A. and Rose, A. K. The Endogeneity of the Optimum Currency Area Criteria. CEPR Discussion Papers 1473, 1996.

Frankel, J. A. and Rose, A. K. The Endogeneity of the Optimum Currency Area Criteria. *Economic Journal*, 1998(108).

Frankel, J. A. and Wei, S. J. Yen Bloc or Dollar Bloc: Exchange Rate Policies of the East Asian Economies. In: Ito, T. and Krueger, A. O. (eds.) *Macroeconomic Linkage*. Chicago: University of Chicago Press, 1994.

Friedman, M. and Schwartz, A. J. A Monetary History of the United States, 1867—1960. NBER Books, National Bureau of Economic Research Inc. , frie63-1, 1963.

Friedman, M. and Schwartz, A. J. Introduction to "Monetary Statistics of the United States: Estimates, Sources, Methods". In: Monetary Statistics of the United States: Estimates, Sources, Methods. NBER Chapters, National Bureau of Economic Research, Inc. , 1970: 1-86.

Friedman, M. and Schwartz, A. J. The Definition of Money: Net Wealth and Neutrality as Criteria. *Journal of Money, Credit and Banking*. Blackwell Publishing, 1969, 1(1): 1-14.

Furubotn, E. G. and Pejovich, S. Property Rights and Economic Theory: A Survey of Recent Literature. *Journal of Economic Literature*, 1972, 10 (4): 1137-1162.

Furubotn, E. G. and Richter, R. *Institutions and Economic Theory: The Contribution of the New Institutional Economics*. Ann Arbor: University of Michigan Press, 1997.

Gerlach, S. and Smets, F. Contagious Speculative Attacks. *European Journal of Political Economy*, 1995(11): 45-63.

Gorden, W. M. Economies of Scale and Customs Union Theory. *Journal of Political Economy*, 1972(80):465-475.

Goto, J. Economic Preconditions for Monetary Integration in East Asia. Kobe University, 2002.

Group of 7 Finance Ministers' Report. Strengthening the International Financial Architecture. International Monetary Fund Annual Report, 1998.

Group of Ten. Electronic Money. Basle, Switzerland, 1997.

Hale, D. D. Is it a Yen or a Dollar Crisis in the Currency Market? *Washington Quarterly*, 1995, 18(4): 145-171.

Hartmann, P. *Currency Competition and Foreign Exchange Markets: The Dollar, the Yen and the Euro*. Cambridge: Cambridge University Press, 1998.

Hayek, F. A. *Law, Legislation, and Liberty*. Chicago: University of Chicago Press, 1976.

东
亚
共
同
体
通
论

Hayek, F. A. *New Studies in Philosophy, Politics, Economics, and the History of Ideas*. London: Routledge, 1978.

Hayek, F. *Denationalisation of Money—The Argument Refined* (3rd ed.). London: Institute of Economic Affairs, 1990.

Helleiner, E. Electronic Money: A Challenge to the Sovereign State? *Journal of International Affairs*, 1998, 51(2): 387-409.

Helpman, E. and Razin, A. Dynamics of a Floating Exchange Rate Regime. *Journal of Political Economy*, 1982, 90(4): 728-754.

Helpman, E. An Exploration in the Theory of Exchange-Rate Regimes. *Journal of Political Economy*, 1981, 89(5): 865-890.

Ito, T. New Financial Architecture and Its Regional Implication. A paper presented at the 1st seminar on Financial Cooperation between China, Japan, and R. O. Korea: Issues and Prospects, 1999.

Kaminsky, G. L. and Reinhart, C. M. The Twin Crises: The Causes of Banking and Balance-of-Payments Problems. *American Economic Review*, 1999, 89(3).

Kaminsky, G. L., Lizondo, S. and Reinhart, C. M. Leading Indicators of Currency Crisis. *IMF Staff Paper*, 1998, 45(1).

Kareken, J. and Wallace, N. On the Indeterminacy of Equilibrium Exchange Rates. *The Quarterly Journal of Economics*, 1981, 96(2): 207-222.

Kawai, M. and Takagi, S. Proposed Strategy for a Regional Exchange Rate Arrangement in Post-Crisis East Asia. Policy Research Working Paper Series 2503, The World Bank, 2000.

Kemp, M. C. and Nagishi, T. Domestic Distortions, Tariffs, and the Theory of Optimum Subsidy. *Journal of Political Economy*, University of Chicago Press, 1969, 77(6): 1011-1013.

Kemp, M. C. and Wan, H. Jr. An Elementary Proposition Concerning the Formation of Customs Unions. *Journal of International Economics*, Elsevier, 1976, 6(1): 95-97.

Kenen, P. B. *The International Economy*. Cambridge: Cambridge University Press, 2000.

Kenen, P. B. The Theory of Optimum Currency Areas: An Eclectic View. *Monetary Problems of the Integrational Economy*. Chicago: Chicago University Press, 1969.

Kindleberger, C. P. European Integration and International Corporation. *Columbia Journal of World Business*, 1966(1): 65-73.

Kobrin, S. J. Electronic Cash and the End of National Markets. Foreign Policy, 1997(107): 65-77.

Krauss, M. B. Recent Developments in Customs Union Theory: An Interpretative Survey. *Journal of Economic Literature*, 1972(10): 413-436.

Krueger, R. and Ha, J. Measurement of Cocirculation of Currencies. In: Mizen, P. D. and Pentecost, E. J. (eds.) *The Macroeconomics of International Currencies: Theory, Policy and Evidence*. Brookfield, VT: Edward Elgar, 1996.

Krugman, P. A Model of Balance-of-Payments Crises. *Journal of Money, Credit and Banking*, 1979, 11(3).

Krugman, P. and Venables, A. J. Integration, Specialization, and the Adjustment. NBER Working Paper 4559, National Bureau of Economic Research Inc., 1993.

Krugman, P. Balance Sheets, the Transfer Problem, and Financial Crises. *International Tax and Public Finance*. Boston: 1999, 6(4): 459-472.

Krugman, P. Balance Sheets, the Transfer Problem, and Financial Crises. Mimeo, Cambridge, MA, MIT, 1999.

Krugman, P. Fire-Sale FDI. Mimeo, Cambridge, MA, MIT, 1998.

Krugman, P. Intraindustry Specialization and the Gains from Trade. *Journal of Political Economy*, 1981, 89(5): 959-973.

Krugman, P. Vehicle Currencies and the Structure of International Exchange. *Journal of Money, Credit and Banking*, 1980, 12(3): 503-526.

Krugman, P. What Happened to Asia? Mimeo, Cambridge, MA, MIT, 1998.

Kwan, C. H. The Yen, the Yuan, and the Asian Currency Crisis: Changing Fortunes Between Japan and China. Unpublished manuscript. Asia/Pacific Research Center, Stanford University, 1998.

Lee, J. W. Government Interventions and Productivity Growth. *Journal of Economic Growth*, 1996: 391-414.

Lipsey, R. G. The Theory of Customs Union: A General Survey. *Economic Journal*, 1960: 496-513.

Lloyd, P. J. and Lee, H. H. Subregionalism in East Asia and Its Relation

东
亚
共
同
体
通
论

with APEC. *Journal of the Korean Economy*. 2001, 2(2): 211-227.

Lloyd, P. J. *Explaining Foreign Policy*. Pearson Education Limited, 1982.

Lucas, R. Jr. Interest Rates and Currency Prices in a Two-Country World. *Journal of Monetary Economics*, Elsevier, 1982, 10(3): 335-359.

Magnifico, G. *European Monetary Unification*. London: Macmillan, 1973.

Masson, P. and Taylor, M. Issues in the Operations of Monetary Unions and Common Currency Areas. Policy Issues in Evolving International Monetary System, IMF Occasional Paper 96, 1992.

Masson, P. Contagion: Monsoonal Effects, Spillovers, and Jumps Between Multiple Equilibria. *IMF Working Paper*, 1998(98/89).

McKinnon, R. I. and Pill, H. Credible Economic Liberalizations and Over-Borrowing. *American Economic Review (Papers and Proceedings)*, 1997 (87):189-193.

Mckinnon, R. I. and Pill, H. Credible Liberalizations and International Capital Flows: The Overborrowing Syndrome. Stanford University, 1994.

McKinnon, R. I. Optimum Currency Areas. *American Economic Review*, 1963(53).

McMillan, J. and McCann, E. Welfare Effects in Customs Unions. *Economic Journal*, 1981, 91(363): 697-703.

Meade, J. E. *Full Employment Regained*. Cambridge: Cambridge University Press, 1995.

Mendoza, E. G. and Uribe, M. Devaluation Risk and the Syndrome of Exchange-Rate-Based Stabilizations. NBER Working Paper 7014, National Bureau of Economic Research Inc. , 1999.

Montes, M. F. Global Lessons of the Economic Crisis in Asia. *Asia Pacific Issues*, 1998a(35).

Montiel, P. J. Public Debt Management and Macroeconomic Stability: An Overview. *World Bank Research Observer*, 2005, 20(2): 259-281.

Moran. What Is a National Monetary Policy Worth? A DSGE Approach. Mimeo, Bank of Canada, 1999.

Morgan, J. P. Event Risk Indicator Handbook. London: J. P. Morgan, 1998.

Morgan, J. P. The Next Big Foreign Exchange Theme: Regional Currency Blocs. *World Financial Market*, 1999: 11-16.

Mundell, R. A. A Theory of Optimum Currency Areas. *American Economic*

Review, 1961, 51(4): 657-665.

Nelson, R. and Winter, S. *An Evolutionary Theory of Economic Change*. Boston: The Belknap Press of Harvard University, 1982.

Neumeyer, P. A. Currencies and the Allocation of Risk: The Welfare Effects of a Monetary Union. *American Economic Review*, 1998, 88(1): 246-259.

Newlyn, W. T. and Bootle, R. P. *Theory of Money*. Oxford: Clarendon Press, 1978.

Obstfeld, M. Models of Currency Crises with Self-Fulfilling Feature. *European Economic Review*, 1996.

Obstfeld, M. The Logic of Currency Crises. NBER Working Paper 4640, National Bureau of Economic Research Inc. , 1994.

Ong, E. C. Anchor East Asian Free Trade in ASEAN. *The Washington Quarterly*, 2003, 26(2): 57-72.

Pesek, B. P. and Saving, T. R. *Money, Wealth, and Economic Theory*. New York: Macmillan, 1967.

Pesenti, P. and Tille, C. The Economics of Currency Crises and Contagion: An Introduction. *Economic Policy Review*. Federal Reserve Bank of New York, 2000: 3-16.

Porter, R. D. and Judson, R. A. The Location of U. S. Currency: How Much is Abroad? *Federal Reserve Bulletin*. 1996, 82(10): 883-903.

Portes, R. and Rey, H. The Emergence of the Euro as an International Currency. In: Begg, D. *et al*. *EMU: Prospects and Challenges for the Euro*. Oxford: Blackwell, 1998: 305-343.

Presley, J. R. and Dennis, C. E. J. *Currency Areas: Theory and Practice*. London: Macmillan, 1976.

Radelet, S. and Sachs, J. D. The Onset of the East Asian Financial Crisis. NBER Working Paper 6680, National Bureau of Economic Research Inc. , 1998.

Rajan, R. S. Exchange Rate Policy Options for Post-Crisis Southeast Asia: Is There a Case for Currency Baskets? *The World Economy*, 2002 (25): 137-163.

Ricci, L. A. A Model of an Optimum Currency Area. IMF Working Papers 97, International Monetary Fund, 1997.

Rivera-Batiz, L. A. and Romer, P. M. International Trade with Endogenous

Technological Change. NBER Working Paper 3594, National Bureau of E-conomic Research Inc. , 1992.

Robson, P. *The Economics of International Integration*. London: Allen&Unwin, 1984.

Rogoff, K. Blessing or Curse? Foreign and Underground Demand for Euro Notes. In: Begg, D. *et al*. *EMU: Prospects and Challenges for the Euro*. Oxford: Blackwell, 1998. 261-303.

Romer, P. M. Are Nonconvexities Important for Understanding Growth? *American Economic Review*, 1990, 80(2): 97-103.

Rose, A. K. Is There a Case for an Asian Monetary Fund? FRBSF Economic Letter, Federal Reserve Bank of San Francisco, issue Dec 17, 1999.

Sachs, J. D. Creditor Panics: Causes and Remedies. www. cid. harvard. edu/archive/hiid/papers/cato, 1998.

SaKong and Wang, Y. The Asian Crisis and Its Regional Implications for Financial Cooperation in Northeast Asia. Mimeo, 1999.

Salant, S. W. and Henderson, D. W. Market Anticipations of Government Policies and the Price of Gold. *Journal of Political Economy*, 1978(86): 627-648.

Salin, P. *Currency Competition and Monetary Union*. Leiden: Martinus Nijhoff Publishers, 1984.

Scitovsky, T. *Economic Theory and Western European Integration*. London: Allen & Unwin, 1958.

Solomon, L. D. *Rethinking Our Centralized Monetary System: The Case for a System of Local Currencies*. Westport, CT: Praeger, 1996.

Tavlas, G. S. The Theory of Optimum Currency Areas Revisited. *Finance & Development*, 1993.

The Economist. Electronic Money: So Much for the Cashless Society. 1994-11-26: 21-23.

The Economist. Slip Me a Beak. 1993-04-24: 60.

Thygesen, N. *et al*. *International Currency Competition and the Future Role of the Single European Currency*. London: Kluwer Law International, 1995.

Vanek, J. *General Equilibrium of International Discrimination: The Case of Customs Unions*. Cambridge, MA: Harvard University Press, 1965.

Vaubel, R. Free Currency Competition. *Weltwirtschafliches Archiv*, 1977,

113(3): 435-461.

Viner, J. *Canada's Balance of International Indebtedness* 1900—1913. New York: Arno Press, 1924.

Viner, J. The Customs Union Issue. *Carnegie Endowment for International Peace*, 1950.

Wade, R. and Veneroso, F. The Asian Financial Crisis: The High Debt Model and Unrecognized Risk of the IMF Strategy. *Working Paper*. New York: Russell Sage Foundation, 1998(128).

Wang, Y. The Asian Financial Crisis and Its Aftermath: Do We Need a Regional Financial Arrangement? *ASEAN Economic Bulletin*, 2000, 17(2): 205-217.

Weatherford, J. Cash in a Cul-de-Sac. *Discover*. October, 1998: 100.

Weatherford, J. *The History of Money*. New York: Three Rivers Press, 1997.

Willen, P. The International Implications of European Monetary Union. A report on a workshop organized by the International Finance Section, Princeton University, October, 1998.

Williamson. J. The Case for a Common Basket Peg for East Asian Currencies. In: Collignon, S., Pisani-Ferry, J., and Park, Y. C. (eds.) *Exchange Rate Policies in Emerging Asian Countries*. London and New York: Routledge, 1999. 327-343.

Wriston, W. Dumb Networks and Smart Capital. *Cato Journal*, 1997, 17(3): 333-344.

Xue, J. X. and Chen, Y. The East Asia Cluster Economy Growth Mechanism. The East Asia Economy Development International Conference, Beijing, 1994.

东
亚
共
同
体
通
论

索　引

后　记

　　这本书是在我 1996 年构思的东亚一体化的部分,到现在完成,我要感谢徐金发先生、杜厚文先生、高成兴先生、薛敬孝先生、熊性美先生、佟家栋先生、冼国明先生、陈漓高先生、胡青先生、罗肇鸿先生、金良顺先生、陈永富先生、姚天之先生、吕萍女士、吕凤莲女士、盛爱梅女士、柴瑜女士、许继琴女士、姚琼巍先生、姚子汉先生、陈丽勋女士、张庆杰先生、谭伟先生、刘进社先生、钟昌标先生、俞海山先生、熊伟清先生、丁元耀先生、金雪军先生、黄先海先生、李坤望先生、沈瑶先生、侯作前先生、宋国祥先生、李思毅先生、李耀先生、Rashard 先生等的培育、启示和帮助,感谢浙江省哲学社会科学重点研究基地(浙江工商大学东亚研究院)课题(项目编号:14JDDY03YB)的资助,感谢浙江省教育厅科研项目(项目编号:ZD2009020)的资助,感谢杭州金港科技公司亚洲发展研究基金的支持。感谢这些前辈和同仁,感谢我家人的支持。

　　我在《东亚再崛起》(1999)提出金融货币战争和东亚和平崛起,那本书曾赠送给当时的中国和日本的国家领导人。2003 年 11 月 3 日,郑必坚先生在博鳌亚洲论坛上发表了题为《中国和平崛起新道路和亚洲的未来》的演讲。2003 年 12 月 10 日,时任国务院总理温家宝在哈佛大学发表了题为《把目光投向中国》的演讲,他说今天的中国是一个改革开放与和平崛起的大国。2003 年 12 月 26 日,在纪念毛泽东诞辰 110 周年座谈会上,时任国家主席胡锦涛再次强调,要坚持和平崛起的发展道路和独立自主的和平外交政策。2007 年我出版了《亚元》,2010 年我出版了《亚盟》。2011 年 11 月美国总统奥巴马连任后,宣布将美国的力量与资源从中东地区转移到东亚地区,开始实施重返亚洲战略,又称亚太再平衡。在 2012 年 6 月 3 日闭幕的年度香格里拉对话会上,时任美国国防部长帕内塔提出了美国"亚太再平衡战略"。历史是微妙的!

这是我写的近一万五千首诗中的一首——《观潮》：

大潮天边来，
天地一线开。
君为潮之主，
万马奔天外。

东亚乃至亚太一体化的历史大潮是无法阻挡的。我再次强调，东亚的共识、共生、信任和战略性远见更加重要。愿东亚的公民行动起来，为东亚在世界的和平崛起做点事！

陈　岩
2015 年 9 月 26 日

图书在版编目(CIP)数据

东亚共同体通论 / 陈岩著. —杭州：浙江大学
出版社,2015.12
ISBN 978-7-308-13979-3

Ⅰ.①东… Ⅱ.①陈… Ⅲ.①区域经济合作－研究－
东亚 Ⅳ.①F114.46

中国版本图书馆 CIP 数据核字（2014）第 246842 号

东亚共同体通论

陈　岩　著

策划编辑	陈丽勋
责任编辑	陈丽勋
责任校对	张远方
封面设计	项梦怡
出版发行	浙江大学出版社
	（杭州市天目山路 148 号　邮政编码 310007）
	（网址：http://www.zjupress.com）
排　　版	杭州中大图文设计有限公司
印　　刷	浙江良渚印刷厂
开　　本	710mm×1000mm　1/16
印　　张	13
字　　数	240 千
版 印 次	2015 年 12 月第 1 版　2015 年 12 月第 1 次印刷
书　　号	ISBN 978-7-308-13979-3
定　　价	35.00 元